栾庆芳 ◎ 主编

XIAOXUE SHUXUE
KETANG XUEXI
YU KELI YANJIU

小学数学课堂学习与课例研究

李 萍 孙 露 ◎ 副主编

编写人员（以姓氏笔画为序）：

丁元春 方义伦 方 程 孙 露 张向林 杨明芳
李真珍 李 萍 李 斌 孟红军 夏永立 柴 敏
郭 梅 章 娣 喻巧月 谢 晖

北京师范大学出版集团
BEIJING NORMAL UNIVERSITY PUBLISHING GROUP
安徽大学出版社

图书在版编目(CIP)数据

小学数学课堂学习与课例研究/栾庆芳主编.—合肥:安徽大学出版社,2016.8(2022.5重印)
教师教育系列教材
ISBN 978-7-5664-1144-0

Ⅰ.①小… Ⅱ.①栾… Ⅲ.①小学数学课－课堂教学－教学研究－师资培训－教材 Ⅳ.①G623.502

中国版本图书馆 CIP 数据核字(2016)第 144023 号

小学数学课堂学习与课例研究　　栾庆芳 主编

出版发行:	北京师范大学出版集团
	安徽大学出版社
	(安徽省合肥市肥西路 3 号 邮编 230039)
	www.bnupg.com.cn
	www.ahupress.com.cn
印　　刷:	江苏凤凰数码印务有限公司
经　　销:	全国新华书店
开　　本:	170mm×240mm
印　　张:	18.75
字　　数:	262 千字
版　　次:	2016 年 8 月第 1 版
印　　次:	2022 年 5 月第 5 次印刷
定　　价:	40.00 元

ISBN 978-7-5664-1144-0

策划编辑:姜　萍　　　　　　　　装帧设计:许润泽
责任编辑:朱丽琴　邱　昱　　　　美术编辑:李　军
责任印制:陈　如

版权所有　侵权必究
反盗版、侵权举报电话:0551—65106311
外埠邮购电话:0551—65107716
本书如有印装质量问题,请与印制管理部联系调换。
印制管理部电话:0551—65106311

编委会

总 主 编 李继秀

编委会委员（以姓氏笔画为序）

刘 军　江 芳　吕 明
孙 露　吴孔宝　李 红
杜启明　李 萍　苏维冀
孟红军　杨增宏　武宏钧
周 琴　周 鹏　胡玉娟
栾庆芳　徐存勇　董 涛
蒋道华

总序

　　随着全球化和信息化的不断拓展,教育理念的更新,传统的教师发展观越来越不适应教师职业发展的现状。近年来,关注教师实践性知识、真实课堂教学问题、开展行动研究、构建教师研究共同体等成为教师专业发展的主要方向。在这一过程中,教师不再单纯地实践和执行教学知识和理论,而是追求基于自己的教学情境、教学体验和团体合作来不断推进教师的共同发展。其中,最为典型的是20世纪末在日本基础教育兴起的"课例研究"和本世纪初在香港基础教育教师专业发展中推广的"学习研究",这两种研究都是基于一线教师真实课堂教学环境开展的一种行动研究,本质上具有一定的前后继承关系。课堂学习和课例研究也逐渐成为很多国家和地区有效促进教师专业发展常用的方式。近年来,随着我国基础教育教师专业发展培训机制不断深入的推广,越来越需要在理念和方式上进行变革,改变长期以来的高投入、低产出,理论与实践脱节严重的现象,因此,引入一些当前较为先进的理念和方法,并加以借鉴,是一个比较切实可行的方法,也可以帮助解决目前教师专业发展培训模式可能带来的一系列问题。

适应这一教师教育的需求,"教师教育系列教材·有效教学研究丛书"面世了。丛书是合肥师范学院、合肥学院学科教学论教研室、教师教育学院部分教师以及来自基础教育一线的教研员或优秀教师通力合作、认真研究的成果。此套丛书的问世或许能够更好地服务于在我国即将开始的"全面启动实施卓越教师培养计划"(2014 年 8 月,教育部颁布了《关于实施卓越教师培养计划的意见》〔2014〕5 号),更好地服务于职前职后基础教育教师的培养培训。

"教师教育系列教材·有效教学研究丛书"由 8 本既相对独立又相互关联的分册组成。它们是:周琴主编的《教师职业道德》、吕明主编的《教育法律法规》、江芳等主编的《校本教学研修问题与指导》、杨增宏等主编的《小学语文课堂学习与课例研究》、栾庆芳主编的《小学数学课堂学习与课例研究》、蒋道华主编的《小学英语课堂学习与课例研究》、朱家礼主编的《小学科学课堂学习与课例研究》、胡玉娟主编的《中小学信息技术课堂学习与课例研究》。有的分册实行双主编制,一部分来自高等院校长期从事学科教学论研究和教育理论研究的教师,另一部分来自基础教育一线的教研员或优秀教师。丛书的立足点是基于教师专业标准、教师教育课程标准、符合基础教育课程改革特质,旨在实现理论与实践的结合、高师院校与基础教育学校的结合。使在职的一线教师既能规范熟练地掌握教育教学技能,又能保持理论的兴趣,穿行于理论与实践之中,形成难能可贵的教师思维,获得持续的专业成长力。

《教师职业道德》共分为四个专题:道德与教师职业道德、教师职业道德原则、教师职业道德规范、教师职业道德修养和教师职业行为。本书在深刻领会习近平总书记系列重要讲话精神的基础上,围绕《中小学教师职业道德规范(2008年修订)》《教育部关于建立健全中小学师德建设长效机制的意见》《教育部关于印发中小学教师违反职业道德行为处理办法的通知》等,对教师职业道德的内涵、特征和功能、教师职业道德的原则、教师职业道德的规范,教师职业修养的意义、原则、方法以及教师课堂行为、师生交往行为的意义和规范要求进行了深入解读。

《教育法律法规》共分为七个专题:教育法原理、《中华人民共和国教育法》解读、《国家中长期教育改革和发展规划纲要(2010—2020年)》解读、《中华人民共和国教师法》解读、《中华人民共和国义务教育法》解读、《未成年人保护法》解读和《预防未成年人犯罪法》解读。本书重点对教育法的基本原理以及教师职业生活中的相关法律法规进行了深入解读,有利于中小学幼儿园教师贯彻依法治国的理念,加强和改进思想政治工作、推进社会主义核心价值观教育,切实增强他们依法治教、依法执教的意识与能力。

《校本教学研修问题与指导》共分五个部分,第一部分简要概述校本教学研修的意义、内涵、流程、误区和应对策略。第二至第五部分分别聚焦教学设计研修、教学行为研修、学习指导研修、教学反思研修等问题,在全面介绍、归纳和分析的基础上,逐一提出研修的策略。本书重点在于提升一线教师校本教学研修的实战能力,所以在谋篇布局上,突破了传统的框架与结构定式,每一部分按照"问题概述——问题诊断——方法指导——实战案例"的架构展开,意在围绕校本教学研修实践中的问题,找出症结,在理论点拨的基础上找出解决方法,并借助典型案例,加强理论与实践的结合,铸造一线教师校本教学研究的意识与能力。

《小学语文课堂学习与课例研究》《小学数学课堂学习与课例研究》《小学英语课堂学习与课例研究》《小学科学课堂学习与课例研究》《中小学信息技术课堂学习与课例研究》每本书20万字左右,分两部分。第一部分是理论分析。阐释课堂学习与课例研究的基本特征、内涵以及二者的关系等,为学科课堂学习与课例研究铺垫学理基础。第二部分是经典课堂学习与课例研究展示及透析。各学科教学课例在内容上兼顾不同题材的教学案例,如:语文教学是以阅读教学为主,兼顾拼音教学、识字写字教学、写作教学、口语交际教学等。课例透析力图以简约的形式对该教学设计的内容、格式、特色等进行梳理,为读者学习、模仿指明路径。

本系列丛书是安徽省高校省级人文社科重点研究基地重点招标项目"基于教师教育课程标准的实践性课程资源库建设研究"(SK2014A087)、安徽省振兴计划重大教改项目"师范院校与中小学'无缝对接'教师教育模式建构与实践"(2014zdjy099)的研究成果之一。

本系列丛书适合我国基础教育改革对教师培养、培训的要求,适应中小学教师专业标准下的高等师范院校教师教育课程改革的需要。

本系列丛书在写作过程中参考、引用了国内外有关研究成果和文献资料,在此对这些著作权人和作者表示敬意和感谢。

由于我们水平的限制,本书的不足和问题一定存在,敬请各位同仁和读者提出宝贵意见和建议。

2016 年 5 月

目 录

第 1 部分　数学课堂学习与课例研究概述　　1

  1　何为数学课堂学习研究？ …………………………………… 2
    1-1　数学课堂学习研究的内涵 ……………………………… 2
    1-2　数学课堂学习研究的过程 ……………………………… 6
    1-3　数学课堂学习研究的意义 ……………………………… 7
  2　何为数学课例研究？ ………………………………………… 9
    2-1　数学课例研究的内涵 …………………………………… 9
    2-2　数学课例研究的过程 …………………………………… 12
    2-3　数学课例研究的价值 …………………………………… 14
  3　小学数学课堂学习与课例研究的关系 ……………………… 15

第 2 部分　小学数学"数与代数"的课堂学习与课例研究　　17

  1　小学数学"数与代数"学习标准要求 ………………………… 18
    1-1　小学数学"数与代数"总体学习标准 …………………… 18

1-2 小学数学第一学段"数与代数"学习标准 …………… 21

1-3 小学数学第二学段"数与代数"学习标准 …………… 32

2 小学数学"数与代数"学习关键问题及指导 …………… 44

2-1 在"数与代数"学习中如何引导学生逐步形成数感？… 44

2-2 在"数与代数"学习中如何引导学生形成符号意识？… 47

2-3 在"数与运算"学习中如何帮助学生提高运算能力？… 51

2-4 在"数与代数"学习中如何引导学生感悟基本的数学思想方法？

……………………………………………………… 55

2-5 在"数与代数"学习中需要特别关注的一些问题？…… 59

3 小学数学"数与代数"课例研究 ……………………… 62

3-1 "认识11～20各数"课例与评析 ………………… 62

3-2 "3的倍数的特征"课例与评析 …………………… 70

3-3 "和的奇偶性"课例与评析 ………………………… 77

3-4 "路程、时间与速度"课例与评析 ………………… 87

第3部分　小学数学"图形与几何"的课堂学习与课例研究　　99

1 小学数学"图形与几何"学习标准要求 ……………… 100

1-1 小学数学"图形与几何"总体学习标准 …………… 100

1-2 小学数学第一学段"图形与几何"学习标准 ……… 104

1-3 小学数学第二学段"图形与几何"学习标准 ……… 111

2 小学数学"图形与几何"学习关键问题及指导 ……… 121

2-1 在"图形与几何"学习中如何培养学生空间观念 … 121

2-2 在"图形与几何"学习中引导学生重点感悟哪些数学思想

……………………………………………………… 125

2-3 在"图形与几何"学习中如何培养学生分析和解决问题的能力

……………………………………………………… 132

2-4 在"图形与几何"学习中如何培养学生的创新思维 … 136

2-5　在"图形与几何"学习中如何处理好直观与抽象的关系 …………………………………………………………… 139

　3　小学数学"图形与几何"课例研究 ……………………… 151
　　3-1　"认识面积"课例与评析 ……………………………… 151
　　3-2　"圆柱的表面积"课例与评析 ………………………… 160

第4部分　小学数学"统计与概率"的课堂学习与课例研究　169

　1　小学数学"统计与概率"的学习标准要求 ……………… 170
　　1-1　小学数学"统计与概率"总体学习标准 …………… 170
　　1-2　小学数学第一学段"统计与概率"学习标准 ……… 174
　　1-3　小学数学第二学段"统计与概率"学习标准 ……… 178

　2　小学数学"统计与概率"学习关键问题及指导 ………… 185
　　2-1　如何引导学生体会分类的意义 ……………………… 185
　　2-2　如何帮助学生体会统计表的作用 …………………… 187
　　2-3　如何从统计学的角度理解平均数 …………………… 188
　　2-4　如何结合"选择恰当的统计图"内容突出数据分析方法的灵活性 …………………………………………………… 191
　　2-5　如何通过活动引导学生体会数据的随机性 ………… 193
　　2-6　如何整合信息技术激发学生乐意投入统计学习中 … 195

　3　小学数学"统计与概率"课例研究 ……………………… 198
　　3-1　"数据收集整理"课例与评析 ………………………… 198
　　3-2　"可能性"课例与评析 ………………………………… 210
　　3-3　"折线统计图"课例与评析 …………………………… 220

第5部分　小学数学"综合与实践"的课堂学习与课例研究　231

　1　小学数学"综合与实践"的学习标准要求 ……………… 232
　　1-1　小学数学"综合与实践"总体学习标准 …………… 232
　　1-2　小学数学第一学段"综合与实践"学习标准 ……… 234

  1-3 小学数学第二学段"综合与实践"学习标准 …………… 235
2 小学数学"综合与实践"的学习关键问题及指导 …………… 236
  2-1 在"综合与实践"学习中如何培养学生的问题意识 …… 236
  2-2 在"综合与实践"学习中如何培养学生的应用意识 …… 241
  2-3 在"综合与实践"学习中如何积累数学活动经验 ……… 246
  2-4 在"综合与实践"学习中如何培养学生的创新意识 …… 252
  2-5 在"综合与实践"学习中如何帮助学生感悟数学思想 ……
    ………………………………………………………… 255
  2-6 在"综合与实践"学习中需要突出关注的几个问题 …… 258
3 小学数学"综合与实践"课例研究 ………………………… 262
  3-1 "钉子板上的多边形"课例与评析 ……………………… 262
  3-2 "简单的周期"课例与评析 ……………………………… 275

参考文献 *285*

第 1 部分

数学课堂学习与课例研究概述

1 何为数学课堂学习研究?

1-1 数学课堂学习研究的内涵

数学课堂的教与学一直是数学基础教育改革的核心内容。现代意义的数学课堂教与学应该体现为科学性与人文性的统一,它不仅为学生也要为教师提供思考、创造、表现的机会,从而让教师和学生共同拥有轻松而丰富的课堂教学环境。进入21世纪,各国都在积极推进新一轮的教学改革,以迎接新世纪的挑战。其中,课堂授课与学习改革是至为关键的一环,人们开始将教学研究的目光逐步聚焦于课堂,催生了课堂学习研究(learning study)的产生。

课堂学习研究在不同国家和不同地区有不同的表现。日本的课堂学习研究活动有五十多年的历史。日本将课堂学习研究活动称为"授业研究",认为它"是发生在课堂活动范围内的合作研究"[1]。在日本,教师把专业发展和教学技能的进步视为终生的追求。他们认为亲身经历、自我研究、同事的批

---

[1] M. Matoba. Lesson Study: International Perspective on Policy and Practice[M]. 北京:教育科学出版社,2006:1~2.

判和自我反思是专业化过程的重要组成部分。教师按科目、年级被分成不同的小组来准备"研究课"。每组定期开会,仔细讨论该研究课的学习内容,确立课程的重点以及分析这些重点是否能反映学生的学习情况。然后,针对难点来设计教学,并由其中一位教师施教,整个过程大约持续一个月到一年不等。最后,教师通过研讨会或刊物,与其他学校的教师分享研讨会的成果。许多西方的教育者已经注意日本的教育实践,并尝试分析其在美国和其他国家应用的可能性。美国有学者通过研究日本、德国、美国教师的教学录像①,从这三个国家教师专业发展的不同角度,系统地介绍了日本课堂学习研究对教师专业发展的作用以及这种模式在美国应用的可能性。近年来,美国有许多州的教育学者加入了类似课堂学习研究的行动研究计划中。香港的课堂学习研究是近十年兴起的,它源于对世纪之交香港基础教育改革的实践与思考。它参照了日本的授业研究模式,也借用了内地的教研实践,并以变易理论作为实施课堂学习研究的理论框架,经过多个研究课的实践,逐步形成一个系统的课堂学习研究的模式②。

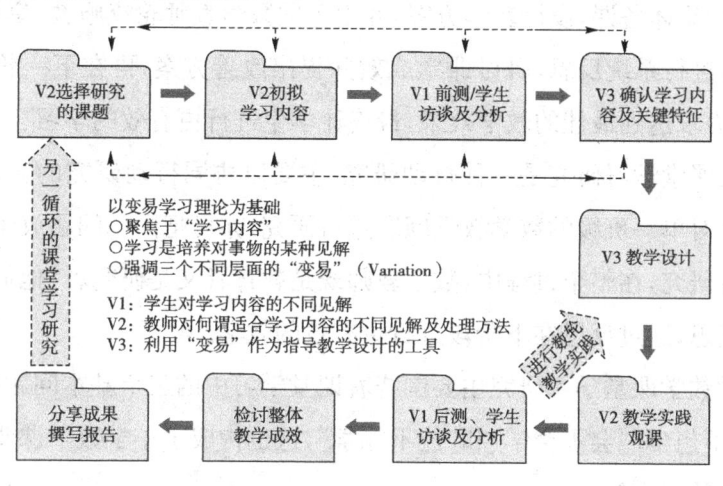

图 1-1　课堂学习研究的基本流程图

---

① James W. Stigler & James Hiebert, The Teaching Gap, The Free Press. 1999:112～115.

② 卢敏玲,庞永欣,植佩敏. 课堂学习研究——如何照顾学生个别差异[M].北京:教育科学出版社,2006.

课堂学习研究本质上是一种协作式的行动研究。具体来说，它是指教师与大学的研究人员组成研究小组，针对堂课的教学内容来集体备课、观课，并进行系统的评估与反思，以达到更有效的教与学目的。它以瑞典马飞龙(Ference Marton)及其同事提出的"变易学习理论"(Theory of Variation)为理论框架，发展出三个层面的变易。

由上图可见，三个层面的变易并没有仅仅停留于理论上。在实践过程中，教师通过课前访谈、先导测试等获知学生的见解，并作分析(V1)；教师间通过分享见解学到更多的教学处理方法(V2)；而依据变易图式的指引，教师尝试创设恰当的学习情境，帮助学生从中了解学习内容的关键特征，让学习从"泛而浅"转为"精而深"(V3)。[①]

根据以上所述，数学课堂学习研究是指以各年级数学教师为主体，在教育研究人员的协助下，组成研究小组的协同工作。先确定数学课题，再通过前测和课前访谈找出学生学习该课题的难点，针对该难点确定研究课的学习内容，然后集体备课，设计教学方案，并由不同数学教师轮流施教，集体观摩，之后立即进行系统反思，研讨课堂成效并提出改善方案，再在下一轮课堂教学施教，力求达到最佳的教学效果，最终让学生进行更有效的学习。

数学课堂学习研究是一种行动研究，主要以协同行动研究的方式进行。它既可针对单一班级的数学教学问题进行研究，亦可把同一问题放于不同班级中进行研究，在整个过程中，数学教师既是教育者又是研究者，他们通过行动进行反思，通过反思在下阶段进行更有效的教学。

小学数学课堂学习研究主要围绕着课堂学习中的三个基本问题展开，即学生"想不想学""会不会学"和"能不能学"，这也构成了小学数学课堂学习研究所关注的三大领域。

第一，"数学学习动机"的激发。该领域面对的问题是学生"想不想学"。小学生的数学学习动机既具有外部动机，也具有内部动机，而真正源自内部

[①] 卢敏玲,唐田.课堂学习研究：教师专业发展的平台[J].江苏教育研究,2009(5):12~16.

的学习动机比较少。其实,许多小学生数学学习不佳与自身的数学学习动机水平较低有很大关系。小学生一旦缺乏足够的成功激励,那么他们对自己能力评价的降低会进一步削弱其学习动机。另外,小学生的数学学习动机还具有明显的年龄特征。在小学的不同阶段,影响学生数学学习动机的因素有明显差异。在小学低年级,学生更多地关注"有趣、好玩、新奇"的数学任务或活动,他们喜欢在游戏和玩乐中学习数学。到了小学中年级,学生开始对"有用"的数学更感兴趣。他们开始感觉到数学就在自己的身边,而且学数学是有用的、必要的,并且开始关注数学在学习和生活中的应用。而小学高年级学生已经具有比较明显的自我意识,他们开始关注自己在数学学习中的自我表现,他们愿意接受一些有挑战性的数学任务,并通过完成这些任务显示自己的能力,从而感到极大的自我满足,数学学习的兴趣也会大大增强。基于以上特征,教师可以围绕如何激发小学生的"数学学习动机"开展课堂学习研究,从激发"学习动机"切入,提升学生的学习效果,从而取得丰富的研究成果。比如对于三四年级的孩子,在教学设计中尽可能联系生活实际和与现代生活、科技等密切相关的具有时代性、地方性的数学信息资料,引发他们的学习兴趣以及主动解决问题的积极性。

第二,"数学学习方式"的变化。该领域面对的问题是学生"会不会学"的问题。主要问题有"如何教学生学""如何教会学生学习"以及"如何引导和组织学生进行有效学习"等。这几个问题有一个逐步发展和深化的关系。"如何教学生学"是教师在实施教学过程时一般都会首先考虑的问题,它着眼于教师的"教",涉及的是教的方式。"如何教会学生学习",这是处理"教"与"学"相互关系的问题,把教师教的方式和学生的学习方式联系起来,着眼于结果,使学生学会学习,这是对前一问题的发展。"如何引导和组织学生进行有效学习"是教学过程实施中的目标追求的问题,它着眼于教学模式的选择、教学组织形式的实施、有效教学方法及手段的调配运用等方面,落脚在完成教学任务、达成教学目标的效果上,是对前一问题的进一步发展。在课堂教学中,教师应有意识地结合学科教学的内容特点,帮助学生学习并掌握适宜的学习策略。有关小学数学学习方式变化的研究,不仅能够解决学生"会不会学"的问题,而且能更有效地提升教师的教学有效性。①

第三,"数学学习内容"的设计。学习内容是指教师希望学生掌握的一种能力,这种能力不单是了解一个概念或一种理论,还可以是掌握某种技能、端正某种态度或树立某种价值。该领域面对的根本问题是学习对象自身的问题。根据教育学和学习心理学的规律,对学生学习对象开展研究,包括对教材内容二次开发的研究,不应当盲目地按照规定的学习内容来安排教学,而应当找出学生学习遇到的难点,在此基础上恰当地设计学习内容,学生的学习效果就可以得到极大的改善。教师通过恰当地设计"学习内容",可以消除学生原本抱有的对学习的误解,使他们在学习上不再有困难,并且为学生日后学习相关内容奠定良好的基础。

1-2 小学数学课堂学习研究的过程

小学数学课堂学习研究不等同于一般的集体备课、集体听课,它有着系统化、程序化的实施步骤,以此保证研究的顺利开展,最终达到最佳的教学效果。

(1) 建立研究协助组。课堂学习研究小组的成员主要来自小学同一年级的数学老师和地、区级教研员以及来自高校的数学教育研究专家。小组成员通过协同合作,完成教学与研究的任务。如约定每位小学数学教师在一定周期内开展一次研究课(一次一至二节课),周期为10周至12周;每位教师均要参与课前讨论、制订方案、课堂观摩、课后研讨、修改方案、再次组织教学等环节。

(2) 确定研究问题,初步拟定学习内容。研究问题的确定是启动和指引研究工作的开始,研究问题可以是一般性的问题,比如"如何激发学生学习数学的积极性",也可以是具体的问题,比如"如何能让学生理解两三位数除以

---

① 林润之. 课堂学习研究的三种主要取向:来自学习过程的考察[J]. 教育发展研究, 2008(10):49.

两位数的笔算算理",问题通常来源于教师的教学实践和学生的学习过程。

(3) 集中研讨,修订学习内容,确定方案。研究课的目标不仅仅是设计一堂好课,还要通过课堂教学促进学生理解学习的原因和方式。针对学习内容,采取一系列方法,分析学生已有知识结构,找出可能存在的学习难点。这些方法包括教师的经验分析、查阅文献资料、理论分析、前测调查、学生访谈等。然后根据结构再次修订学习内容,确定初始教案,此方案通常在之后的组内研讨会上征求反馈意见,再进行修改。

(4) 课程实施。组内分别由几位数学教师进行课堂实践。每轮授课,研究组每位成员要安排好自己的教学工作并到教学现场观察听课。当学生被要求进行思考、讨论、研究时,听课教师要四处走动,观察学生的学习情况并细致地做记录。每一轮施教都要有观摩课及课后研讨环节,且每一课均需录像以便作进一步分析。

(5) 组织研讨,展开评估。授课结束后,研究组教师随即组织开会。通常授课教师首先进行发言,阐述研究组试图达成的目标,概括自己的授课情况和存在的问题,评价本次课的成功之处和需要重新思考的部分。然后其他教师授课各个版块中存在的问题作出评价。之后对学生进行后测调查,抽样进行学生课后访谈,了解学生对学习内容的掌握程度。根据学习成果,再从课堂上找寻相对应的教学情景,作出分析并修正课程方案。这种评价的焦点是课堂教学,而不是针对授课教师。因为一次授课的完成是集体工作的结果,教师评价的过程就是对他们工作的评价,它是建立在观察和反思基础上的一种对教学活动的自我改善过程。

(6) 撰写报告及分享成果。研究小组撰写研究报告,陈述本课题中课堂学习研究的整个过程,其中反馈内容将成为下一轮授课研究的重要参考材料。

 1-3 小学数学课堂学习研究的意义

如何改进小学数学课堂学习,一直是数学基础教育改革的核心内容,怎样获得好的教学效果,也一直是数学教育工作者所关注的重大问题。数学课堂学习研究是深化课程与教育改革的必然趋势,具有广阔的开发价值和深远的实用意义。

首先,小学数学课堂学习研究有助于提高小学生数学学习效果。课堂学习研究立足于学生,它可以加深教师对学生学习情况的了解,依据学生学习的需要和特点,精心设计方案,反复研讨,保证课堂学习开展的有效性,促进小学数学课堂学习氛围的改善,提升学生的学习效果。

其次,课堂学习研究有助于促进小学数学教师专业水平的发展。通过课堂学习研究,教师在激发学生学习动机、设计学生学习方式、开发课程资源等方面的意识与实践技能明显增强了,提高了备课的效能;透过课堂学习研究,教师的教学能力在整体上得到提升,对学生的学习困难有更敏锐的触觉,更善用评估去改善教与学。通过课堂学习研究,教师走出已有经验行为的授课状态,开始对自己的授课效果和学生的学习结果进行反思,研究实践中出现的问题,不断由他律走向自律,在实践中有意识地认识和调节自己的教学行为,从而逐渐形成了强烈的专业发展意识。课堂学习研究将教师专业发展纳入一种规范的形式中,使得参加研究的教师都能得到不同程度的专业发展,使之成为教师参与研究的最大动力。

第三,小学数学课堂学习研究促进了小学数学校本课程的开发。校本课程开发(school-based curriculum development)过程是一个促进学生、教师、学校三方面发展的行动过程:"学校根据自己的教育哲学思想、为满足学生的实际发展需要、以学校教师为主体进行的适合学校具体特点和条件的课程开发策略。"[1]校本课程开发主要有四种实践模式:创新模式、整合模式、调适模式、选择模式[2]。它需要教师扮演课程开发者和研究者的角色,以学生的发展为前提和根本目的[3],根据本校小学生的数学学习情况来进行课程内容的

---

[1] 崔允漷.校本课程开发:理论与实践[M].北京:教育科学出版社,2000:56.
[2] 熊梅,脱中菲,王廷波.校本课程开发实践模式探索[J].教育研究,2008(2):61~65,80.
[3] 李臣之.校本课程开发评价:取向与实做[J].课程·教材·教法,2004(5).

调整,使其更有效地促进学生数学学习。

课堂学习研究的过程主要在于进行小学数学校本课程的开发。首先,在课堂学习研究中,通过对学生学习情况进行有效的调查研究,教师能够掌握本校学生学习需要的有效方法,并加深对学生学习的了解和改变对学生学习的看法。其次,通过研究小组成员之间的通力合作,教师能够细致检验和评估本校现行使用的课程内容、教学材料和教学策略,并根据学生的学习情况,对教学内容、教学重点、教学顺序和教学策略进行及时调整。最后,根据教学实践和学生学习的成果来检验教学设计的成效并继续进行调整和改善。在整个过程中,教师充分体验系统共同备课和观课的协作过程,在协作的氛围中,教师很自然地扮演行动研究者和课程开发者的角色。[①]

2 何为数学课例研究

 2-1 小学数学课例研究的内涵

课堂教学案例研究在我国的中小学教学研究中有很长的历史,它是中小学教学研究的重要形式之一。课堂教学案例研究大多数由各级教研部门和众多学校的教研组以听课、评课的方式对课堂教学进行讨论研究。但是随着我国数学教育研究的发展和研究水平的提高,建立在听课、评课活动基础上的教学研究大多停留在经验概括总结的水平,对数学科学理论层面深度理解,也缺乏现代教育理论层面的认识提升。1998年,南京师范大学数学科学学院开始尝试给数学教育研究生开设一门"数学教学案例研究"课程,把当时国际上兴起的案例研究方法引进到数学课堂教学的研究中来。案例研究运用到教育领域的时间比较晚,大概是20世纪70年代,一开始其主要用于教师教育。教育研究人员认识到,就教师个人或群体的专业发展而言,案例以其生动、鲜活、具体实在的形式有效地促进了教师的学习。美国研究教师教

---

① 章月凤.促进校本课程开发:香港课堂学习研究的经验[J].江苏教育研究,2010(10):11.

育的专家、教学案例研究的积极倡导者朱迪·舒尔曼(Judith Sulman)指出：教学类似于医疗实践，如果教师教育缺少教学案例研究、实践反思两个环节，那么优秀教师从哪里来？好的案例的发现比间接经验对课堂决策的影响更大，教学案例研究应成为教师教育的重要方式。

要开展小学数学课例研究，首先要认识数学课例。"数学课例"是对数学课堂教学案例的简称，是对一个小学数学课堂整个教学情境的真实反映，包括纳入教学过程的数学概念、定理、方法等数学知识，教师、学生在教学活动中形成的关系以及教师和学生情感的发生和发展等方面。它是对课堂中真实事件的原样描述，涉及相关教育教学理念、教学基本目标、课程内容教与学的方式、常见问题、意外突发事件以及决策等因素，具有真实性、情境性、问题性、复杂性等特点。

一份数学课堂教学案例包括主题、课例叙述、问题三个基本要素。其中，主题是说明该课例主要围绕哪方面内容的案例，比如关于数学教材内容的二次加工、数学教学素材的选择、数学基础知识和基本技能的教学方式、学生学习习惯、数学习题的选择、教师的课堂提问行为、教师教学风格和因材施教等方面，一份课例可以选择其中的一个或几个方面作为课例研究的主题。课例叙述是将小学数学课堂的真实情境记述下来，尊重课堂进展的实际情况，强调真实、自然、可信，力求描述出课堂进展的原貌，一般以课堂实录的形式展示出来，必要时可进行些许加工和调整。问题主要是基于课例的主题、围绕教学的核心概念提出的，具有足够的思考价值和研究价值。案例问题多种多样，按其性质大致可分为以下几类[①]：

①开放性问题，诸如"你对教师的做法有什么感想""哪些方面使你最感兴趣"；

②诊断性问题，诸如"谈谈你对这个问题的分析""从这些数据中你能得到什么结论"；

---

① Judith Sulman, et al. Group－work in Diverse Classrooms — A Casebook for Educators[M]. New York: Teachers College Press, 1998.

③行动计划性问题,诸如"执行教师的活动计划需要怎么做,分哪几步进行""完成这项探究任务的关键点在哪里";

④预测性问题,诸如"如果得到的结论是正确的,学生会有什么反应""如果学生不能探究出这个方程的解,该如何引导才合适呢";

⑤扩展性问题,诸如"如果将刚才问题的条件变换一下,你还会得到什么结论""如果按另一种方式处理这个问题,结果又会怎样呢""如果换一种方式设计数学实验活动,结果会怎样"。

所谓"小学数学课例研究",是在一定的教育教学理论和明确的研究目标指导下,以教师所在学校为基本单位,由教师组成研究共同体,以真实的数学课堂教学现象为研究样本,通过探究真实的小学数学课堂教学过程以及深层次背景中的某些教育教学现象,提炼出问题,结合文献分析、个人观察反思、与同行教师进行讨论、专家评析优化等活动,最后得出结论或解决问题方法的一类数学教研方法。小学数学课例研究可以较好地激发教师对实践的反思,对教学各个环节产生新的感悟,从而提高教学的有效性,促进教师与学生的共同发展。数学课例研究主要包括课例观察与思考、课例讨论与反思、课例评析与优化等活动过程。具体如下[①]:

案例观察与思考即是以课例为依托,就整个案例或局部片段进行观察、记录、整理,就其所反映出的特点、长处以及存在的问题加以提取、思考、剖析,把思考所获得的想法、建议加以整理,并形成文字报告。

案例讨论与反思即是在对教学案例观察与思考的基础上,在集体交流的氛围中,研究者从不同的角度对案例的各个方面发表自己的独立见解,互换看法,澄清困惑,反思自己的原有认识,并重新整理和修改自己的文字报告。

案例评析和优化是教学案例研究的主要环节,它以综合的眼光对讨论与反思中反映出的各种不同看法,从多种角度、不同层次细致地进行情境剖析、理论阐释、评论综述。这个过程一般是由主评人,即任课导师来完成,有时也

---

① 涂荣豹,宁连华,徐伯华.中学数学教学案例研究[M].北京:北京师范大学出版社,2011:3.

可以由其他研究者完成。在评析的过程中既要有"破",又要有"立",这就要求案例研究的参与者要分工对教学案例的局部或全部设计进行优化,使之更臻完善。还可以对优化的教学方案进行实验性教学,这就成为在实践反思的基础上的一种"再实践"的教学形式,从而成为教师自我发展的一种重要方式。

2-2　小学数学课例研究的过程

小学数学课例研究过程一般包括确定课例研究主题、随堂录像和整理课堂实录、课后分析与评议、反思与优化、形成案例撰写报告几个必要的环节,也可以根据实际研究情况增设其他环节,比如课前的准备环节,二次授课课例研究等。下面我们重点来探讨确定课例选题、课堂录像记录、课后分析与评议、反思与优化、形成案例和撰写报告这五个环节。

2-2-1　确定课例研究主题

数学课例研究是一种数学教育教学的研究活动,它以促进教师的专业发展、提高教师教学水平和教学效果为目的。因此,在确定课例的主题时应该满足下列几个方面要求:课例主题要丰富,涉及范围要广泛,应包含丰富的研究内容,不同的教学内容,如数学概念课、数学命题类课、实践活动课;课例要有不同的课型,如新授课、习题课、复习课;课例要包含不同的教学方法,如讲授课、探究课、讨论课、活动课;课例要具有一定的时代性,反映教学改革的现实情况,围绕一线小学数学教学中的实际问题,选择教学中的热点问题、典型问题和富有启发和研究意义的教学案例;课例对数学教育理论研究和实践指导要具有一定的研究性,所选课例在改进数学课堂、促进教研上要有研究的价值。

2-2-2　随堂录像,整理课堂实录

课堂实录通常采用录像技术,按计划把某一节小学数学课的教学过程完整拍摄下来,包括师生活动、课堂的全景,仔细捕捉教师的语言和表情,记录

每一个教学环节,整理成文字实录。在一般情况下,我们采用师生对话的方式来整理实录,通过回放录像客观地把教学过程中教师与学生的对话按时间顺序撰写出来,详细地描述师生的课堂活动过程和重点细节,如课堂上的演示实验操作过程、教师的板书过程、教师的语调和手势、非预期事件等。本书中的小学数学课例就是采用此种写法。需要注意的是,课堂实录不是记流水账,注意要将整个教学过程划分为许多个看似相互独立而又有紧密联系的教学事件,分别对每一个教学事件进行描述,这样可以充分显示出教学过程的动态特征。在描述教学事件时要注意描述它们的特征,包括教学的内容、教学的方法和教学程序等。

2-2-3 课后分析与评议

课后分析与评议是数学课例研究的中心环节,它是以授课教师和其他参与者为研究主体,通过查阅相关文献,运用相关教育教学理论知识,结合教师和学生的特点,对整理出来的课堂实录进行分析。它可以是整体分析,也可以是针对课堂中的某个环节展开的分析,例如,对一节课的整体分析,可以从教学目标的设定、教学模式的选择、整体教学环节的设计等方面展开,这是对影响课堂整体进程和效果的教学要素进行分析;而对一节课的部分片段的分析是会对课堂教学的局部特征、技术细节的分析,如课题导入、教师的提问行为、课堂的教学组织、教师的语言等。

2-2-4 反思与优化

在案例分析的基础上,授课教师或者其他参与研究者都可以开展课后反思,对照自身的教学行为和教学理念发现问题、获得启示、不断改进。同时进一步对当前案例的教学内容、教学过程、教学目标、教学方法等方面进行合理而有效的改进或重新组织,从而优化课例设计。

2-2-5 形成课例,撰写报告

在对课例材料作出多角度分析基础上,按一定结构进行表述形成数学课例。撰写课例是课例研究的最后一步,也是将教师的隐形知识显性化的过程。其内容一般包括教学情境描述、反思与讨论等。其中教学情境描述主要依照前期的课堂实录改写,而反思与讨论则是课例中必不可少的重要组成部分。它包括对本课例的所思所想,比如在问题解决过程中有哪些利弊得失?从中又发现哪些问题?在以后的教学中如何解决这些新问题以及在这个案例中你有哪些体会和启示?此外,根据课例的研究主题,在课例研究的基础上还可撰写专门的课例研究报告,通过对现实数学教学中复杂问题进行描述和解释,让其他教师就案例提出问题和进行探讨。

2-3 小学数学课例研究的价值

数学课例研究为数学教师的专业发展提供了一条新的途径,通过开展课例研究,教师的一般性教学知识、数学专业知识、学科教学知识都得到了不同程度的增长,有力地促进经验型教师向反思型教师、专家型教师转变,促进教学行为的转变。总之,在整个研究过程中,教师受益良多。

2-3-1 有利于教师之间的交流

数学课例研究为教师之间分享经验、加强沟通提供了一种有效的方式。在繁重的工作和生活的重压之下,大部分教师疲于应付日常的教学工作,很少有时间与同行一起作深层次的交流,而数学课例研究就为教师们提供了一条有效途径。志同道合的数学教育工作者们可以围绕某个典型的数学教学实例,在专家指导下开展合作研究。在课例研究的过程中,通过有效反思,教师可以将自身的所思所想与大家分享,使其他教师了解其教学思想和行为。课例研究通常采取个人汇报、小组讨论、总结概括等方式,在交流的同时不仅仅可以共享每位教师的经验,形成今后工作可借鉴的宝贵财富,还可以增进教师之间的感情交流,有利于日后教学与教研工作的顺利开展。

2-3-2 有利于促进教师对教学工作的反思

数学课例研究可以促进教师对教学工作进行反思,提升教学专业化水平。教学反思是课例研究的重要研究方式。教师参与课例研究,反思自己的教学工作,及时发现问题、解决问题。很显然,在课例研究这种反思性实践方式中,教师能够实现自身知识的增长和自我的专业发展,提升自己的专业化水平。

2-3-3 有利于数学教师成长为教学研究者

新时代的教师不再仅仅是"教书匠",一名优秀的数学教师除了要具备扎实的数学专业知识和丰富的教学经验外,还需要具备良好的科研意识和科研水平。处于一线的数学教师由于工作负担重或者认为自己缺乏教学理论根基,往往与数学教学研究失之交臂,而案例研究恰好将两者有机地结合起来,它有利于增强教师的科研意识,提升教师的科研水平。首先,课例研究以数学教师的教学实际为研究客体,使教师能够感觉到课例研究的实际意义;其次,课例研究的内容是教师在授课过程中真正出现的问题,即课例研究的内容来自教师改进数学教学的内在需要,因而课例研究具有了很强的生命力与实效性;再次,教师可以将课例研究中得到的研究成果应用于自己的数学教学实践中进行检验,实现研究成果的转化,提升教师课例研究的价值感。在数学课例研究的过程中,教师的科研能力逐步得到提升。由此可见,课例研究为数学教师成为教学研究者搭建了很好的平台。

2-3-4 有利于形成数学教师学习共同体

教师的专业成长虽然是以个人的主观努力为基础的,但也离不开团队对教师自身发展的帮助与引领。数学教师学习共同体是指由有着强烈学习意愿和共同研究兴趣的数学教师自发组成的团体。它的目标是要教师在共同参与的各种教育实践和研究实践中形成良好的学习、研究氛围,并通过创造与传承知识而促进自身的成长,乃至实现教师整体的发展。课例研究以合作的方式开展工作,在研究过程中,教师组成研究型、学习型的团队,并为着共同的目标而努力。在这个过程中,每位教师既是授课者,又是研究者,既有教师个人的思考,同时相互间不断相互切磋、相互协调,分享实践经验与教学智慧,发挥团队的力量,进一步促进教师学习共同体的形成。

3 数学课堂学习研究与课例研究的关系

数学课堂学习研究是数学课例研究的基础,数学课例研究是数学课堂学习研究的一种具体表现。课堂学习研究涉及的研究面更广泛一些,需要在多种资源中选定研究内容、对学生作出前测、运用变易学习理论识别学习内容的关键属性、设计课程、实施观摩、收集分析数据、讨论分析、评定、优化,它是一种协作式的行动研究。而课例研究最重要的部分是研究者需要对数学课堂教学案例进行多方位、多角度、多层次的解读,分析、诊断并优化,促使教师更为深刻地认识到自己教学工作中的重点和难点,理清自己的教学思绪。

数学课堂学习研究与课例研究二者相互联系、相互依托、相互促进,是统一的整体,主要体现在以下几个方面:

首先,两者都起到了数学教学理论和教学实践之间的桥梁作用。当我们在研究数学真实的教学情境时,无形之中就可以将具体的教学行为与理论实际联系起来思考,同时新兴的教育理论在数学教学中可以得到检验。

其次,两者得到的研究结论都具有时效性,是对客观数学教学现实的真实反映。研究的主题来自一线数学课堂真实情境,研究者反思实践中出现的问题,探寻原因,找到解决的方法,并在后续实践教学中有意识地调节自己的教学行为。

再次,两者都是一种团队的研究,教师要走出原有的简单、重复的授课状态就需要在共同目标的推动下,分工合作,集思广益,在共同语境下进行对话、探讨、反思、修正,在思考和交流的过程中构建更有效的思维方式和解决问题的方法。

最后,两者都为数学教师的专业发展提供了研究平台,有着重要的价值。数学教学要出现真正的改变,必须关注课堂,并以一节课为起点。教师的教学能力只能在教学中才能得以提升,因此,教师必须在实践中学习。无论是数学课堂学习研究,还是数学课例研究,都为教师专业发展搭建了平台,促使教师反思自身教学行为,深刻地认识到自己数学教学工作中的重点和难点,理清自己的教学思绪,强化对自己教学能力的认识,找到关键问题,分析和解决问题,从而提升科研意识和科研水平,促进自身的专业化发展。

第 2 部分

小学数学"数与代数"的课堂学习与课例研究

1　小学数学"数与代数"学习标准要求

1-1　小学数学"数与代数"总体学习标准

学习标准

▶知识技能

（1）体验从具体情境中抽象出数的过程，理解和掌握整数、小数、分数、百分数的意义以及十进制计数法，理解小数的性质与分数的基本性质之间的联系，把握整数、小数、分数、百分数等概念之间的联系与区别；理解和掌握自然数和整数、因数与倍数、质数与合数、公因数和公倍数等概念的含义。

（2）理解四则运算的意义，理解和掌握整数、小数、分数等四则运算的算理、算法，能正确进行相关的口算、笔算和估算以及用计算器计算；掌握四则混合运算的运算顺序，能正确进行四则混合运算；理解和掌握加法和乘法的运算律，能正确运用运算律进行一些简便运算和解决一些简单、实际的问题；掌握必要的运算方法。

（3）掌握用含有字母的式子表示简单数量关系的方法，初步理解等式的性质,会用等式的性质解一些简单的方程,能列方程解答两三步计算的实际问题。

(4)理解和掌握比的意义和基本性质,理解比与分数、除法的关系,理解和掌握比例的意义和基本性质,会解比例;理解和掌握正比例和反比例的意义,能正确判断两种相关联的量是否成比例;能根据给出的有正比例关系的数据在方格纸上画图,并能根据其中一个量的值估计另一个量的值;能运用比和比例等知识解决一些简单、实际的问题。

▶数学思考

(1)增强用数表达信息的意识和能力,初步形成数感,能够理解并且运用符号表示数、数量关系,认识符号的作用,初步掌握运算能力。

(2)通过观察与比较、分析与综合、抽象与概括、类比与归纳等思维活动过程,进一步掌握合情推理和演绎推理能力,能进行有条理的思考,能比较清楚地表达自己的思考过程与结果。

(3)积累丰富的数学活动经验,获得关于分类、对应、转化、数形结合、方程等数学思想方法的体验与感悟,提高数学素养。

(4)学会独立思考,具备一定的独立思考的习惯,体会一些数学的基本思想。

▶问题解决

(1)在教师的指导下,从日常生活中发现和提出相关的数学问题并尝试解决。

(2)理解常见的数量关系,掌握分析和解决实际问题的基本方法,了解解决问题方法的多样性,加深对常用的解决问题策略的感悟与体验,提高应用所学知识解决问题的能力。

(3)在与他人合作交流解决问题的过程中,解释自己的思考过程,评价他人的思考过程,并能借鉴他人的思考解决问题。

(4)对解决问题的过程进行回顾与反思,判断结果的合理性并进行评价,增强反思意识。

▶ **情感态度**

(1) 了解数学可以描述生活中的一些现象,感受数学与生活有密切联系,体会数学的价值。

(2) 对身边与数学有关的事物有好奇心,主动参与数学学习活动。理解数学结论的确定性和数学思考的严谨性,获得一些成功的体验。

(3) 能主动与他人合作交流,体验数学活动的乐趣,感受自己在数学知识和方法等方面的收获与进步,增强对数学学习的兴趣。

学习标准解读

"数与代数"的内容在义务教育阶段的数学课程中占有重要地位。《义务教育数学课程标准(2011版)》(以下简称《标准》)对"数与代数"的目标、内容、结构和教学活动方式等方面都作了比较大的调整。主要变化有以下几点:重视对数的意义的理解,培养学生的数感和符号感;淡化过分"形式化"和记忆的要求,重视在具体情境中去体验、理解有关知识;注重过程,提倡在学习过程中学生的自主活动,培养学生发现规律、探求模式的能力;注重应用,加强对学生数学应用意识和解决实际问题能力的培养;提倡使用计算机,降低对运算复杂性的要求,如对繁琐的计算、面面俱到的证明技巧的要求有所删减;注重估算。

《标准》指出,数与代数的学习,应帮助学生建立数感和符号意识,发展运算能力和推理能力,初步形成模型思想。《标准》在"数学与代数"领域最为重要的变化是认为数学是一种数感形成和解决问题的过程。学生学习的最终目标是数学素养的提高,而不是学习一些孤立的概念与技能。这就要求我们的教学全面贯彻实施这一思想,以此为导向,"数与代数"教学实施应该摒弃题海战术、死记硬背的教学模式。

小学数学学习阶段核心知识是数的认识与数的四则运算。数与运算知识,不仅是学生日常应用的工具,还担负着数学启蒙的重任,是一切数学学习的基础。

强调运算能力的培养。运算能力是新增加的核心概念,它对四则运算的意义及要求也进行了大的修改,由了解四则运算的意义修正为体会四则运算的意义,并把估算同四则运算分开叙述。运算能力指的是具有根据运算律和法则而求得正确结果的能力。运算能力的培养可以让学生更好地理解运算的算理,从而找到一种方便、快捷的方法来解决问题。因此,运算首先需要会算且算的正确;会算要求的是对运算道理的理解,而不是死记硬背,与此同时,还可以利用方便快捷的方法来解决运算问题。

突出"数与代数"学习的核心目标之一——运用符号来解决问题和进行交流。增强符号意识,即运用数和符号表达数量关系和变化规律;选择适当的方法解决用数和符号表达的问题;从数和符号运算中得出结论并对结果进行检验——即表达、操作、解释。随着计算器、计算机等信息技术工具的发展和广泛应用,烦琐的、重复的、技巧性很高的计算应当削减,学生的学习精力应放在学习更有价值的内容上。

 1-2 第一学段"数与代数"学习标准

学习标准

1-2-1 数的认识[①]

(1)在现实情境中理解万以内数的意义,能认、读、写万以内的数,能用数表示物体的个数或事物的顺序和位置。

(2)能说出各数位的名称,理解各数位上的数字表示的意义;知道用算盘可以表示多位数。

(3)理解符号"<""="">"的含义,能用符号和词语描述万以内数的大小。

---

① 中华人民共和国教育部. 义务教育数学课程标准(2011年版)[M]. 北京:北京师范大学出版社,2012:10~11.

(4)在生活情境中感受大数的意义,并能进行估计。

(5)能结合具体情境初步认识小数和分数,能读写小数和分数。

(6)能结合具体情境比较两个一位小数的大小,能比较两个同分母分数的大小。

(7)能运用数表示日常生活中的一些事物,并能进行交流。

1-2-2 数的运算

(1)结合具体情境,体会整数四则运算的意义。

(2)能熟练地口算 20 以内的加减法和表内乘除法,能口算百以内的加减法和一位数乘除两位数。

(3)能计算三位数的加减法,一位数乘三位数、两位数乘两位数的乘法,三位数除以一位数的除法。

(4)认识小括号,能进行简单的整数四则混合运算。

(5)会进行同分母分数(分母小于 10)的加减运算以及一位小数的加减运算。

(6)能结合具体情境进行估算,并会解释估算的过程。

(7)经历与他人交流各自算法的过程。

(8)能运用数及数的运算解决生活中的简单问题,并能对结果的实际意义作出解释。

1-2-3 常见的量

(1)在现实情境中,认识"元、角、分",并了解它们之间的关系。

(2)能认识钟表,了解 24 时计时法;结合自己的生活经验,体验时间的长短。

(3)认识"年、月、日",了解它们之间的关系。

(4)在现实情境中,感受并认识"克、千克、吨",能进行简单的单位换算。

(5)能结合生活实际,解决与常见的量有关的简单问题。

1-2-4 探索规律

探索简单的变化规律。

学习标准解读

在本学段中,学生将学习"万"以内的数、简单的分数和小数、常见的量,体会数和运算的意义,掌握数的基本运算,探索并理解简单的数量关系。强调在实际情境中体验、感受和理解"数"的意义。在数的认识中要关注数的意义、数的表示、数与数的关系、数的应用。其中第一学段中,我们要特别关注数的意义,如何建立数的概念是教学的重点。低年级的学生更多的是以形象思维为主,因此创设生动有趣的童话情境,不仅能够很好地调动他们的学习积极性,更能够借助童话情境帮助他们体会数的意义。在第一学段的教学中,教师应充分运用学生的生活经验,设计生动有趣、直观形象的教学活动,如运用讲故事、做游戏、直观演示、模拟表演等,激发学生的学习兴趣,让学生在生动具体的情境中理解和认识数和计算的知识。在数认识中体现数感,数感的建立非常重要,教师要设计多种活动培养学生的数感。

注重在现实背景中理解"常见的量"。在小学阶段"常见的量"基本在第一学段出现,主要有货币单位、时间单位和重量单位。《标准》中这一部分内容并没有太大的变化。对这一部分内容的教学,学生不能仅仅满足于认识这些常见的量,还要能够进行单位间的简单换算,依托现实生活情境或活动情境,理解常见的量。

重视口算,形成估算意识和初步的估算技能。第一学段强调学生的口算能力,因此要做好相关的口算训练。学生要能结合具体情境进行估算,并会解释估算的过程,作出相应的判定,逐步形成估算意识,提高估算技能。

初步体会数学的应用性。在第一学段的教学中,教师要充分利用学生已有的生活经验,随时引导学生把所学的知识应用到生活中去,解决身边的数学问题,了解数学在现实生活中的应用,体会学习数学的重要性。

▶具体学习标准

(1) 知识与技能

内容专题	学习内容	学习标准
数的认识	认识 0~10 各数	在现实情境中理解 1~10 各数的意义,能用 1~10 表示物体的个数和顺序,会区分几个(基数含义)和第几个(序数含义)。
		理解 0 的意义,知道生活中 0 表示的几种常见的意义。
		能够正确认、读、写 0~10 各数,掌握 0~10 各数的顺序,会比较它们的大小,熟练地掌握 10 以内各数的组成。
		理解符合">""<""="的含义,能用符号描述 10 以内数的大小。
	认识 11~20 各数	在具体情境中认识 11~20 各数,并理解各数的意义。
		认识计数单位"十",知道 10 个 1 是 1 个 10,2 个 10 是 20。
		认识个位和十位,初步认识十进制,初步认识位值制以及初步体验位值制的作用。
		能够正确认、读、写 11~20 各数,掌握各数的顺序,会比较它们的大小。
	认识 100 以内的数	初步理解几十几的意义,知道这些数是由几个十和几个一组成的,能够正确地数出 100 以内的物体的个数,掌握 100 以内数的顺序,会比较 100 以内数的大小。
		理解个位和十位的意义,能够正确和熟练地读、写 100 以内的数。
	认识"万"以内的数	经历数数的过程,体会数的产生和作用,能在现实情境中感受大数的意义。
		能够正确地认、读、写"万"以内的数,认识计数单位"百"和"千",知道相邻两个计数单位之间的十进关系,了解位值概念和"满十进一"的道理。
		理解各数位上的数字表示的意义,并知道这些数是由几个千、几个百、几个十和几个一组成的。
		掌握"万"以内数的顺序,会比较"万"以内数的大小,能用符号和词语描述"万"以内数的大小。
		会用"万"以内的数表示日常生活中的事物,能进行简单的估计和交流,会在算盘上表示出"万"以内的数。
		结合现实素材使学生认识近似数,认识"≈"并能用其正确表示近似数,结合具体情境体会使用近似数的意义。

续表

内容专题	学习内容	学习标准
数的认识	分数的初步认识	结合具体情境初步认识分数,知道把一个物体看作一个整体平均分成若干份,其中的一份或若干份可以用分数表示,进一步理解分数的意义。
		能够正确读、写简单的分数,知道分数的各部分名称。
		学会运用直观的方法比较分子都是1的两个分数以及同分母的两个分数的大小。
	小数的初步认识	结合具体情境,初步体会小数的含义。
		能认、读、写小数部分是一位的小数,知道小数各部分的名称。
		能运用小数表示日常生活中的一些事物,感受小数与实际生活的密切联系。
		能结合具体情境比较两个一位小数的大小。
数的运算	10以内的加法和减法	结合具体情境,初步理解加法、减法的含义,知道加减法算式中各部分的名称,初步体验加法和减法的互逆关系。
		掌握10以内数的加减计算方法,比较熟练地计算10以内的加减法。
		理解连加、连减、加减混合运算的意义,知道运算顺序,能正确计算10以内的连加、连减和加减混合。
	20以内的进位加法	结合现实情境理解20以内的进位加法的计算方法,能正确、熟练地口算20以内的进位加法。
		学会用加法解决简单的实际问题。
	20以内的退位减法	具体情境中,进一步理解减法的意义。
		借助学具、画图等方式,理解20以内退位减法的算理,探索掌握20以内退位减法的计算方法,能熟练、准确地口算20以内的退位减法。
		初步学会用减法解决简单的实际问题,并能够发现和解决20以内退位减法解决的问题。
	100以内的加法和减法	借助小棒、计数器等直观学具的操作,理解100以内加法和减法口算的算理,能口算100以内整十数加、减整十数以及两位数加减一位数和整十数的问题。理解100以内的两位数加减两位数的算理,探索并掌握计算方法,能正确计算。
		掌握计算100以内的连加、连减、加减混合运算的计算方法,能正确掌握连加、连减和加减混合竖式的简便写法,体验算法的多样性。
		初步学会用加减法解决简单的实际问题,并能够发现和解决100以内数加减法的问题,增强初步的估算意识和解决简单实际问题的能力。

续表

内容专题	学习内容	学习标准
数的运算	表内乘法	在具体情境中初步理解乘法运算的意义,体会乘法与加法的联系,知道乘法算式各部分的名称。
		在学习乘法口诀的过程中,进一步认识乘法的意义,知道乘法的口诀是怎么得来的,掌握并熟记1~6的乘法口诀,能熟练地口算6以内的两个数乘法。
		在探索规律的基础上,通过编制7~9乘法口诀的过程,体验7~9的乘法口诀的来源。理解每一句乘法口诀的意义,初步记熟7~9的乘法口诀,并能正确计算。
		会用画图、语言叙述等方式表述理解问题和分析问题的过程,能运用加法、减法、乘法解决简单的实际问题。
	表内除法	在具体情境中理解平均分及除法运算的含义,能进行平均分计算。会读、写除法算式,认识除法算式各部分的名称。
		初步认识乘法、除法之间的关系,能够比较熟练地用2~6的乘法口诀求商。
		通过用7、8、9的乘法口诀求商的过程,理解用乘法口诀求商的算理,掌握用乘法口诀求商的一般方法,能比较熟练地运用乘法口诀求商。
		体会"倍"的意义,进一步理解除法的意义。会用直观图形和除法算式表示两个数量之间的倍数关系。
		会用画图、语言叙述等方式表述理解问题和分析问题的过程,能运用加法、减法、乘法、除法与"倍"的知识,分析和解决简单的实际问题。
	有余数的除法	在解决实际问题和对结果的实际意义进行解释的过程中,进一步体会除法的意义,理解有余数除法算式中每一个数的意义。
		通过操作、计算、比较等活动,进行除法竖式(含表内除法的竖式)的书写过程,理解竖式中每个数所表示的意思。
		探索余数和除数关系,初步掌握试商的基本方法,在试商的过程中,体会并理解余数一定要比除数小的道理,能较熟练地进行有余数的除法的口算和笔算。
		初步学会用有余数的除法解决生活中的简单问题,初步感受数学与生活的联系,掌握解决问题的基本思路和基本方法。
	两三位数的加法和减法	借助直观模型理解两位数加减法、三位数加减法的算理,并能正确计算。
		在解决具体问题的过程中,能应用合适的方法进行加减法估算,培养估算意识和能力。
		理解验算的意义,会对加法和减法进行验算,初步养成检查和验算的习惯。
		探索并掌握加减混合运算的运算顺序和计算方法,并能正确进行计算。
		能借助直观图和线段图表示数量关系,感受用直观图表示数量关系的优越性。
		能运用加减混合运算解决简单的实际问题,提高解决问题的能力。

续表

内容专题	学习内容	学习标准
数的运算	两三位数乘一位数	结合具体情境,借助直观图或线段图等,理解整十、整百、整千数乘一位数和两位数乘一位数口算的算理,掌握计算方法,并正确进行口算。
		结合具体情境,理解两三位数乘一位数的算理,掌握竖式的计算方法,明白竖式中每一步计算的含义,掌握多位数乘一位数的计算方法,并能正确进行计算。
		结合实际问题情境,理解估算的现实意义,说明估算的思路,掌握估算的方法。
		能用自己的话说明乘法计算中的一些简单规律,能估算一些简单乘法能正确解决简单的两步计算的实际问题,能根据现实情境提出与乘法相关的问题。
	两三位数除一位数	通过口算除法的探索过程,理解口算的算理,能正确口算除数是一位数,被除数是整十、整百、整千的数的除法。
		通过一位数除两三位数笔算的探索过程,会判断两三位数除以一位数的商分别是几位数,掌握除法竖式笔算的方法,能正确进行计算。
		能用估算、重算或用乘法对除法的计算结果进行验算,逐步培养验算的习惯。
		在具体的情境中用估算解决问题,掌握一位数除多位数的除法估算的一般方法,增强估算意识,形成估算的习惯。
	两位数乘两位数	通过探索两位数乘两位数计算方法的过程,理解算理,掌握两位数乘两位数的计算方法。
		能正确口算两位数与十相乘以及整十数乘整十数,估算两个两位数的乘积,笔算两位数并能通过交换乘数位置进行验算。
		在具体情境中,能合理应用口算、笔算或估算解决相关实际问题,能正确解答两步连乘计算的问题,进一步体会解决问题方法的多样化。
		探索算法和解决问题的过程中,应当从实际生活中发现问题、提出问题、分析问题并解决问题,学会用不同的方法来解决问题。
	混合运算	在解决实际问题的过程中,了解"先算乘除,再算加减"的合理性,理解并掌握含有乘除法和加减法的混合运算,能正确进行计算,并能用含有乘除加减混合的运算解决实际问题。
		经历解决实际问题的过程,认识小括号,体会小括号在混合运算中的作用。掌握带有小括号的混合运算的运算顺序,能正确计算。
		在经历探索和交流解决实际问题的过程中,了解解决问题的一些策略和方法,并逐步学会列综合算式解决相关问题。
		通过解决实际问题,提高发现和提出问题、分析和解决问题的能力,养成认真审题、独立思考、准确计算、规范书写等学习习惯。
	小数加减法	结合具体情境,探索并掌握小数加法(不进位和进位)、减法(不退位和退位)的计算方法,并能正确计算。
		初步掌握小数加法估算的方法,了解如何估计计算结果的大致范围。
		能用小数加减法解决一些简单的实际问题。在解决问题的过程中,明白解决问题策略的多样性,进一步增强解决问题的能力。
	分数的简单运算	结合解决问题的过程,探索并掌握同分母(分母小于10)分数加减法的计算方法。
		能正确计算同分母(分母小于10)分数加减运算,解决一些简单的运算问题。

续表

内容专题	学习内容	学习标准
常见的量	元、角、分	人民币的单位有"元、角、分",知道1元＝10角,1角＝10分。
		认识各种常用面值的人民币,了解各面值人民币之间的关系,并会进行简单的计算。
		感受付钱策略的多样性,能解决简单的实际问题。
	时、分、秒	在具体的生活情境中,借助钟面认识时间单位"时、分、秒",知道1小时＝60分钟,1分钟＝60秒,并能进行简单的时间单位换算。
		通过直观演示和操作,知道在钟面上分针走1小格是1分钟,初步认识几时几分,能准确读出钟面上的时刻。
		结合生活经验体验时间的长短,初步建立"分、秒"的时间观念,会用一定的方法估计时间。
	克、千克、吨	在现实情境中,感受并认识"克、千克、吨",了解"1克、1千克、1吨"的实际质量。
		知道常用的质量单位"克、千克、吨"之间的关系,会进行简单的单位换算。
		能估计一些物体的质量,会选择合适的单位及工具进行测量。
		能运用"克、千克、吨"的有关知识解决简单的实际问题,感受质量单位在生活中的应用。
	年、月、日	结合生活经验,认识时间单位"年、月、日",了解它们之间的关系;知道大月、小月、二月及其相关知识;知道平年、闰年等方面的基本知识,能初步判断平年、闰年。
		了解24时计时法,会用24时计时法表示时刻;初步理解时间和时刻的意义,能推算出从一个时刻到另一个时刻所经过的时间,能解决简单的实际问题。

(2)数学思考

维度	学习标准
发展形象思维与抽象思维	通过对计算方法的探索、交流,尝试解释自己的思考过程,初步感受思维活动的条理性。
	通过认识数的含义、探索数的组成方法、比较数的大小以及用数描述日常生活现象等活动,学会用具体的数描述简单的事物,感受数的组成,建立初步的数感。
	通过两三位数乘一位数和两三位数除以一位数的口算、估算和笔算练习,不断加深对数的大小及相互关系的理解,增强数感。
	在认识"万"以内的数和用算盘表示数的过程中,逐步加深对数的意义、十进制计数法以及数的大小的理解,提高用数进行表达和交流的能力。

续表

维度	学习标准
发展形象思维与抽象思维	在用分数和小数描述日常生活现象、解决简单实际问题的过程中,不断加深对数的意义、大小、相互关系的理解,逐步增强数感。
	在认识质量单位"千克"和"克"的过程中,学会选择合适的单位描述物体的轻重,初步建立"1千克"和"1克"实际轻重的观念,培养初步的估测能力初步的形象思维。
	在认识乘除法的含义,编制乘法口诀,用乘法口诀计算表内乘除法以及计算100以内连加、连减、加减混合运算的过程中,进一步丰富对100以内数的认识,感受不同的计算策略,增强数感和初步的抽象思维。
	在认识"倍"的含义,解决与"倍"有关的简单实际问题以及用两步计算解决相关实际问题的活动中,不断经历从现实生活或具体情境中认识数学问题,积累分析数量关系、探寻解题思路的经验,尝试进行简单的推理,发展初步的抽象思维。
	在解决简单实际问题的过程中,尝试从数学的角度去观察周围的世界,初步学会用自己的语言描述实际情境和问题,初步体会数学抽象的意义,感受简单推理的价值。
发展合情推理和演绎推理能力	在探索乘法计算中的规律、分数和小数的排列规律等活动中,经历简单的猜想和验证过程,培养初步的合情推理能力。
	通过编制乘法口诀,初步学会运用类比推理的方法学习新知识。
	通过观察、猜测、解决问题等活动,初步发展观察、分析、推理和解决问题的能力以及有条理地阐述自己的推理过程。
	在探索两三位数乘一位数和两三位数除以一位数计算方法的过程中,尝试进行一些简单的分析、比较和概括,逐步增强思维活动的条理性和灵活性。
	在探索两位数乘两位数计算方法、四则混合运算的运算顺序以及认识分数和小数的过程中,尝试进行一些分析比较、抽象概括和简单推理,逐步增强思维活动的条理性和严密性,培养初步的抽象思维能力。
	用两步连乘解决实际问题,从问题出发探寻解题思路,不断经历从现实生活或具体情境中抽象出数学问题,加深对数量关系的理解,培养初步的演绎推理能力。
	在学习有余数的除法、万以内的加法和减法等计算的过程中,进一步加深对四则运算的理解,积累口算、估算和笔算的经验,提高计算能力,培养初步的分析、比较、抽象和概括等思维能力。
	在解决实际问题的过程中,从现实情境中抽象出数学问题,积累分析数量关系、选择解题思路的经验,进一步增强有根据、有条理的思考意识,培养初步的推理能力。
体会数学的基本思想	在比较两种物体个数、比较两个数大小的活动中体会初步的对应思想。
	经历"数学化"的过程,能用比较简洁、抽象的方式进行表达,体会分类讨论思想、数形结合思想、符号化思想。
独立思考的能力	在解决问题的过程中,学会独立思考,能通过动手操作、画图、列式等表达自己的想法。

(3)问题解决

维度	学习标准
发现、提出、分析、解决问题	初步学会从事物的数量多少、数的排列规律等角度发现和提出简单的数学问题。
	联系两三位数乘一位数和两三位数除以一位数的计算,千克和克的初步认识,尝试从多少、长短、轻重等不同角度发现和提出问题,逐步培养数学应用意识,锻炼实践能力。
	感受数学与生活的密切联系,用列表法分析问题和解决问题,体验与他人合作交流解决问题的过程。
	会用画图、语言叙述等方式表述问题和分析问题,能运用加法、减法、乘法解决简单的实际问题。初步学会表述解决问题的过程和结果,并在交流中加深体验,提升认识。
	初步学会通过观察、操作、分类等方法进行简单的数数、比较大小、加减计算来解决简单的问题。
	能结合实际情境选择计算策略,解决相关的实际问题,培养估算意识,提高估算能力。
	联系两位数乘两位数和两步混合运算的计算,简单的求经过时间的计算以及对分数和小数的初步认识,尝试从数量的多少与次序的先后等不同角度发现问题和提出问题,不断增强数学应用意识,提升实践能力。
	经历从实际生活中发现问题、提出问题、分析问题、解决问题的过程,体会数学在日常生活中的作用,初步养成综合运用数学知识解决问题的能力。
问题解决的方法	了解分析问题和解决问题的一些基本方法,知道同一个问题可以有不同的解决方法。
	在解决问题中,能合理采用数数、画图、列表、估算、精确计算等方法解决问题。学会有条理地思考,能够灵活选择合适的计算方法解决简单的实际问题。
	初步学会利用生活经验和直观手段在已知条件与所求问题之间建立联系,并运用学过的数和计算的知识解决一些实际问题。
	初步学会从已知条件出发并在条件和问题之间建立联系的思考方法,知道同样的问题可以有不同的解决方法,进一步积累解决问题的经验,逐步增强解决问题的策略意识。
合作与交流的意识	经历与同伴分工合作、交流解决方法的过程,体验与同伴合作的喜悦感。
	在合作交流中,学会倾听别人的意见,尝试对同伴的想法提出建议,明白解决问题方法的多样性和差异性,学会合理选择。
	初步学会用20以内的数描述生活中熟悉的事物,有与同学合作解决问题的体验。
	初步体验与同学交流对计算方法的探索过程、简单规律的发现过程以及对实际问题的分析过程,积累与他人合作解决问题的经验。
	在参与数学活动的过程中,进一步学会与同学合作,能有条理地与同学交流自己的想法,不断增强合作交流的意识。

续表

维度	学习标准
合作与交流的意识	在探索相关的口算、估算和笔算方法,探索"年、月、日"等时间单位的相互关系以及探索用分数和小数表示常见数量及其相互关系等活动中,初步学会与同学合作交流,学会在交流中不断完善自身的思考,逐步增强合作交流的意识。
	知道在数学学习过程中会有不同的思考,敢于表达自己的想法,初步学会在交流中接受正确的观点;知道在计算和解决实际问题的过程中可能会出现错误,发现错误能及时改正。
评价与反思的意识	能够借助已有的知识经验,初步判断结果的合理性。
	能够回顾解决问题的过程,针对问题的过程与结果进行解释和反思,初步形成评价与反思的意识。
	在探索计算方法、验证计算结果、发现简单规律、解决实际问题等活动中,逐步学会表达思考的大致过程与结果,学会在表达前整理、在倾听时思考,进一步感受反思性学习环节的意义和价值。

(4)情感态度

维度	学习标准
对数学科学的认识	在用简单的数表示事物的多少、用加减计算解决简单实际问题以及用文字、符号表示简单规律等活动中,初步体会数学与生活的联系,理解和把握数学学习的特点和价值。
	在探索各级各类数的计算和验算方法、探索规律等活动中,进一步感受数学思考的严谨性和数学结论的确定性。
	在用学过的计算解决实际问题、用分数和小数表示常见数量及其相互关系、用合适的单位表示物体的轻重的过程中,进一步感受数学的价值,感受数学与生活的密切联系,不断增强学数学、用数学的自觉性。
数学学习的态度	对数数、比较、分类、计算等与数学有关的活动感兴趣,具有喜欢数学学习的积极情感。
	在认数、认识人民币等活动中,主动进行观察、操作、比较和交流,对事物的数量及其大小、变化具有一定的好奇心。
	在认识分数和小数的含义,认识"千米"和"吨",认识人民币,认识"年、月、日"及其相互关系,认识24时计时法等活动中,感受数学学习内容的多样性与趣味性,不断增强对数学的好奇心和求知欲。
	在探索类数学活动中,知道自己在数学知识和方法等方面的收获与进步,通过获得一些成功的体验,逐步增强克服困难的意志,树立学好数学的信心。
	在教师的指导下,积极主动地参与各项数学活动,体会自己在数学知识和方法等方面的收获与进步,增强对数学的好奇心与求知欲,树立学好数学的信心。

续表

维度	学习标准
数学学习的习惯	初步感受学习数学的乐趣,养成认真勤奋、独立思考、合作交流、反思质疑等学习习惯,培养实事求是的科学态度。
	培养学生初步建立时间观念,从小养成珍惜和遵守时间的意识和习惯。
	能倾听别人的意见,尝试对别人的想法提出建议,知道应该尊重客观事实。
	培养学生认真审题、独立思考、准确计算、规范书写等学习习惯。
	主动克服数学学习中遇到的困难,逐步养成细心计算、自觉检验、发现错误及时改正等良好的学习习惯。
感受数学美	知道数学规律在生活中的广泛应用,初步具备欣赏数学规律美的意识。

1-3 第二学段"数与代数"学习标准

学习标准

1-3-1 数的认识[①]

(1)在具体情境中,认识"万"以上的数,了解十进制计数法,会用"万""亿"为单位表示大数。

(2)结合现实情境感受大数的意义,并能进行估计。

(3)会运用数描述事物的某些特征,进一步体会数在日常生活中的作用。

(4)知道2、3、5的倍数的特征,了解公倍数和最小公倍数;在1~100的自然数中,能找出10以内自然数的所有倍数以及10以内两个自然数的公倍数和最小公倍数。

(5)了解公因数和最大公因数;在1~100的自然数中,能找出一个自然数的所有因数以及两个自然数的公因数和最大公因数。

(6)了解自然数、整数、奇数、偶数、质(素)数和合数。

---

① 中华人民共和国教育部.义务教育数学课程标准(2011年版)[M].北京:北京师范大学出版社,2012:13~14.

(7)结合具体情境,理解小数、分数和百分数的意义;会进行小数、分数和百分数的转化(不包括将循环小数化为分数)。

(8)能比较小数的大小和分数的大小。

(9)在熟悉的生活情境中,了解负数的意义,会用负数表示日常生活中的一些量。

1-3-2 数的运算

(1)能计算三位数乘两位数的乘法,三位数除以两位数的除法。

(2)认识中括号,能进行简单的整数四则混合运算(以两步为主,不超过三步)。

(3)探索并了解运算律(加法的交换律和结合律、乘法的交换律和结合律、乘法对加法的分配律),会应用运算律进行一些简便运算。

(4)在具体运算和解决简单实际问题的过程中,体会加与减、乘与除的互逆关系。

(5)能分别进行简单的小数、分数(不含带分数)的加、减、乘、除运算及混合运算(以两步为主,不超过三步)。

(6)能解决小数、分数和百分数的简单实际问题。

(7)在具体情境中,了解常见的数量关系:总价=单价×数量,路程=速度×时间,并能解决简单的实际问题。

(8)与他人交流各自算法的过程,能够表达自己的想法。

(9)在解决问题的过程中,能选择合适的方法进行估算。

(10)能借助计算器进行运算,解决简单的实际问题,探索计算的规律。

1-3-3 式与方程

(1)在具体情境中能用字母表示数。

(2)结合简单的实际情境,了解等量关系,并能用字母表示。

(3)能用方程表示简单情境中的等量关系(如 $3x+2=5, 2x-x=3$),了解方程的作用。

(4)了解等式的性质,能用等式的性质解简单的方程。

1-3-4 正比例、反比例

(1)在实际情境中理解比以及按比例分配的含义,并能解决简单的问题。

(2)通过具体情境,认识成正比例的量和成反比例的量。

(3)会根据给出的有正比例关系的数据在方格纸上画图,并会根据其中一个量的值估计另一个量的值。

(4)能找出生活中成正比例和成反比例关系量的实例,并进行交流。

1-3-5 探索规律,探索给定情境中隐含的规律或变化趋势

学习标准解读

在第二学段中,学生将进一步学习整数、分数、小数及其有关计算,进一步培养数感。初步了解负数和方程,开始借助计算器进行复杂计算,获得解决现实生活中简单问题的能力。

第二学段强调在现实情境中理解数与代数的意义,体会数学的价值。该阶段学生的知识、能力、情感和态度与第一学段相比都有了进一步的发展,教师应该充分利用学生已有的生活经验,引导学生把所学的数学知识应用到现实中去。学生通过观察、操作、猜测、交流、反思等活动逐步了解数学知识的产生、形成与发展的过程,从而获得积极的情感体验,体会数学在现实生活中的应用价值。

教师要重视培养学生应用数学的意识和能力,要让学生经历从实际问题中抽象出数量关系,并运用所学知识解决问题。学生通过解决实际问题进一步培养数感,增进对运算意义的理解,同时注意避免繁杂的运算,避免将运算与应用割裂开来,避免对应用题进行机械的程式化训练。

加强估算,提倡算法多样化。第二学段指出,"在解决问题的过程中,能选择合适的方法进行估算",在现实情境中加强学生估算能力的培养,让他们认识到估算在日常生活与学习中有着十分广泛的应用。估算结果是多样的,要关注其是否合情合理。在估算教学中,学生之间交流估算方法尤其重要。只要切合估算目的或能够解决问题的方法就是好方法。因此对于不同的情境要选择不同的估算方法。

▶具体学习标准

(1) 知识技能

内容专题	学习内容	学习标准
数的认识	大数的认识	结合现实情境,认识"万"以上的数,认识万级和亿级的计数单位,掌握"千亿"以内的数位顺序表,知道各计数单位之间的关系。
		了解十进制计数法,会根据数级正确读、写大数,会比较大数的大小。
		会将整万、整亿的数分别改写成用"万"和"亿"作单位的数,会根据要求用"四舍五入"法求一个数的近似数。
		体会和感受大数在日常生活中的作用,进一步培养数感。
	小数的意义和性质	在现实情境中,理解小数的意义,会读、写小数。知道小数的数位名称及顺序,知道小数的计数单位及相邻单位进率。
		掌握小数的性质和小数点移动引起小数大小变化的规律。
		会进行小数和十进分数的相互替换。会进行小数的化简,能正确比较小数的大小。
		能够根据要求会用"四舍五入法"保留一定的小数位数,求出小数的近似数,并能把较大的数改写成用"万"或"亿"作单位的小数。
	因数与倍数	探索非"0"自然数的有关特征,知道因数与倍数的含义。能在1~100的自然数中,找出10以内某个自然数的所有倍数。在1~100的自然数中,能找出一个自然数的所有因数。
		通过自主探索,掌握2、3和5的倍数的特征,能准确判断一个数是不是2、3和5的倍数,培养数感。
		了解质数(素数)与合数,在1~100的自然数中,能找出质数与合数,并能熟练判断20以内的数哪个是质数,哪个是合数。
		了解奇数与偶数,能准确判断奇数与偶数,探索奇数、偶数相加的结果是奇数还是偶数(奇偶性),丰富解决问题的策略。
	分数的意义和性质	理解"单位1"和分数单位的含义,知道分数是怎么产生的,理解分数的意义,明确分数与除法的关系。
		认识真分数和假分数,知道带分数是一部分假分数的另一种书写形式,能把假分数化成带分数或整数,会进行分数和小数的互化。
		理解和掌握分数的基本性质,知道最简分数的含义,掌握约分和通分的方法,能正确进行约分和通分,会比较分数的大小。
		理解公因数与最大公因数、公倍数与最小公倍数,能找出两个数的最大公因数与最小公倍数,能比较熟练地进行约分和通分,并能应用所学知识解决简单的实际问题。

续表

内容专题	学习内容	学习标准
数的认识	百分数	联系现实情境,理解百分数的意义,会正确地读写百分数,会运用百分数表述生活中的一些数学现象。
		能正确进行小数、分数和百分数之间的互化。
		理解折扣、成数、税率、利率的含义,知道它们在生活中的应用,会进行相关计算。
		理解、分析数量关系的基础上,正确解决有关百分数的实际问题,以及税率、利率、折扣有关的实际问题。
		联系已有的知识和经验进行分析、比较、抽象、概括、归纳、推理等活动,提高解决有关百分数的实际问题的能力。
	负数	在熟悉的生活情境中初步认识负数,理解正数、负数的意义,能正确地读、写正数和负数。
		理解并掌握"0"既不是正数也不是负数的结论,知道正数都大于"0",负数都小于"0",能正确使用正数和负数描述日常生活中常见的具有相反意义的量。
		初步掌握用数轴上的点表示正、负数的方法,体会数形结合思想。
数的运算	三位数乘两位数	经历探索三位数乘两位数笔算方法的过程,理解三位数乘两位数的笔算算理,正确计算三位数乘两位数。
		经历探索"积的变化规律"的过程,理解规律内涵,能应用积的变化规律口算几百乘几十,能用简便方法笔算乘数末尾有"0"的乘法。
		经历从现实问题中抽象出数量关系的过程,掌握常见的数量关系:总价=单价×数量,路程=速度×时间,并能运用数量间的关系解决一些简单的实际问题。
	两、三位数除以两位数	联系具体的实例,理解并掌握整十数除整十数、几百几十的数(商一位数)的口算方法,能正确进行口算。
		掌握两三位数除以两位数的笔算算理,掌握相应的计算法则,能正确进行笔算和估算。
		经历探索过程,了解商的变化规律,掌握商不变规律,能灵活运用商的变化规律进行简便计算。
		能够运用所学的知识解决简单的实际问题,感受数学在生活中的作用。
	四则运算	结合具体情境,理解"加、减、乘、除"四则运算的意义,掌握四则运算中各部分间的关系,对四则运算知识进行较系统的概括和总结。
		认识中括号,掌握四则混合运算的顺序,能进行简单的四则混合运算。
		经历解决实际问题的过程,进一步体会分析稍复杂的实际问题数量关系的过程,能列综合算式解决有关四则运算问题,感受解决问题的一些策略和方法。

续表

内容专题	学习内容	学习标准
数的运算	运算定律	经历探索加法和乘法运算律的过程,理解加法交换律、结合律,乘法交换律、结合律和分配律,并能运用运算定律进行一些简便运算。
		能够结合具体情况,灵活选择合理的算法,培养学生用所学知识解决简单的实际问题的能力。
	小数的加法和减法	在具体情境中引导学生自主探索小数加、减法的计算方法,理解计算的算理,掌握一般算法,并能正确地进行小数加、减法的笔算和简单的口算。
		经历计算、比较、归纳、推理等活动,理解整数运算定律对于小数同样适用,并会运用运算定律进行一些小数的简便计算,进一步培养学生的数感,增强计算的灵活性。
		会用计算器进行一些稍复杂的小数加、减法的计算。
	小数乘法	结合具体情境,探索小数乘、除法的计算方法,能理解和掌握小数乘法的算理和计算方法,能正确地进行小数乘法的计算和验算。
		探索并掌握一个小数乘 10、100、1000……小数点位置的移动规律,能应用这一规律口算相应的式题,会用"四舍五入"法求出小数乘法计算中积的近似值。
		理解整数乘法运算定律对于小数同样适用,并会运用这些定律进行小数乘法的简便运算。
	小数除法	在解决有关小数乘法的简单实际问题过程中,理解估算的意义,初步形成估算意识,提高解决问题的能力。
		结合具体情境,探索小数除法的计算方法,能理解和掌握小数除法的计算方法,能正确地进行计算;能根据算式特点,合理选择口算、笔算、估算、简算等方法灵活计算。
		掌握用"四舍五入"法截取商是小数的近似值,能根据实际情况合理运用"进一法"和"去尾法"截取商的近似值。初步认识循环小数、有限小数和无限小数。
		能借助计算器探索规律,并应用规律解决问题。能应用小数除法及其他运算解决一些实际问题。
	分数的加法和减法	理解分数加减法的含义和算理,能正确计算异分母分数加减法。
		掌握分数加减混合运算的运算顺序,能正确进行分数加减混合运算。
		知道并理解整数加法运算定律对于分数加法仍然适用,并会运用这些运算定律进行一些分数加法的简便运算,进一步提高运算能力。
		能用分数加减法解决简单的实际问题,体会数学知识的应用价值。
	分数乘法	理解分数乘法的意义是整数乘法意义的扩展,理解和掌握分数乘法的计算方法,能正确计算分数乘法,能正确解答求一个数的几分之几是多少的实际问题,能运用乘法运算定律进行一些简便计算。
		经历分数乘法计算方法的探索过程,经历应用分数乘法解决简单实际问题的过程,进一步培养分析、比较、抽象、概括、归纳、类推的能力,进一步累积数学活动经验,感悟数学思想方法,发展初步的合情推理和演绎推理的能力。

续表

内容专题	学习内容	学习标准
数的运算	分数除法	理解倒数的意义,掌握求一个数的倒数的方法。
		理解分数除法的含义,掌握分数除法的计算方法,会正确进行分数除法计算。
		掌握分数连除、乘除混合运算的运算顺序,能列方程解答"已知一个数的几分之几是多少,求这个数"的实际问题。
		体会数学与生活的密切联系,体会并掌握模型、方程、数形结合等数学思想。
比与比例	比	联系现实情境,理解比的意义,知道比与分数、除法的关系。
		理解并掌握比的基本性质,会求比值、化简比,能解决一些按比分配的实际问题。
		在理解比的意义、探索比与分数和除法之间的关系以及比的基本性质的过程中体会类比法的推理思想,积累数学活动经验,体会数学知识之间的内在联系,把握数学知识的本质。
		经历用比描述生活现象和解决实际问题的过程,感受数学知识在日常生活中的应用价值。
	比例	在现实情境中初步理解图形的放大和缩小,能在方格纸上按一定的比例将简单图形放大或缩小,联系图形的放大和缩小理解比例的意义,认识比例的项和内项、外项,能判断四个数是否能够组成比例。
		理解比例的基本性质,能正确地解比例。理解比例尺的意义,掌握相应的数量关系,能正确地求图上距离、实际距离和比例尺,能应用比例尺解决一些实际问题。
		运用比例的相关知识,分析、解决实际问题,并在经历问题解决的过程中,积累和丰富解决问题的经验,提高问题解决能力。
	正比例、反比例	结合现实的情境,理解正比例和反比例的意义,掌握成正反比例的量的变化规律,能根据正反比例的意义判断两种相关联的量是否成比例。
		初步认识正比例关系的图像,能根据给出的有正比例关系的数据在有坐标系的方格纸上画出图像,会根据其中一个量在图像中找出或估计出另一个量的值,能应用正比例图像解决一些简单的实际问题。
		在认识正比例、反比例的意义以及正比例图像的过程中,经历用不同的数学模型表示特定数量关系及其变化规律的过程,初步了解函数、数形结合的思想,发展数学思维能力。
式与方程	用字母表示数	初步认识用字母表示数的作用,发展符号意识,能够用含有字母的式子表示数量、数量关系和计算公式。
		了解等量关系,能在具体的情境中找到常见的等量关系,并用字母表示,初步学会根据字母所取的值,求含有字母式子的值。
	简易方程	初步了解方程的作用,体会等式与方程的关系,初步理解等式的基本特性,能用等式的基本性质解简易方程,初步理解化归思想。
		感受数学与现实生活的联系,初步学会列方程解决一些简单的实际问题,获得数学建模的初步体验。培养学生根据具体情况灵活选择算法的意识和能力。

(2)数学思考

维度	学习标准
发展形象思维与抽象思维	经历从具体情境中抽象出数量关系,探索计算方法、运算顺序的活动过程,发展数感和初步的符号意识,提高运算能力和运用所学知识解决实际问题的能力。
	在理解多位数的意义、比较多位数的大小、求一个数的近似数的过程中,发展初步的观察、比较、分析、抽象、概括、推理等能力,培养良好的数感。
	在用正负数表示现实生活中具有相反意义的量,理解小数的意义、探究小数的性质以及用负数和小数描述常见数量和生活现象的过程中,不断加深对数的意义、大小及其相互关系的认识,进一步增强数感。
	在学习用字母表示数的过程中,经历由具体数量关系抽象出字母表达式的活动,体会用变化的眼光考察数量和数量关系的意义,进一步发展抽象思维,增强符号意识。
	在认识等式和方程,探索等式的性质,解方程以及列方程解决实际问题的过程中,发展抽象思维,培养符号意识,感受方程思想的意义和价值。
	经历探索并理解比例的意义和性质,理解比例尺的意义以及运用比例的有关知识解决问题的过程,体会不同数学知识之间的联系,进一步了解现实世界的数量关系。
	经历探索并理解正比例和反比例意义的过程,初步感知变量的特点,获得一些从现实问题中抽象出数学模型的经验,培养抽象思维能力,初步感受数形结合的思想方法。
	在认识比和百分数意义活动中进一步感受从具体到抽象的认识过程,发展初步的抽象思维能力,增强数感、符号意识。
发展合情推理和演绎推理能力	在建立数学概念、获得数学结论、探索和发现数学规律的过程中,充分开展观察、实验、归纳、类比和猜想等数学活动,能有条理地思考,比较清晰地阐述自己的想法,发展初步的合情推理能力和演绎推理能力。
	在探索计算方法、发现运算规律以及进行有关计算的过程中,提高运算能力,发展初步的演绎推理和合情推理能力,培养初步的符号意识。
	在探索小数四则计算的方法、理解小数四则混合运算的运算顺序的过程中,主动进行分析比较、抽象概括和简单推理,进一步增强思维活动的条理性和灵活性。
	在找一个数的因数和倍数、求两个数的最大公因数和最小公倍数的过程中,进一步体会有序思考的意义和价值,培养思维的条理性和严密性。
	在认识分数的意义、探索分数与除法的关系以及分数加减法计算方法的过程中,主动进行观察和操作、比较和分析、抽象和概括,学会合乎逻辑地表达自己的思考过程,培养初步的演绎推理能力。
	在探索2、3、5的倍数的特征、分数的基本性质以及和与积的奇偶性规律等活动中,经历由具体到抽象、由特殊到一般的思考过程,培养初步的合情推理能力。
	在探索分数乘除法、分数四则混合运算、比的基本性质等活动中,主动联系已有的知识、经验进行观察和操作、比较和分析、猜想和验证、归纳和类比,进一步增强运算能力以及初步的演绎推理与合情推理能力。
	经历与他人交流各自算法以及解决问题方法的过程,并能有条理地表达自己的思考过程。
	在探索简单数学规律、解决简单数学问题的过程中,能够合乎逻辑地进行思考,并能清晰、有条理地表达自己的思考过程,进一步培养良好的思维品质。

维度	学习标准
体会数学的基本思想	在列方程解决"已知一个数的几(百)分之几是多少,求这个数"以及稍复杂的分数、百分数除法实际问题的过程中,初步感受方程的思想方法及其价值,体会模型思想。
	在解决求一个数的几(百)分之几是多少,稍复杂的分数、百分数乘法问题,有关纳税、利息和折扣的实际问题以及按比例分配等实际问题的过程中,初步感受转化的数学思想方法。
	经历探索并理解正比例和反比例意义的过程,初步感受数形结合的思想方法。
	在运用正比例图像解决简单实际问题的过程中,进一步体会数形结合的思想方法对于解决问题的价值。
	在探索计算方法、发现运算规律以及进行有关计算的过程中,感受转化、归纳、符号化等数学思想和方法。
	在认识等式和方程、探索等式的性质、解方程以及列方程解决实际问题的过程中,感受方程思想的意义和价值。
独立思考的能力	在解决问题的过程中,学会独立思考,能通过动手操作、猜想尝试、画图、列式等表达自己的想法,体会数学的基本思想和思维方式。

(3) 问题解决

维度	学习标准
发现、提出、分析、解决问题	能从现实情境中发现并提出一些简单的数学问题,抽象出一些常见的数量关系,感受数学抽象的一般过程,培养初步的应用意识。
	联系负数的含义、小数的意义、性质和大小、小数的四则计算和相关的混合运算、用字母表示数等内容,尝试从数量的多少与次序的先后、图形的形状与大小、数据的变化与规律等角度发现和提出问题,进一步增强数学应用意识,锻炼实践能力。
	联系分数的意义、方程的特点、最大公因数和最小公倍数的求法、分数加减法的计算等内容,尝试从数量的多少及其关系变化等角度,提出和发现问题,分析并解决问题,进一步增强数学应用意识,提升实践能力。
	从具体的问题情境中发现并提出一些数学问题,并能主动应用所学的分数运算,进一步体会数学学习的价值,培养发现、提出问题、分析、解决问题的能力。
	在应用分数、百分数的有关知识解决实际问题的过程中,进一步感受数学知识和方法在日常生活中的广泛应用,培养应用意识。
	在运用比例、比例尺、正比例和反比例等知识解决问题的过程中,进一步培养发现问题、提出问题、分析问题、解决问题的能力,增强应用意识,提高实践能力。
	在系统复习所学知识的过程中,进一步学会从数学的角度发现问题和提出问题,综合运用数学知识解决简单的实际问题,增强应用意识和实践能力,获得分析问题和解决问题的一些基本策略和方法。

续表

维度	学习标准
问题解决的方法	经历运用所学的运算解决实际问题的过程,知道用列表等方法整理条件和问题,知道从条件和问题出发分析数量关系,了解解决问题的一般步骤,能按步骤进行解题,并逐步养成自觉检验和反思的习惯。
	在解决有关行程等实际问题的过程中,初步学会画图描述和分析问题的方法,探索解决问题的有效途径,进一步积累解决问题的经验,体会解决问题策略的多样性。
	经历解决问题的过程,进一步积累分析数量关系的经验,初步形成自觉反思解决问题过程的意识,能有理有据地表达自己解题时的思考过程。
	用不同形式表示相同数量,用不同方法描述数量关系,比较数的大小,按不同运算顺序计算相同试题,认识同样的问题可以有不同的解决方法,从不同角度理解和分析问题可能会有不同的收获与发现,进一步积累解决问题的经验,不断增强解决问题的策略意识。
	在列方程解决相关实际问题的过程中,初步掌握列方程解决问题的基本思路和方法,体会其特点和价值。
	在总结计算方法、检验计算结果、发现变化规律、解决实际问题等活动中,初步学会整理解决问题的过程、归纳解决问题的方法、解释解决问题的结果,进一步感受反思性学习环节的意义和价值。
	在解决求一个数的几(百)分之几是多少,稍复杂的分数、百分数乘法,有关纳税、利息和折扣的实际问题以及按比例分配实际问题的过程中,进一步体验画图描述问题的方法以及借助图形直观分析数量关系的过程,初步了解转化的思想方法,提高综合应用所学知识解决问题的能力。
	在应用假设的策略解决实际问题的过程中,进一步增强策略意识和反思意识,体会解决问题策略的多样性,培养根据实际问题的特点选择相应策略的意识。
	在运用正比例图像解决简单实际问题的过程中,进一步体会数形结合的思想方法对于解决问题的价值,进一步积累和丰富解决问题的经验。
	在解决实际问题的过程中,进一步积累解决问题的经验,了解一些基本的数学思想方法,提高分析问题和解决问题的能力,增强解决问题的策略意识。
合作与交流的意识	能主动与同学合作开展学习活动,具有积极与同学交流解决问题过程和结果的能力,增强与他人合作交流的意识。
	在探索小数的性质和大小比较方法、小数的四则计算方法及相关运算规律等活动中,主动与同学开展合作交流,学会在交流中不断完善自身的思考,学会更加全面地理解和分析问题,进一步培养合作交流的习惯和能力。
	分析数量间的相互关系,探索最大公因数和最小公倍数的求法,归纳分数基本性质,经历与他人合作交流的过程,学会在交流中不断完善自身的思考,进一步增强合作交流的意识。

续表

维度	学习标准
评价与反思的意识	在探索计算方法、检查计算结果、发现数学规律以及应用所学知识解决实际问题的过程中,有条理地表达思考的大致过程和结果,学会在表达前整理、在倾听后总结,进一步增强主动评价和反思的意识。
	在选择策略解决实际问题的过程中,进一步感受解决问题策略的多样性,增强策略意识和反思意识,培养选择合适策略解决实际问题的意识和能力。
	能自觉回顾解决问题的过程以及尝试与他人交流解决问题的过程,能初步判断结果的合理性。

(4)情感态度

维度	学习标准
对数学科学的认识	在现实情境中理解数学内容并应用数学知识解决问题,体验数学与日常生活的密切联系,能对周围环境中与数学有关的事物和现象产生好奇心。
	利用各种资源进行开放性的学习活动,进一步感受数学的文化价值,体会数学是人类文明的重要成果之一。
	进一步了解有关数学知识的背景,体会数学的广泛应用,激发对数学学习的兴趣,培养实事求是的科学态度和对社会的责任感。
	在用负数和小数表示常见数量,用含有字母的式子描述数量的变化和规律,用小数四则计算解决相关实际问题等活动中,进一步认识数学的价值,认识数学与生活的密切联系,不断增强学数学、用数学的自觉性。
	在找一个数的因数和倍数,确定两个数的最大公因数和最小公倍数,用分数描述现实生活中的数量及其关系,用方程表示数量间的相等关系等活动中,体会数学思考的条理性和严谨性,感受数学方法的多样性和灵活性,初步了解数学的特点和价值,不断增强学数学、用数学的自觉性。
	在解决有关分数、百分数、按比例分配等实际问题的过程中,不断增强学数学、用数学的自觉性。
	在探索和理解比例的意义和基本性质,正比例和反比例的意义的过程中,进一步感受数学思考的严谨性和数学结论的确定性,获得一些学习成功的体验,锻炼克服困难的意志。
数学学习的态度	在学习过程中初步具有质疑问难的意识,积极参与数学问题讨论,发现错误及时改正的态度,逐步学会客观地评价自己和他人。
	能通过自己的努力,主动探索并获得数学知识,建立学好数学的自信心,锻炼克服困难的意志,不断获得成功的体验。
	在探索和发现数学知识、规律的过程中,进一步获得学习成功的体验,产生对数学事实及其内在联系的好奇心,树立学好数学的自信心。
	能热心参与数学问题的讨论,努力克服学习中的困难,发现错误能及时改正。

续表

维度	学习标准
数学学习的态度	在认识负数和小数,探索小数四则计算方法,发现小数运算规律,用字母表示数量关系、运算规律和计算公式等活动中,进一步感受数学内容的多样性与趣味性,增强对数学的好奇心,提高主动参与数学活动的自觉性。
	在探索小数四则计算方法以及相关运算规律,学习用列举的策略解决问题等活动中,认识自己在数学知识、方法上的收获与进步,获得一些成功的体验,进一步增强克服困难的意志,树立学好数学的信心。
	在交流小数四则计算方法,讨论数的变化规律等活动中,进一步养成乐于思考、勇于质疑、实事求是的良好品质。
	认识方程、因数和倍数、分数,探索方程的解法、最大公因数和最小公倍数的求法以及分数加减法计算方法,感受数学学习的多样性和趣味性,增强参与数学活动的主动性和积极性,进一步提高对数学学习的兴趣。
	在探索2、3、5的倍数的特征,分数的基本性质,和与积的奇偶性规律,列方程解决实际问题,用转化的策略解决问题等活动中,克服困难、发现规律、获得结论,感受自己在数学知识和方法等方面的收获与进步,体验成功的乐趣,进一步增强学好数学的自信心。
	能积极参与观察、操作、实验、分析、比较、抽象、概括、类比、归纳等活动,并能主动与他人合作交流,体验数学活动的乐趣,感受自己在数学知识和方法等方面的收获与进步,增强对数学学习的兴趣。
	在探索和理解分数乘除法的计算方法,"比"的基本性质等活动中,获得一些成功的体验,增强对数学的好奇心与求知欲,进一步树立学好数学的信心。
数学学习的习惯	在进行小数四则计算以及相关混合运算、分数运算、求比值和化简比,百分数和分数、小数互化等活动中,进一步形成认真、严谨的学习态度,养成认真审题、细心计算、自觉检查以及发现错误及时改正的良好习惯。
	在理解数学内容以及运用数学知识解决实际问题的过程中,逐步养成乐于动手、勤于思考的习惯以及认真严谨、实事求是的品质。
感受数学美	在探索、发现数学知识的过程中,感受数学的符号美、简洁美,在数学问题的解决过程中,感受数学严谨的美。

2 小学数学"数与代数"课堂学习关键问题及指导

2-1 如何在"数与代数"学习中引导学生逐步形成数感

问题呈现

教学片断

我们先来看看两道测题:
1. 把 1000 张纸摞在一起,大约厚(　　)。
   A. 9 毫米　　B. 9 厘米　　C. 9 分米　　D. 9 米
2. 牙膏重 50(　　)
   A. 克　　B. 千克　　C. 吨　　D. 立方厘米

第一题相比较于第二题,实际难度水平为 0.46,区分度为 0.23,实际难度比估计难度高,分别有 20% 学生选择 C,9% 的学生选择 D,说明学生缺乏基本的量感。看到这个结果,你会想到什么?①

学习指导策略

现代社会科技高速发展,数在人们生活中的作用越来越重要,数不但是表达、交流、认识身边事物和解决生活问题的工具,也是学生继续学习的基础。"数感"英文译为"Number Sense",可翻译成"数感""数觉"或"数意识"。数感可以理解为人们对数与运算的一般理解,它是一种主动地、自觉地或自动化地理解数和运用数的态度和意识。在遇到可能与数学有关的具体问题时,人们能自然地、有意识地与数学联系起来,能从现实的情境中看出数学问题并进一步用数学的观点和方法来处理和解释。数感也是人的一种基本的数学素养。作为公民素养之一的数学素养,不能只用计算能力和解决书本问

---

① 张春莉. 小学数学能力培养[M]. 北京:北京师范大学出版社,2013:26.

题能力来衡量,还需要从现实的情境中看出数学问题,学会用数学思想思考问题,用数学的方法解释实际问题。

数感是新课程的核心概念,理解数感的概念,并让学生在数学学习过程中建立数感。《标准》认为"数感主要是指关于数与数量、数量关系、运算结果估计等方面的感悟,建立数感有助于学生理解现实生活中数的意义,理解或表述具体情境中的数量关系"。在小学数学教学中,发展学生的数感主要是指学生具有应用数字表示具体的数据和数量关系的能力;能够判定不同的算术运算,有能力进行计算,并具有选择适当的方法(如心算、笔算、使用计算器)实施计算的经验;能依据数据进行推论,并对数据和推论的精确性和可靠性进行检验。

那么该如何建立数感呢?学生数感的建立不是一蹴而就的,它是在学习过程中逐步形成和建立起来的。

2-1-1 在现实背景中体验和理解数概念

小学生的思维正经历着从形象思维到抽象逻辑思维的发展。小学阶段,整数、小数、分数等数概念本身较为抽象,学生理解和掌握数概念要经历一个过程。如果生硬地给学生灌输概念,即使学生把概念背得滚瓜烂熟,也很难理解概念所表示的意义,更不能在生活中自然地、有意识地找到概念的原型。那么,在学生头脑中,概念只是一种符号,知识失去了其真实的生活意义和本色。因此教师让学生在认识数的过程中,更多地接触和经历有关的情境和实例,避免死记硬背、生搬硬套;在现实背景下充分感知、充分地体验,并加以适当的抽象概括,使学生更具体更深刻地把握抽象的数概念,建立数感。比如一年级学习认识"3",教师在教学中要关注从现实情境抽象出数的过程,从具体的3个苹果、3棵树、3只鸡、3个杯子中抽象出"3"这个数。这时用一个数字来表示数量,把具体的单位和这个数量的具体含义去掉,抽象为数"3"。反过来,"3"可以表示任何具有"3"这样数量特征的事物,例如3块小糖、3个书包、3个人等,从而在实际情境中帮助学生理解"3"的含义。在认识数的过程中,让学生说一说自己身边的数,生活中用到的数,如何用数表示周围的事物等,这会使学生感到数学就在自己身边,运用数可以简单明了地表示许多现象。比如说一说自己的学号、自己家所在的街道号码、住宅的门牌(或单元)号码、汽车和自行车牌的号码，估计一页书有多少字、一本故事书有多少字、一把黄豆有多少粒等。对这些具体数量的感知与体验是学生建立数感的基础，这对学生理解数的意义会有很大的帮助。

2-1-2 在数的运算中加强数感的培养。

对运算方法的判断、运算结果的估计，都与学生的数感有密切的联系。《标准》中提出，"应重视口算，加强估算，提倡算法多样化；应减少单纯的技能性训练，避免繁杂计算和程式化地叙述算理"。这些都是培养学生数感的需要。因此，在数的运算环节，要灵活地选择合理的运算方法，重视口算、估算，从运算方法多样性中感受并优化策略，培养学生对数的运算的感觉。

2-1-3 在具体情境中比较数的相对大小，培养数感

在具体的环境中把握数的相对大小关系，不仅是理解数的需要，而且是加深学生对数的实际意义的理解需要。在具体情境中比较数的"多""少""多一些""少一些""多得多"等大小关系时，将具体情境与抽象的数结合起来，增强学生的体验，促使他们在体验中把握数的相对大小关系。同时引导学生将语言描述规范化，使他们进一步弄清"多一些"和"多得多"词语之间的差别，这样教学有助于使数感得到发展。

2-1-4 结合具体背景，在问题解决中强化数感

结合具体的问题，选择恰当的算法，增强对运算实际意义的理解，培养学生的数感。学生在学习过程中应该更多地接触和理解现实问题，有意识地将现实问题与数量关系建立起联系，从现实情境中提出问题，从一个复杂的情境中提出问题，选择恰当的方法解决问题，并对运算结果的合理性作出解释。这就需要具备一定的数感，同时也使已具备的数感得到了强化。

学生在解决问题的过程中，不断完善自己对原有知识的理解与认识，并不断加深对社会生活及知识本身新的意义的理解，学习内容与实践有效地联系起来，强化数感。所以说，只有将知识运用于解决现实生活问题，才能真正地理解它，才能使数学知识真正有用。这样，学生能够用自己对数的理解去

认识和了解社会生活。反过来,学生对社会生活的认识与了解又会促进数感的形成。

培养学生数感的过程是循序渐进的,数感的形成也是一个潜移默化的过程。培养学生数感需要较长时间,不可能通过短期的数学学习就能完成,必须把培养数感作为一项长期的任务。教师要让学生有更多的机会接触社会,体验现实,表达自己对问题的看法,用不同的方式思考和解决问题[①]。在实际教学中,教师需要结合具体的教学内容有意识地设计具体目标,提供有助于培养学生数感的情境,以促进学生数感的建立和数学素养的提高。

2-2 如何在"数与代数"学习中引导学生形成符号意识

问题呈现

数学符号的系统化首先归功于法国数学家韦达(Fracois Viete,1540~1603),他的符号体系的引入导致了代数性质上的重大变革。在这以后的100年之中,几乎所有初等数学和微积分背后的想法都被发现了。没有符号化的代数,就没有高层次的数学数量科学,也就没有现代技术和现代科学的发展。用符号进行表示是我们的文明得到发展的最强有力的工具之一,数学课程的重要任务就是使学生感受和拥有这种能力,掌握和运用这个工具。

学习指导策略

所谓"符号"就是针对具体事物对象而抽象出来的一种简略的记号或代号。数字、字母、图形、关系式等构成了数学的符号系统。数学符号不仅是一种表达方式,更是与数学概念、命题等具体内容相关的、体现数学基本思想的核心概念。

《标准》特别强调了对学生符号意识的培养,指出"符号意识主要是指能够理解并且运用符号表示数、数量关系和变化规律;知道使用符号可以进行

---

① 吕世虎,陈清容,钟志勇. 小学数学教学法[M]. 北京:首都师范大学出版社. 2012:110.

运算和推理,得到的结论具有一般性。建立符号意识有助于学生理解符号的使用,是数学表达和进行数学思考的重要形式"。符号意识反映的是"数学化"及数学表达的能力,也是数学素养的重要部分。可见,学生懂得符号的意义,并会用符号解决实际问题,培养学生的符号意识,是学习数学的目标之一。如何在教学的实践中培养小学生的符号意识呢？我们认为在数学课堂教学中要关注以下几个方面研究：

(1)创设情境,引导学生在实际情境中理解数学符号的意义、理解字母表示数的意义,学会用符号表示具体情境中隐含的数量关系和变化规律,培养学生的数学符号意识。

数学来源于生活,更要应用于生活。学生已有的生活经验中潜藏着"符号意识",这是发展学生"符号意识"的重要基础。小学生在初学数学符号,运用等号、不等号等通用的数学符号时,应尽量联系生活实际,结合具体问题把符号表示的意义表示清楚。用字母表示是用符号表示数量关系和变化规律的基础。从研究特定的数到用字母表示一般的数,是学生认识上的一个飞跃。初学时学生往往会感到困难,只是形式地死记硬背,而不理解其意义。这需要教师尽可能从实际问题中引入符号,使学生感受到字母表示数的意义。例如,如果 a 表示正方形的边长,$4a$ 可以表示正方形的周长;如果 p 表示一本书的价格,$4p$ 可以表示 4 本书的价格;如果一支铅笔的价格是 b,$4b$ 可以表示 4 支铅笔的价格。

为了使学生能进一步理解字母表示数的意义,教师还可以让学生经历其他的运用字母表示数量关系的过程,让他们运用字母表示已学过的法则和公式,如加法运算律、乘法运算律、长方形面积公式、圆柱体积公式、路程速度时间的关系等。在表示公式和法则的过程中,学生将进一步了解到字母可以代表任何数。学生理解字母表示数需要一个漫长的过程,需要经历大量的活动,积累丰富的经验。同时教师要不断给学生提供用字母表示的机会,如在方程的学习中,让学生经历用字母表示数量关系和变化规律的过程,让他们在具体情境中反复体会字母表示数的意义。

(2)结合实际,经历探索、分析、解决问题的过程,培养学生的数学符号意识。从算术到代数是符号发展的一次重要飞跃,从研究一个具体特定的数到用字母表示一般的数更是认识上的一次飞跃。教师应尽可能在实际问题情境中帮助学生理解符号、表达式、关系式的意义,在解决实际问题中培养学生的符号意识,在教学中对符号演算的处理应尽量避免让学生机械地练习和记忆。

教学片断

以下是"用字母表示数"的课堂实录:

师:下面想请 A 同学来和老师配合做个游戏,老师先和他说说悄悄话。(教师摘取麦克风,背对大家和 A 同学说起悄悄话。)

生 A:这是我的年纪(板书:b),老师比我大 18 岁。

师:大家猜猜老师的岁数是多少呢?

生 1:可能是 10+18 岁。

生 2:可能是 11+18 岁。

生 3:老师是 b+18 岁。

师:说得都对,看来含有字母的式子不仅可以表示数量的多少,还可以表示数量与数量之间的关系。

师:这个 b 能取什么数呢?老师的年龄又会是多少呢?

生:当 b 是 10 时,老师的年龄是 28 岁。当 b 是 20 时,老师的年龄是 38 岁。

师:这里的 b 是不是能取任意的数呢?

生:不能代表 100、200……

师:这里的 b 你认为可以代表哪些数?

生:36、37、40 等,人的年龄是有限制的。

师:看来字母有时可以代表任意数,有时表示一定范围的数。

从这个教学片段可以看出,教师通过游戏说悄悄话的方式,引起学生极大的关注,同时又用学生感兴趣的老师的年龄、同学的年龄等问题,让学生感受字母的神奇。字母不仅可以是一个数,还可以表示数与数之间的关系。我们只要把握住数与数之间不变的关系,就能以不变应万变。学生在变与不变中感受符号的魅力,从而唤醒学生的符号意识。

解决问题的第一步是将问题用符号进行表示,也就是进行符号化;第二步是选择算法,进行符号运算。比如,将一个实际问题表示为一个一元一次方程,然后根据方程我们选择用公式法去求解。事实上,代数的主要内容(代数式、方程)都是处理实际问题的重要模型,是有效地表示、交流和传递信息的强有力的工具,是探索事物发展规律、预测事物发展方向的重要手段。因此,在学习这些内容时,重点在探索数量关系和变化规律,重视运用符号表示所得结果的过程。

(3)根据不同学段的要求,逐步形成符号意识。在小学阶段培养学生的符号意识,必须结合小学阶段不同学段的数学内容,根据学生年龄特征和思维方式,采取多种方式帮助学生循序渐进地形成符号意识。第一学段中有关符号的内容大多集中体现在对数的认识以及图形的认识,这主要是因为该阶段学习主体是低年级的学生,他们大多以形象思维为主,依靠经验直觉展开数学知识的学习,而抽象思维水平较低,所以对于这一阶段的学生在学习过程中要强调对符号的体验感悟,为第二学段的学习做好准备。

教学片断

比如教一年级上册"减法",让学生认识减号,教师可以设计这样的环节:先出示情境图,学生很快发现数学信息并提出数学问题。有3个小朋友,走了1个,剩下几个?学生列出算式"3-1=2"。接着教师请同学们利用学具自己动手创造一个用减法解决的问题,并列式解决。于是学生的思维活跃起来,编了很多的情境:教室里有3个小朋友,走了1个,还剩下2个;小红有3支铅笔,送给同学1支,还剩2支;妈妈买了3个苹果,小明吃了1个,还剩2个……学生们认为有很多事情都可以用3-1=2表示。教师继续"捅破那层窗户纸":"为什么有的事情是发生在教室里,有的事情却发生在教室外,有的同学说是铅笔,有的同学说是苹果,完全不一样的事,却能用同一个算式来表示呢?"学生们终于发现,虽然事件是不一样,但它们所表示的意思都是一样的,都是从3里面去掉1,剩下2,所以都用"3-1=2"表示。有一个学生还喊道:"减号太神奇了!"学生们初步感受到减号的作用,减法就是从一个整体中去掉一部分求剩下多少[①]。

---

① 林碧珍.数学思维养成课[M].福州:海峡出版发行集团.2013:29~30.

第二学段学生开始接触用字母表示数,这是学习数学符号的重要一步。从数字运算到字母运算,可以说是符号的一次飞跃,用字母表示数,是用符号表示数量关系和变化规律的基础。《标准》第二学段要求学生"在具体情境中会用字母表示数,会用方程表示简单情境中的等量关系"。为此,教学中要尽可能从实际问题出发,引导学生在具体情境中用字母表示数,结合简单的实际情境,了解等量关系,并能用字母表示,使学生感受到字母表示数的意义,逐步领会用字母表示数的优越性。教师的正确引导能让学生体会符号可以让问题更简单,这样学生的符号意识也会逐渐形成。因此在第二学段学习中,教师要利用好各种相关的数学知识,在无形中渗透符号意识,让学生在学习中获得知识、获得思想、提高抽象能力同时形成符号意识。

(4)在学习过程中,引导学生关注数学符号的发展历史,介绍一些符号创设、发展和传播的历史趣闻故事,这常常是有效的学习策略。数学史与数学教育密切联系,在恰当的时机向学生渗透相关数学史的内容,可以有效促进学习任务的开展。学生通过查阅资料,了解数学发展史,体会到数学符号代表了我们人类智慧的结晶。如学生在学习计数制的时候,查阅资料了解其从古埃及、古巴比伦到东方的印度、阿拉伯以及中国的演变历程,了解现代计数制是如何产生的,从而对数学产生强烈好奇心,激发了学习兴趣。

总之,符号意识的养成应贯穿于数学学习的整个过程中,从一年级开始,教师就在根据教材内容和学生的已有的经验,分阶段、分步骤地培养学生的符号意识,不断地提高数学抽象能力。

2-3 如何帮助学生在"数与运算"学习中提高运算能力

问题呈现

在小学数学学习过程中,经常有老师和家长反映学生在考试当中因计算错误而严重丢分,学生不但计算速度慢,正确率也很低,计算能力令人担忧。究其原因,大多数人认为这是由于学生马虎、粗心而造成的,但实际上,原因并不是那么简单。

学习指导策略

在我国,小学阶段的学生年龄基本都在 6～12 岁,根据皮亚杰的儿童认知发展理论,此时的学生大脑处在"认知发展的具体运算阶段",这一时期的学生仍然只有依赖实物和直观形象的支持才能够进行逻辑推理并运用逻辑推理思维来解决问题。这个阶段的学生,特别是低年段的学生,还不能很好地理解数学中的抽象概念以及把握运算法则中的规律,这是运算能力的培养中亟须解决的问题。

数学运算领域是儿童在学习中最先接触到的,也是进行其他领域学习的基石,运算是数学内容中最基本的内容。《标准》指出,运算能力主要是指能够根据法则和运算定律正确地进行运算的能力。培养运算能力有助于学生理解运算的算理,寻求合理简洁的运算途径解决问题。运算能力的重要意义主要体现在日常生活中,具备较好的运算能力是学生今后学习地理、物理、化学等自然类学科的前提,同时数学运算能力是其他数学能力的基础,是解决数学问题不可或缺的条件,数学运算能力的提升也会促进数学思维的提升。教师选择何种教学方式不仅对学生的数学运算的发展起重要作用,也对学生数学思维的发展起着重要作用。

2-3-1 遵循小学生的认知发展规律,在具体情境中建立运算的概念,认识运算的意义

数学运算实际上是由具体生活中发生的实物变动情况抽象到数字与符号的运算过程,依照小学生的认知规律,教师应该在给出抽象概念之前,尽可能地贴近学生的生活,提供大量具体、学生熟悉的例子,从学生实际生活的经验中提取教学素材,启发和引导学生,帮助学生主动地理解概念。教师要合理应用实物和直观形象来使学生明白数学运算中的法则,使学生更好地理解这些从日常生活中的数量和数量关系中抽象出来的概念和规律。同时,在学习中,学生面对具体情境,需要确定是否运算,选择什么样的运算方法,了解运算中简洁而又严密的逻辑形式,体验严谨而又灵活的多样化算法。比如学

习"乘法"时,教师让学生数一数班级中的人数,然后看谁数得快,学生都摇晃着脑袋,认真地点数着,而教师已经通过乘法很快计算出了班级人数。运算方法的快捷与简便一下子吸引住学生,使学生不由自主地参与到乘法计算的学习中来,同时在这一过程中,教师潜移默化地将运算在生活中的应用加以诠释。

2-3-2 理解算理,熟悉法则

我们在实践中发现,学生运算出现错误深层次的原因是对数的意义理解不深,对算理的理解不到位,错误混淆、呆板运用,从而影响到算法的选择以及解决问题中方法的确定。

算理是四则运算的理论依据,它由数学概念、运算定律、运算性质等构成。运算法则是四则运算的基本程序和方法。运算是基于法则进行的,而法则又要满足运算定律。所以,算理为法则提供了理论依据,法则又使算理可操作。教学中,教师既要重视法则的教学,还要使学生理解法则背后的道理;不仅要让学生知道怎么计算,而且要让学生明白为什么要这样计算,使学生不仅知其然,而且知其所以然,在理解算理的基础上掌握运算法则。

小学常用的理解算理的方式有实物原型、直观模型等。其中实物原型指的是具有一定结构的实物材料,如"元、角、分"等人民币、"千米、米、分米"等测量单位;而直观模型指的是具有一定结构的操作材料和直观材料,如小棒、计数器、长方形或圆形、数值线等。在教学中教师应该引导学生通过各种方式梳理小学阶段各种运算的算理,特别是常见的方法背后是否蕴涵着算理。教师要重视学生自主探索计算方法的过程,因为这种探索往往体现了学生对于算理的初步理解。在此基础上,教师组织学生对各种方法进行比较,凸显其中蕴涵的算理。同时要鼓励学生运用自己的语言有条理地表达自己的思考,即数的运算也是讲道理的,而不是按照程序机械运行[①]。

2-3-3 科学有效训练

运算能力的形成必须经过科学有效的系统训练,如果只为掌握知识和技

---

① 戴莹,刘东芝,张莉.小学数学课程与教学论[M].广州:中国出版集团,2013:93.

能而练习,把学生引入茫茫的题海中去,就容易增加学生的学习负担。因此教师教学在实际训练的过程中,需要改革现有的练习体系,以培养学生的运算能力为中心,有的放矢地进行训练,在潜移默化中,使学生逐步领悟运算能力的实质,从而逐步提高运算能力。

运算能力训练是一项长期的、反复的实践训练活动,它贯穿于整个小学数学教学的始终,循环往复,螺旋上升。因此训练要注意有序性及训练时间和训练量的适中性以及训练内容的多样化,包括口算、笔算、估算等多种运算方式。练习内容应包括每次新学内容的练习和已学内容的再练习,学生需要不断重复练习才能达到完全掌握的程度。训练内容开始要单一,量要少,内容要精,时间要短,而后逐步增多,由浅入深,由易到难,循序渐进。练才能"熟","熟"才能生"巧","巧"就是一种能力。但是,多练绝不意味着搞题海战术,在实际教学中,练习是分散到每节课上,每次用三五分钟完成几道题来实现的。从每次练习量来说是不多的,在整个过程中,一次一次地积累起来练习的量是可观的。[①] 科学系统的训练过程就是对基础知识的初步认识和理解到再认识、再理解,直至能力形成的过程。经过不断反复地练习,学生顺利地从运算操作阶段进入运算自动反应阶段,对运算认识由感性水平上升到理性水平,此时运算过程变得自动且迅速,只要很少注意甚至无需注意就可以完成。

2-3-4 培养习惯,提高计算效率

在小学数学阶段,很多学生常常在运算方面犯错或者是运算速度很慢,相当一部分原因不是没有掌握运算方法、算理等方面知识,而是将式子中的数字看丢、计算符号看错,错误判断运算顺序等。这正是由于学生良好的运算习惯没有养成。有的学生往往只看了一半题目就动手去做,结果自然问题多多。审题是运算的基础,是能够正确解析、高效计算的前提保证。审题习惯的培养应该从低年级抓起,从单一的加减乘除计算题运算抓起。低年级要

[①] 严琼. 促进小学生数学运算能力提升的实验研究[D]. 陕西师范大学硕士学位论文, 2004:38~44.

注重学生读对算式,背准口诀;而高年级则在此基础上需要注意弄清数字和运算符号,再根据运算符号确定运算顺序,看能不能进行简算等。另外还有态度方面的问题。有的学生书写不规范,数字、运算符号写得潦草,抄错数和符号;有些学生一边写一边玩,浪费了很多时间,即便是基础的计算也要磨蹭个把钟头。对于这些问题,教师通常可以采用计时赛、争先赛等形式,使学生能集中注意力完成任务。有的学生没有验算习惯,题目算完了事,这就需要学生养成检查的习惯。因此,要想提高学生的运算能力,培养良好的运算习惯是一项很重要的任务。

2-4 在"数与代数"学习中如何引导学生感悟基本的数学思想方法

  问题呈现

日本数学家米山国藏在他的《数学的精神、思想和方法》中写道:"无论是对于科学工作者、技术人员,还是数学教育工作者,最重要的就是数学的精神、思想和方法,而数学知识是第二位的……不管他们从事什么业务工作,唯有深深地铭刻于头脑中的数学的精神、数学的思维方法、研究方法、推理方法和着眼点等(若培养了这方面的素质的话)随时随地发生作用,使他们受益终生。"数学思想方法是无"形"的,不成系统地散见于数学各类知识中,这种隐蔽性和非系统性给教学和评价带来了障碍,导致教师教不教、怎么教、教多少的随意性很大。

学习指导策略

在"数的运算"中蕴含了丰富的数学思想方法,如数形结合、数学模型、转化、推理、符号化、类比、方程和函数等思想方法,但这些思想方法并没有明确地写在教材上。在教学内容中贯穿着两条主线,一是数学基础知识和基本技能,这是一条明线,直接写在教材里,反映着知识间的纵向联系;另一条就是数学思想方法,这是一条暗线,反映着知识间的横向联系,隐含在基础知识和基本技能形成的过程中。我们可以尝试从下面几方面着手引导学生体会、感悟数学的精髓。

2-4-1 深入研究教材,挖掘数学思想方法的丰富内涵

教师在教学之前首先要通读教材,系统归类,全面了解各部分内容在本单元和本册书中的位置和作用;其次,教师要深入解读教材,准确把握每节课的知识点,弄清重点;最后,教师要跳出教材,超越教材,根据实际灵活地变通教材中与学生发展不相符或滞后于学生的素材。但需要注意的是教师要以课程标准为依据,在充分把握教材编写意图的基础上进行,不随意改变教学目的,不违背学科教学特点。在此基础上,挖掘出教材中蕴含的数学思想方法。比如《两位数加一位数、整十数》一课,在探究"25＋2＝□"的算法时,教材呈现小棒图(两捆又五根小棒和两根小棒),先把五根小棒和两根小棒合起来,为学生直观呈现要先算"5＋2＝7"的算理,将"数形结合的思想方法"巧妙地蕴含其中[①]。又如,"集合的思想",教材在认数教学、数的计算教学、最大公约数和最小公倍数等教学中都渗透了集合的思想。教师深入钻研教材,挖掘出这些数学思想在教材中隐藏的位置就能很好地对学生进行教学和数学渗透思想。

2-4-2 在探索知识的发生与形成过程中,感知数学思想方法

数学思想方法具有过程性的特点,它蕴含于数学知识的发生、发展过程中。让学生经历知识发生、发展、形成的过程,这不仅是理解、建构的需要,也是感知数学思想方法的必由之路。数学概念和原理的形成过程是进行数学思想方法教学的载体,没有"过程"就没有"思想"。如人教版第三册"表内乘法",教师可根据本班学生的具体实际,创设有趣的情境,激发学生的学习热情,引导学生通过独立思考和小组合作,自主列出乘法算式,经过整理形成有序的式组并编拟乘法口诀,在寻找算式排列的特点、借助规律记口诀的过程中渗透函数思想方法。数学思想方法还具有活动性的特点,学生头脑中的数

---

① 田润垠,胡明.小学数学"数的运算"教学中渗透数学思想方法的实践研究[J].西北成人教育学院,2015(4):93～99.

学思想方法也是在数学学习活动中逐步形成的,数学思想方法的学习重在体验和领悟。要真正理解数学思想方法,学生必须有身体力行的实践,从自己亲身经历的探索思考过程中获得体验,从自己不断深入的概括活动中获得对数学思想方法的领悟。对低年级学生,教师不宜直接点明题目蕴含的数学思想方法,而应通过精心预设,渗透数学思维的痕迹,让学生在学习中领会,培养学生数学思维的意识。如第二学段的知识目标要求学生能在具体情境中感悟规律,并逐步学会用字母或者含有字母的式子表示规律,如在四年级学习"字母表示数"一节的学习,教师通过一首儿歌"一只青蛙一张嘴,两只眼睛,4条腿……",让学生展开探索,通过青蛙的"只数"与青蛙的"嘴的张数""眼睛的只数""腿的条数"等之间的关系去感悟规律,体会早期的函数关系,为形成初步的函数思想奠定基础。因此,在数学教学设计中,在运用数学思想方法解决问题策略的"关节点"上,教师要注意提出恰当的、对学生数学思维有适度启发的问题,结合问题的解决,让学生经历思想方法的形成过程。

2-4-3 在科学训练的过程中,巩固数学思想方法

数学思想方法的形成是一个循序渐进的过程,在新授中属于"隐含、渗透"阶段,在巩固练习中进入明确、固定的阶段,这也是数学思想方法的获得、应用过程。只有科学训练才能使学生真正领会,并巩固知识。在教学中渗透某种数学思想方法后,教师应安排科学的数学思想方法的训练,使学生能做到举一反三,在训练中不断地提炼方法、归纳方法。教师应精心设计一些蕴含数学思想方法的题目,采取有效的练习方式,既巩固了知识技能,又有机地渗透了数学思想方法,让学生不仅巩固所学知识、习得解题技能,更重要的是能悟出其中的数学规律、数学思想方法。在评价中,教师应该引导学生思考是怎样算的、怎么想的、其中运用什么思想方法。教师应启发学生从问题的解法中思考,确认解题的关键性步骤,掌握解题方法,进而升华为数学思想。此外,教师也可以在数学新知学习过程中,采用点拨的方式,利用前面学习的数学思想方法解决或学习新的知识,如利用类比的方法学习数与代数的除法、分数、百分数、比、比例等许多内容,这些内容的教学事实上对学生已初步接触的或理解掌握的数学思想是很好的训练。

2-4-4 在解决实际问题过程中,领悟数学思想方法的价值

"数学知识、思想方法"源于生活,高于生活,应用于生活。教师要引导学生建立数学模型,探求问题解决的方法,鼓励学生应用数学知识去分析和解决生活中的实际问题,使学生进一步体验数学思想方法的应用价值,同时增强学生的数学应用意识。

如在四年级《植树问题》教学中引导学生建立模型,在"总长÷间隔长=间隔数,间隔数+1=棵数(两端要栽)"后进一步引导学生进行模型的解释与应用。用模型解释解决现实问题,如解决电线杆、路灯的安装等问题让学生的模型思想得到进一步的巩固;然后进行模型的拓展:一端栽树一端不栽树计算方法是"间隔数=棵数",两端都不栽的计算方法是"间隔数-1=棵数"。在这些训练中,学生的类比、数形结合的思想也得到进一步的巩固和运用。在解决问题后,教师要引导学生对解决问题的过程进行反思,让学生说一说在解决问题时是怎样思考的,用到了哪些知识和方法,从而使学生感受到数形结合、转化及方程等数学思想方法对解决问题的作用,领悟数学思想方法意义。

2-4-5 在归纳反思中升华数学思想方法

随着学生对数学知识的深入理解,数学思想方法表现出一定的有序递进性。教学中要适时恰当地对数学思想给予提炼和概括,让学生有明确的印象。如在中高年级的数学课堂教学的过程中,在课堂小结、单元整理和复习时,教师不仅要对知识的产生、形成、发展和应用进行小结,更重要的是要在复习中渗透数学思想方法,有意识地画龙点睛,适度点拨,引导学生进行概括和强化,使学生从数学思想方法的高度把握知识的本质和内在的规律。此外,教师还要有意识地培养学生自我反思、提炼、归纳概括数学思想方法的能力,养成运用思想方法探索问题和解决问题的良好习惯,提高学生用数学思想方法解决问题的能力,从根本上提升学生的数学思维能力。

2-5 在"数与代数"学习中需要特别关注的一些问题

问题呈现

"数与代数"的内容是小学数学学习的起点,在整个小学数学课程体系中占有重要地位。一线教师当前的教学过程中,还存在诸多值得关注的问题,对这些问题的研究将有助于学生更好地理解现实世界中的数量关系和变化规律,形成运用数量进行思考的思维方式,有助于学生在数学思考、解决问题、情感态度等方面的进步。

学习指导策略

2-5-1 结合学生已有的知识经验,在情境中体验、感受和理解"数与代数"的意义

为了实现实际问题数学化的过程,"数与代数"的教学必将强调与现实世界的联系。教师通过创设丰富的问题情境和活动,使学生体会数和符号用来表示及交流的作用,感受数学与自然、社会及其他学科的密切联系。

在低年级的教学中,教师应充分运用学生的生活经验,设计生动有趣、直观形象的教学活动,如运用讲故事、做游戏、直观演示、模拟表演等激发学生的学习兴趣,让学生在生动具体的情境中理解和认识数和数的计算的知识。10以内数的认识是小学数学教学伊始,教师要充分利用学生学前已有的知识经验,从整体感知10以内各数到逐一建立各数的概念。因此,首先创设生动有趣的包含1~10个事物的情境,引导学生在"看看、数数、说说,有什么,有多少"的提示语之下,仔细观察,勇于发言,在熟悉的情境中感知1~10各数,经历有序观察和一一对应,进行数数和认数的学习。然后结合情境帮助学生从1到10逐一抽象各数。例如,对于自然数1的学习,教师应鼓励学生从日常生活中寻找数量为1的事物,1轮红日、1户人家、1棵大树、1个农民、1筐萝卜、1个小朋友、1只小狗、1条小河、1条小船等。它们可以是事,可以

是物，可以大，可以小，可以是一个个体，也可以是一个集合，虽然有很多不同，但它们的数量相同，把数量抽象出来可以用数字"1"表示，由此也使学生感受到数产生的必要性。同样的，教师要鼓励学生从日常生活中寻找并抽象负数、小数和分数，理解数产生的必要性。

在小学高年级阶段，学生具备了一定的数学分析、思考能力，教师可以尝试创设一些稍复杂的与学生生活环境、知识背景密切相关的，又是学生感兴趣的学习情境，让学生在观察、操作、猜测、交流、反思等活动中逐步体会数学知识的产生、形成与发展的过程，通过获得积极的情感体验，感受数学的力量，同时掌握必要的基础知识和基本技能。

2-5-2　引导、鼓励学生独立思考、自主探索、合作交流

动手实践、自主探索、合作交流是学生学习数学的主要方式。教师要让学生在具体的操作中进行独立思考，鼓励学生发表自己的意见并与同伴进行交流。教师应提供适当的帮助和指导，善于选择学生提出的有价值的问题，引导学生开展讨论，以寻找问题的答案。例如，教学"9加几"的计算方法。有的教师以"9+3"为重点，通过操作使学生理解算理。教师准备一个布袋，先让一个同学放进9个木块，又让另一个同学放进3个木块，扎起口来问学生里面共有几个木块。学生先摆学具，独立思考，然后分小组讨论，与同伴交流。有的学生用数数的方法得出12个，有的同学不同意，争论起来，说这个方法太笨，他们先从3中拿出1和9合成10，10加上3中剩下的2就是12。通过争论，最后一致同意用合成10的方法计算简便。这样的教学有利于培养学生独立思考、合作交流的能力，也有利于培养学生寻求数的规律的能力。实践活动是培养学生进行主动探索与合作交流的重要途径，教学中，教师应组织学生开展生动有趣的活动，使学生经历观察、操作、推理、交流等过程，用所学的知识解决实际问题[①]。

---

① 曹艳荣，兰社云.小学数学课程与教学论[M].郑州：郑州大学出版社，2009：150~151.

2-5-3 培养估算意识，鼓励算法多样化、解决问题策略多样化，学会在具体情境中选择合适的估算方法

估算在日常生活中有着十分广泛的应用，教师要不失时机地培养学生的估算意识，训练学生的估算技能。如在学习数的认识时估数（估计教室有多少张课桌，1000张纸大约多厚，一个人正常心跳100万次大约需要多长时间）；学习测量时估测（操场的面积是多少，电视塔有多高）；学习计算时估算（妈妈想买2袋米，每袋35.4元，还有14.8元的牛肉，6.7元的蔬菜和12.8元的鱼，妈妈带了100元，够吗）。再如，教师鼓励学生利用估算来检验计算结果，鼓励学生将估算结果与精确结果进行比较，体会不同估算方法的价值等。

随着年级的升高，教师还要鼓励算法多样化，提倡解决问题策略的多样化，使学生认识到估算在日常生活与学习中有着十分广泛的应用，培养估算意识、发展估算能力、拥有良好的数感具有重要的价值。教学中教师应尊重每一名学生的个性特征，允许不同的学生从不同的角度认识问题、采用不同的方式表达自己的想法、用不同的知识与方法解决问题。比如：求一个长0.3米、宽0.2米的长方形花坛的面积是多少？有的学生用百格图绘制花坛，从形的角度得出结果；有的学生把0.2看成2，0.3看成3，2乘3得6，因为扩大了100倍，结果再缩小百分之一得到结果；还有学生把0.2扩大10倍，2乘0.3得0.6，缩小到原来的十分之一，就是0.06；还有学生用竖式相乘得0.06。仔细分析学生的各种方法，不难发现其中的不少方法都蕴含着算理，这也告诉我们算法多样化不仅仅可以鼓励学生个性化、主动化学习，同时在学生自主探索运算方法的过程中，运用已有的概念、定律、法则等尝试解决问题，这就是一个寻找"合乎道理"的运算方法的过程。这些多样化的运算方法往往蕴涵着学生心目中的"算理"，并且呈现形式是多样的（如数的、画图的），解释的途径也不尽相同，对这些方法的比较和交流无疑为学生理解算理奠定了基础。

2-5-4 重视培养学生应用数学的意识和能力

要让学生体会数学的价值，就要让学生感受到数学与实际生活的密切联

系。教师应该充分利用学生已有的生活经验,随时引导学生把所学的知识应用到生活中去,解决身边的数学问题,了解数学在现实生活中的作用,认识到学习数学的重要性,培养学生应用数学的意识以及提高用数学知识分析解决问题的能力。

2-5-5 加强小学数学教学与现代信息技术的整合

现代多样化的信息技术为数学课堂提供了多样化的教学手段和营造了最佳的学习条件,同时计算机的使用也使大量烦琐、重复的操练得到了简化,大大提高了学习的效率。计算器和计算机还为学生提供了进行实验、猜测、探索数学活动的便利条件。因此,在课程设计中应注重体现现代信息技术的作用。

总之,教学中教师应呈现给学生丰富的问题情境,并以学生已有的经验为出发点,创设生动有趣的、有助于学生自主学习、合作交流的情境,引导学生通过观察、操作、猜想、推理、交流等活动,掌握基本的知识和技能,激发学生的学习兴趣,发展思维能力,增强学好数学的信心,培养学生数学应用的意识,提高解决实际问题的能力,有效地使用现代化教学手段,提高教学效果。

3 小学数学"数与代数"课例研究

 ### 3-1 "认识11~20各数"课例与评析

课例展示

(1)复习引入。

师:小朋友们,上学有两个多月了,你们已经认识了哪些数?

生:1、2、3、4、5、6、7、8、9、10。

【评析】学生已经认识10以内的数,谈话导入既组织了教学,又很自然地为下面学习新内容做好充分的知识准备。

(2)探究新知。

①认识10个"1"是1个"10",建立计数单位"10"的概念。

例1，认识10个"1"。

师：请你数出10根小棒，摆在桌上。如果1根小棒表示1个"1"，2根小棒表示几个"1"？5根小棒呢？你摆的10根小棒表示几个"1"？

生1：2根小棒表示2个"1"。

生2：5根小棒表示5个"1"。

生3：我摆的10根小棒表示10个"1"。

师：请指着小棒说说你摆了几个"1"。同学们都摆了10个"1"，老师把它记下来。（师板书：10个"1"。）

例2，认识1个"10"。

师：现在请把10根小棒捆成一捆。一捆小棒有10根，这一捆是几个"10"根呢？

生：这一捆是1个10根。

师：1个10根也就是1个"10"。你摆了几捆小棒是几个"10"？你呢？

生：我摆了1捆小棒是1个"10"。

师：指着你的小棒，跟同桌说说，你摆了几捆小棒是几个"10"？

（学生同桌交流。）

师：大家都有1个"10"。（板贴 ），老师也把它记下来。（师板书：1个"10"。）

例3，回顾活动过程，感知计数单位。

师：同学们，刚才我们把10根小棒捆成一捆，一起来看大屏幕，咱们一起来数。10根小棒是10个"1"，1捆小棒是1个"10"，所以10个"1"是1个"10"。（师板书：是）一起读一读。

师：那1个"10"里面有几个"1"？

生：1个"10"里面有10个"1"。

师：老师这每捆小棒是10根。在以后的学习中，我们通常会把10根小棒捆成1捆来表示1个"10"，这样不用数就知道1捆小棒是10根了。

【评析】教师充分利用学生已有的知识经验，借助实物小棒展开教学。学生通过数一数、捆一捆，直观体会什么是10个"1"、什么是1个"10"。然后教师让学生一边捆小棒一边说10个"1"是1个"10"，把动手、思考和表达有机地结合起来，通过引导学生操作、观察过程和结果建立表象,并用语言进行抽象概括,使学生自然认识到"10个1是1个10",初步建立起计数单位"10"的概念。这样安排,学生在活动中加深了对计数单位的认识,增强了对相邻计数单位之间十进制关系的感悟,为接下来的探究活动作铺垫。

②认识12,了解这个数的意义。

第一,质疑实践。

师:同学们,阳阳在摆小棒时遇到了什么问题?一起去看一看。

师:你会摆12根小棒吗?想一想,怎样摆能看得很清楚,让大家只看一眼就知道你摆了12根?

(学生活动,教师巡视。)

师:请用了不同摆法的小朋友上黑板摆小棒并比较、讨论。

生汇报:1根1根地摆;2根2根地摆;5根5根地摆;一边1捆,另一边2根等摆法。

第二,比较优化。

师:你认为哪种摆法能看得很清楚?只看一眼就知道有12根?

生1:我认为最后一种摆法能看得很清楚。

生2:我不同意,我认为2根2根地摆。

(学生各抒己见,意见不一致。教师不作任何解释。)

师:那我来考考大家的眼力,这是多少根?(屏幕上相继出现若干根小棒,2根2根在一起摆放,画面出示2秒后消失。)

生(停顿几秒后):12根。

师:这个呢?(屏幕上出示一边1捆,另一边2根的摆法。)

生(不假思索):12根。

师:那现在你认为哪一种摆法能够很快看出是12根?

(生一致同意后一种。)

师:这种摆法真不错,我也想学,请大家来当小老师,看我摆得对不对?1捆小棒是1个"10",2根小棒是2个"1",1个"10"和2个"1"合起来是12。小朋友们,摆得对吗?

师:同学们,你们会像这样摆出12根小棒吗?摆好后数给同桌听听。

(学生各自先用1捆加2根方法在桌面上摆12根小棒,然后同桌互相交流。)

【评析】教师首先提出问题引导学生独立思考,在摆12根小棒的过程中,学生经过自己思考和操作,想出了几种摆法:直接摆12根;2根2

根地摆;5根5根地摆;1捆10根再摆2根。通过比较怎样摆可以看得很清楚,并由此明白12的组成是1个"10"和2个"1"。学生在思辨中体会到这样摆的特点和好处,通过再次操作初步体会了12的意义,再次感知计数单位"10"的价值。

③认、读11~19各数,知道1个"10"和几个"1"合起来是"十几"。

例1,读数。

(课件出示11、13、18等数的小棒图。)

师:阳阳也学会了这种摆法,他摆了多少根?怎么这么快就知道了?

生:他摆了11根,1捆加1根合起来就是11根。

师:(出示13根小棒)多少根?你怎么想的?

师:(出示18根小棒)多少根?你怎么想的?我们一起来数数。

师:小朋友,仔细观察,阳阳在摆这几个数时都是先摆什么?再摆什么?

生:我发现这几个数都是先摆1捆,再摆剩下几根。

例2,摆数。

师:现在你会用这种好办法摆出十几吗?我们来玩我报数、你摆数的游戏,请两生到黑板上摆数。

(师报数14、15,生操作。)。

师:14,怎样摆出14?15,怎么这么快就摆好了?这些数该怎样摆小棒表示它们?

生:14就是1捆加4根,15就是1捆加5根。它们都是先摆1捆再加几根小棒。

师:这些十几的数都可以用1捆加几根小棒的方式表示。一捆就是1个"10",1个"10"和几个"1"合起来就是十几。

师:同桌两人来玩这个游戏,一个人报十几,另一个人摆,如果摆对了,就给自己竖起大拇指,再交换。

(师要求学生最后一起摆出19。)

【评析】学生已经认识了计数单位"10"和初步了解12的组成,教师利用这些学生已有知识经验开展摆小棒表示十几的活动,借助小棒数数、读数、摆数,并要求学生说出摆小棒的思考过程,让学生认识到十几都可以用1捆加几根小棒的方式表示,1捆是它们的相同点,几根是它们的不同点,进一步帮助学生加深对十几的认识。

④认识"20",知道2个"10"是"20"。

师:阳阳也摆好了19根,但他遇到了难题,19根再添上1根是多少根?

生:19根添上1根就是20根。

师:你们怎么知道有20根呢?

生:19后面就是20啊。我们是数出来的。

师:19根小棒是1捆和9根小棒,再添上1根又满10根了,我们该怎么表示更好?

生:我认为可以把这10根捆成1捆。

师:请同学们们添上1根小棒捆一捆。现在得到了几捆?

(课件动画演示。)

师:20里面有几个"10"?

(师板书:2个"10"是"20"。)

师:同学们,刚才我们通过自己动手摆小棒认识了11~20各数,这就是今天我们学习的新知识。(板书课题:认识11~20各数。)

【评析】教师引导学生经历得出20的过程,即1捆小棒和9根小棒再添上1根。教师让学生数一数后思考1捆小棒和10根小棒怎么表示更好,基于学生丰富的操作经验以及对计算单位"10"的认识,学生能够通过知识迁移,把10根小棒捆成1捆,这时再让学生说说2捆是2个"10","20"意义的构建水到渠成。

(3)巩固应用。

①抓小棒的游戏。

师:先听游戏规则,抓一把小棒,先估计一下有多少根,再数一数。

生1:12根。

生2:14根。

生2:15根。

……

(学生活动后小组内交流。)

师:你能一把抓出十几根小棒?试试看。再数一数实际是多少个,评价自己的估计。

②比纸张的厚度。

师:数学书上也有今天认识的数,咱们再来做个游戏,游戏的名字叫"翻书静悄悄",发出吵闹的声音就违反了游戏规则。

师:请把书翻到第16页,指指16这个数,再翻到第20页,指指20这个数。请你数出10张纸,看看有多厚,再数出20张纸,看看有多厚。

师:10张纸的厚度跟20张纸比比,你有什么想说?

生 1:10 张纸大约是 20 张纸一半的厚度。

生 2:20 张的厚度大约是 2 个 10 张纸那么厚。

师:同学们,无论在图书馆、在学校还是在家里,静悄悄地翻书是一种文明的现象。我们已经是一名小学生了,要争做一名文明的小学生。

③读尺子上的数。

师:尺子上也有今天认识的数,我们一起读。能从 1 读到 10 吗?请女生齐读。从 11 数到 20。请男生齐读。

师:咱们来个抢答游戏吧,游戏规则是听完问题再举手,比比谁的反应快。尺子上,比 11 小的数有哪些?比 11 大的数有哪些?

师:比 19 小 1 的数是几?比 19 大 1 的数呢?

生:18,20。

师:17 和 19 中间的一个数是多少?与 15 相邻的数是哪两个?

生 1:17 和 19 中间的数是 18。

生 2:与 15 相邻的数是 14 和 16。

④读生活中的数。

师:同学们,刚才在尺子上、数学书里都发现了"10"和"20"。下面四幅图中画了什么?你会读这些数吗?

师:生活中,你在哪里还见过这些数呢?

(学生说钟表上、车牌上、球员衣服上、体重秤上。)

【评析】教师结合现实素材,在抓小棒、比数学书厚度、读尺子上的数、排数序等游戏活动中,帮助学生逐步提高对物体数量多少的把握能力,不断培养学生的数感,同时体会数在日常生活中的广泛应用,增强学生学习数学的积极情感。

(4)总结延伸。

师:在生活中很多地方都会用到 11~20 各数,能说一说吗?请同学们课后继续观察,把你找到的数说给爸爸妈妈听。

【评析】数学来源于生活,又服务于生活。教师通过让学生寻找自己身边的数,进一步强化了学生对数的认识,并在互动交流中,拓宽了学生对数的认识领域。同时让学生感受到这些数在生活中无处不在,逐渐养成将所学知识用到生活中的好习惯。

(合肥市琥珀小学　谢丽娟)

课例透析

综观整节课,有以下几个特点:

(1)注重直观操作,建立计数单位的表象。

数的认识的重点在于使学生从具体的数量抽象到数,抽象离不开直观的支撑和操作,比如小棒,教师充分利用学生已有的知识经验,借助实物小棒展开教学,让学生亲自地数一数、摆一摆、捆一捆,由具体的 10 根小棒 10 个"1"1 捆小棒 1 个"10",直观体会什么是 10 个"1"、什么是 1 个"10"。再回归到操作"拿 10 根小棒",学生能直接拿出 1 捆,边拿边说,抽象出 10 个"1"是 1 个"10",通过操作、观察过程和结果建立表象,把动手、思考和表达有机地结合起来,并用语言进行抽象概括,理解 10 个"1"是 1 个"10",从而帮助学生真正地认识计数单位"10"的概念。这样安排,利用这些直观模型让学生在活动中加深对计数单位的认识,增强对相邻计数单位之间十进制关系的感悟,为接下来的探究活动作铺垫。

(2)注重数学思考,展开积极的思维活动。

这节课设计了很多数学活动,在这些操作里蕴含着丰富的数学思考,教师注重引导学生展开积极的思维活动。比如在"认识 12"的教学中,为了了解这个数的意义,"怎样摆能看得很清楚,让大家只看一眼就知道你摆了 12 根"是具有挑战性的问题。有的学生 1 根 1 根地摆,有的学生 2 根 2 根地摆,有的摆成 1 捆和 2 根。教师引导学生比较不同摆法,重点说说摆 1 捆和 2 根的特点和好处,在怎样摆和为什么要这样摆的思辨中,让学生充分感受 12 的意义。然后教师向其他十几的数展开,呈现例题中 11、13、18 的小棒图,先让学生读数,说说"摆了多少根,怎么想的",思考"阳阳在摆十几时都是先摆什么,再摆什么",初步体会"1 捆"是他们的相同点,"几根"是它们的不同点,帮助学生理解和掌握十几都可以用 1 捆加几根小棒的方式表示。

(3)注重设计丰富的活动,培养学生的数感。

低年级是初步建立数感的关键时期,这节课教师安排了各种丰富的数数活动,注重层次性和趣味性。有的学生抓小棒先估一估再数一数,有的拿出数学书先数一数再看一看、比一比,有的看尺子(数轴)读一读再想一想……学生结合情境感知了数量的多少。在丰富的活动中,学生对数的认识逐步深入,这些也为数的意义、数的大小比较、数的计算以及今后一百以内数的认识积累了宝贵经验,逐步培养了学生的数感。

(4)注重教具、学具及课件的使用,渗透数形结合的思想。

把抽象的数用形象的手段表示出来,是小学生认数学习中的需要。教师在本节课的教学中充分运用教具、学具(小棒和实物图)及课件,帮助学生直观地认识数,让学生由形象到抽象地体验有关知识。如在教学计数单位"1"和"10"以及10个"1"是1个"10"时,首先借助实物小棒展开教学,引导学生经历"说一说、摆一摆、捆一捆"等活动过程,感知计数单位"1""10",经过学生的观察、讨论、交流,再回头看数数的过程,需要把它"捆起来"初步理解10个"1"是1个"10",运用课件演示"把十根小棒捆成1捆",借助动画使这一内容直观化、形象化、简单化。

(5)注重组织低年级教学,培养学生良好的听课习惯。

扎实有效的教育教学活动离不开课堂组织教学,尤其是针对刚入学的一年级学生。教师根据低年级儿童的年龄特点和心理特征,创设生动有趣的问题情境:"同学们,阳阳在摆小棒时遇到了什么问题?一起去看一看";"这种摆法真不错,我也想学,请大家来当小老师,看我摆得对不对";"咱们来个抢答游戏吧,游戏规则是听完问题再举手,比比谁的反应快"。同时,教师的评价语言不仅关注学习结果,更关注学生在数学活动中所表现出来的状态:"这种摆法真不错,我也想学,请大家来当小老师,看我摆得对不对?"这些语言提高了学生的注意力和倾听的专注度。另外,本节课安排了很多操作活动,教师注意将操作活动落到实处。操作前明确要求"翻书静悄悄,发出吵闹声就违反了游戏规则";操作时要求学生边做边说,"先……再……",鼓励学生展开积极的思维活动;操作结束后集中所有学生的注意力后再进行下一个环节,从而培养学生良好的听课习惯。

(合肥市蜀山区教体局教研室　柴敏)

3-2 "3的倍数的特征"课例与评析

课例展示

(1) 创设情境、引入概念。

①出示课件(例题图"百数表")。

师:表中已经圈出来的数都是几的倍数?

生:表中已经圈出来的数都是3的倍数。

师:你会照样子把表中3的倍数都圈出来吗?

②实践操作。

师:你认为3的倍数的特征是什么?

生:正在想。

师:根据一个数个位上的数,能确定一个数是3的倍数吗?

生:不能。

师:个位上是3、6、9的数都是3的倍数吗?

生:不是,例如:13、16、19、23、26、29……都不是3的倍数。

师:那么3的倍数究竟有什么特征呢?

【评析】教师用课件呈现"百数表"。这不仅为学生提供了探索活动的素材和学具,而且"百数表"中数的自身排列规律为学生思维的展开提供了有力的支撑。学生在表中圈出3的倍数,并进行相应的观察和分析,考虑到3的倍数的特征的思考方向与探索5和2的倍数特征明显不同,因而产生认知冲突,难以独立完成相应的探索活动。通过"个位是3、6、9的数都是3的倍数吗"这一问题,教师启发学生及时转换思维的角度,打开思路,以突破探索活动中的障碍,激发学生的探索热情。

(2) 自主探索,形成概念。

①分小组用计数器操作。

学生先想好一个3的倍数,然后在计数器上表示出来。

师:你们小组拨的是什么数?

生:3、6、9、12、15、18、21、24、27、30、33、36……

师:拨这个数一共用了几颗珠?

生:3所用的算珠颗数是3,9所用的算珠颗数是9,12所用的算珠颗数是3,18所用的算珠颗数是9,123所用的算珠颗数是6,234所用的算珠颗数是 9,252 所用的算珠颗数是 9……

教师板书各小组所拨的数以及每个数所用的算珠颗数。

师：如果用 5 颗珠子，能在计算器上拨一个 3 的倍数吗？动手拨一拨。如果用 7 颗、8 颗、10 颗珠子，能在计算器上拨出 3 的倍数吗？

生：用 5 颗、7 颗、8 颗、10 颗不能拨出 3 的倍数。

②猜想验证。

师：根据刚才的操作，你猜想 3 的倍数有什么特征？

（学生小组交流。）

学生归纳得出 3 的倍数，它各位上数的和一定是 3 的倍数。

引导验证：刚才的猜想是否正确？请同学们再找几个较大的 3 的倍数，在计算器上拨出来，再看看每个数各用了几颗珠子。

组织交流后，学生进一步明确了 3 的倍数的特征。

【评析】教学中，教师对学生进行适度引导，在学生实践操作中出现疑惑时，教师实时提示学生在计数器上分别拨出几个 3 的倍数，看看各用了几颗珠，从而把学生的思考引向正确的轨道。教师在教学过程中始终扮演组织者、合作者、引导者的角色。最后，教师让学生再找几个较大的 3 的倍数，在计算器上拨出来，看看每个数各用了几颗珠子。教师再次安排学生进行自主操作，为学生留有足够的探索和交流的空间，有利于改变学生的学习方式，引导学生进行探索与交流。在实践操作的过程中，渗透数形结合思想，学生在数形之间建立联系，产生灵感，寻找到规律。

(3) 多层训练，巩固概念。

①提出"试一试"中的问题：如果一个数不是 3 的倍数，这个数各位上数的和会是 3 的倍数吗？

师：分别找几个这样的数算一算，并把你的发现和小组的同学交流。

生：11、17、25、38 这些数，不是 3 的倍数，他们各位上数的和也不是 3 的倍数。

②师：如果一个数不是 3 的倍数，这个数各位上数的和不会是 3 的倍数。把例题中发现的结论和"试一试"中发现的结论合起来再说一说。

生：如果一个数不是 3 的倍数，这个数各位上数的和不会是 3 的倍数。

③完成"想想做做"第 1 题。

下面的数，哪些是 3 的倍数？

29　　45　　51　　67　　84　　96

教师要求学生独立作出判断,并把题中3的倍数圈起来。

交流:题中哪些是3的倍数?你是怎样判断的?

生:判断一个数是不是3的倍数,可以先把这个数各位上的数相加,看得到的和是不是3的倍数。

④完成"想想做做"第2题。

不计算,你能很快说出哪几题的结果有余数吗?

48÷3　　57÷3　　342÷3　　567÷3　　802÷3

师:这几道除法算式有什么共同特点?如果一个数除以3没有余数,说明这个数与3存在什么关系?反过来,如果一个数是3的倍数那么这个数除以3的结果会有余数吗?你打算怎样进行判断?

生:这几道除法算式共同特点是除数都是3。

生:如果一个数除以3没有余数,说明这个数是3的倍数。反过来,如果一个数是3的倍数那么这个数除以3的结果没有余数。

⑤做"想想做做"第3题。

在每个数的□里填上一个数字,使这个数是3的倍数。

7□　　20□　　□12　　3□5

你能找到几种不同的填法?

师:在□里填上一个数字后,这个两位数可能是多少?填什么数字,能使这个两位数是3的倍数?

生:在7□里可以填2、5、8;在20□里可以填1、4、7;在□12里可以填3、6、9;在3□5里可以填1、4、7。

师:你为什么填这个数字?你是怎样想的?

生:只要所填的数与7相加,和是3的倍数,得到的两位数就一定是3的倍数。

⑥完成"想想做做"第4题。

把下表中9的倍数涂上颜色。

1	2	3	4	5	6	7	8	9
10	11	12	13	14	15	16	17	18
19	20	21	22	23	24	25	26	27
28	29	30	31	32	33	34	35	36

9的倍数都是3的倍数吗?弄清题意后,让学生按要求操作涂色。

师:观察涂色方格中的数,这些数都是9的倍数吗?9的倍数都是3

的倍数吗?反过来,3的倍数也一定是9的倍数吗?

生:涂色方格中的数,都是9的倍数。9的倍数都是3的倍数。但是,3的倍数不一定是9的倍数。例如:3和6、12、15等不是9的倍数。

⑦完成"想想做做"第5题。

从下面选出三张数字卡片,组成一个是3的倍数的三位数。你一共可以组成多少个这样的三位数?

0　　5　　6　　7

师:每次要选几张卡片?要使组成的三位数是3的倍数,这三张卡片上的数相加的和应具有什么特征?

先让学生认真想一想,再动手选一选,教师提醒学生把每次组成的三位数记下来。

组织交流:你选了哪三张卡片?为什么选这三张卡片?这三张卡片能组成几个不同的三位数?这几个三位数都能被3整除吗?为什么?还可以选哪三张卡片?这三张卡片又能组成哪几个能被3整除的三位数?

生:可以选5、6、7三张数字卡片。

生:还可以选0、5、7三张数字卡片。

师:你能按一定的顺序把符合要求的三位数都写下来吗?这样的三位数一共有多少个?

生:567、576、657、675、756、765、507、570、705、750。

【评析】教学中,教师让学生带着自己的认识、经验、思考灵感、兴趣参与课堂活动,自主获取新知识,课堂内容呈现出多样性、丰富性、随机性。"试一试"中老师让学生找几个不是3的倍数的数算一算,验证不是3的倍数的数,各数位上数的和不可能是3的倍数,确认前面获得结论的正确性。这样做实际上说明了例题里结论的条件是充分的而且是必要的,学生可以从中感受获得结论的过程是严密的。"想想做做"里的习题数学思考的含量都比较高,除了第1题利用3的倍数的特点进行简单判断外,其他习题都需要仔细地想一想。在练习过程中,学生加深了对所学知识的理解。这些习题不要急于得出答案和结论,注重解题过程,教师要给学生提供充分的时间,鼓励学生通过自主探索或合作学习获得运用数学解决问题的思考方法。学生之间通过合作,尝试独立地解决一些简单的实际问题。这样既使学生感受了所学知识和方法的应用价值,又使学生体会了数学知识和方法之间的内在联系。

(4)延伸应用,内化概念。

3 的倍数有什么特征?判断一个数是不是 3 的倍数时,你会怎么想?有哪些经验愿意告诉全班同学?

如果一个数是 6 和 9 的倍数,它一定是 3 的倍数吗?为什么?

生:3 的倍数,它各位上数的和一定是 3 的倍数。

生:如果一个数是 6 和 9 的倍数,它一定是 3 的倍数。因为 6 和 9 是 3 的倍数。

【评析】教师让学生自己总结本节课所学的知识,回顾与反思所学的知识,锻炼了学生的概括能力。结尾设计问题的延伸,提高了学生应用知识的能力,有助于学生进一步理解概念。

(安徽省合肥市庐江县矾山镇中心小学　张向林)

课例透析

本节课是数学四年级(下册)的内容。学生在学习 2 和 5 的倍数的特征的基础上,学习 3 的倍数的特征。心理学家皮亚杰指出:"活动是认识的基础,智慧从动作开始。"书上的数学概念是平面的、隐含的,而现实是丰富多彩的。实践活动是形成数学概念的源泉。张老师充分利用实践活动,让学生的多种感官参与学习,能操作的步骤应尽量让学生操作,开展实践活动,进行自主探究,让学生的感觉和思维同步,取得很好的教学效果。给我们留下深刻的启示。

(1)采用合适的方法帮助学生发现 3 的倍数的特征。

发现 3 的倍数的特征比较难,张老师根据学生的思维习惯和学习需要,采用合适的方法帮助学生发现 3 的倍数的特征,教学中作了四步安排:

第一步创设情境、引入概念。在"百数表"里3的倍数上画"○",这项活动让学生看到3的倍数与2的倍数、5的倍数不同,由此产生猜想,3的倍数的特点可能与2、5的倍数不同。接着提出"个位上是3、6、9的数都是3的倍数吗"这个问题,学生可以在百数表上看到画"○"的数的个位上并不都是3、6或9,还有其他数。许多个位上是3、6、9的数上没有画"○",它们都不是3的倍数。学生可以任意写出一些个位上是3、6、9的数,逐一检验其是否是3的倍数。这一步的目的是让学生更清楚地知道,3的倍数的特点不表现在它的个位上。

第二步自主探索,形成概念。把3的倍数用计数器的算珠表示,看看用几颗珠,引导学生探索方向。先找较小些的两位数,再找更大的数。通过计算表示各个数所用算珠的颗数,初步发现算珠的颗数总是3、6、9、12等,这几个数都是3的倍数。这种安排对发现3的倍数的特征起到事半功倍的作用,学生操作的兴趣浓。把算珠的颗数转化成各位上数的和,发现3的倍数的特征,这一步是教学难点。老师引导学生从"数的某一位上是几,计数器的那一位上就拨几颗珠"这一事实理解计数器上算珠的总颗数就是这个数各位上数的和。从算珠的颗数是3的倍数推理出各位上数的和是3的倍数。

第三步多层训练,巩固概念。"试一试"环节,通过不是3的倍数的数,各位上数的和不是3的倍数的研究,从另一个角度验证上面发现的规律是正确的。"想想做做"里的习题数学思考的含量较高,对这些习题教师不要急于让学生得出答案和结论,而应让学生在练习过程中加深对所学知识的理解。

第四步延伸应用,内化概念。3的倍数有什么特征? 判断一个数是不是3的倍数时,你会怎么想? 如果一个数是6和9的倍数,它一定是3的倍数吗,为什么? 设计问题的延伸,进一步内化概念。

张老师设计的四步教学过程是连贯的,步步深入、逐渐逼近数学的本质内容,既有对例证的细致研究,又有反例作验证,过程严密而科学。

(2)挖掘教材主题情境,读懂问题情境中的知识点。

挖掘教材主题情境中蕴藏的丰富学习资源,读懂问题情境中体现的知识点。张老师首先让学生通读教材,从主题情境中读出基本的知识点,并从知识点的数学本质、表达形式、形成过程等多角度、多侧面地进行思考;其次利用"百数表"为学生提供了探索活动的素材和学具,认识3的倍数特征时,先让学生在"百数表"中圈出3的倍数,并进行观察、分析;当最后发现无法根据一个数个位上的数进行判断后,启发学生借助计数器的操作,从新的角度展开思考,从而发现并归纳相应的特征。

(3)及时引导,帮助学生走出误区。

考虑到3的倍数的特征的思考方向与探索5和2的倍数特征明显不同,学生难以独立完成相应的探索活动。张老师提出问题"个位是3、6、9的数都是3的倍数吗"。这一问题让学生及时转换思维的角度。张老师引导并提示学生在计数器上分别拨出几个3的倍数,看看各用了几颗珠,从而把学生的思考引向正确的轨道,避免走入误区。教师有针对性地进行指导,促进探索活动顺利开展。

(4)在计数器上表示和观察3的倍数,获得初步结论。

学生用珠子在计数器上分别拨出几个3的倍数是个例,不能用个例代表结论。张老师接着让学生找几个较大的3的倍数,在计算器上拨出来,再看看每个数各用了几颗珠子。学生分析每个数所用算珠颗数有什么共同点并进行交流,获得"3的倍数各数位上的数相加的和一定是3的倍数"的认识。张老师为学生留有足够的探索和交流的空间,这样利于改变学生的学习方式。教师合理引导学生进行探索与交流,学生在探索中得出结论。

(5)通过验证确认结论的正确性。

教师引导学生通过举例验证进一步确认"如果一个数不是3的倍数,这个数各位上数的和不会是3的倍数"。学生带着自己的认识、经验、思考灵感、兴趣参与课堂活动,自主获取新知识。课堂内容呈现出多样性、丰富性、随机性,课堂真正成为学生展示自我的舞台。学生在自主探索中形成概念,提高了课堂教学的有效性。

(6)合理进行练习,促进知识转化。

习题是数学教材的一个重要组成部分,练习具有促进学生知识理解和巩固以及促进知识转化的功能。张老师在学生学习新知识后,非常注重学生对新知识的巩固,适当进行练习。通过深化练习,学生对所学知识加深理解,获得运用数学解决问题的思考方法,能与同伴进行合作。同时学生尝试独立地解决一些简单的实际问题,认识到所学知识和方法的应用价值,体会到数学知识和方法之间的内在联系,通过多层训练,巩固了概念。

(合肥市教育局教学研究室　李萍)

3-3　"和的奇偶性"课例与评析

课例展示

(1)导入引思,明确研究方向。

①导入引思,生成课题——"和的奇偶性"。

师:还记得奇数和偶数吗?老师任意写一个数,请你们来判断它是奇数还是偶数?

(教师依次板书:5、11、167。学生判断。)

师:这些数都是奇数,你是怎么判断的?

生1:看他们的末尾,奇数的末尾是1、3、5、7、9。

生2:奇数除以2都余1。

师:那偶数有什么特点呢?

生1:偶数的末尾是0、2、4、6、8。

生2:偶数除以2没有余数。

师:我们以前研究奇偶性都是单个数。如果把他们相加,和是奇数还是偶数呢?

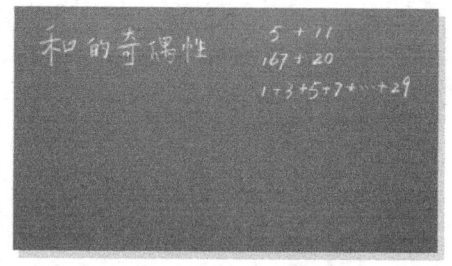

图 2-1　和的奇偶性板书

生1:5+11 和是 16,是偶数。

生2:167+20,和是奇数。

师:如果从1开始连续的奇数相加,一直加到29,这么多个数相加,它的和又该是奇数还是偶数呢?先猜猜看。

(师板书:1+3+5+…+29。学生猜测结果的奇偶性。)

师:今天这节课我们就一起来研究和的奇偶性。(完成课题板书:和的奇偶性。)

【评析】学生通过判断单个数的奇偶性,唤醒已有的知识经验;接着看到加法算式,自然想到要研究的问题,符合其认知规律。

②引导交流,明确研究方向——"和的奇偶性"。

师:和的奇偶性到底有什么规律,我们该怎么研究呢?

生:我们可以随便拿两个数相加,看看是奇还是偶,再看看这两个加数是奇还是偶。

师:举例研究是个好方法。今天的探究就从举例开始。(板书:举例。)

师:先研究几个数相加呢?

生:我觉得先研究2个数相加比较好。

师:为什么?

生:两个数相加是最简单的。

师:正所谓"天下难事,必作于易"。碰到复杂的问题,我们通常从简单入手。

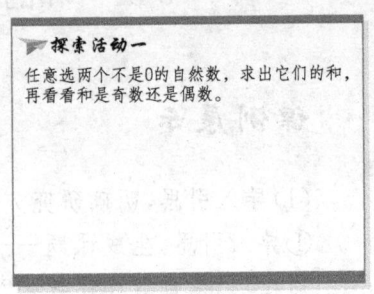

图 2-2 探索活动一

【评析】探索伊始,学生便把目光聚焦在"该怎么研究"和"先研究什么"这两个问题上,思考研究的方法,从而在自主问题解决的过程中找到"出路"。

(2)自主探索,体悟探究过程。

①探究两个加数和的奇偶性。

第一,尝试举例,初步观察。

(出示:任意选两个不是0的自然数,求出它们的和,再看看和是奇数还是偶数。)

加数	加数	和	和是奇数还是偶数
50	68	118	偶数
111	333	444	偶数
380	17	397	奇数

图 2-3 探究材料

师:请同学们拿出探究材料,要求:先举几个例子填在表格中,再仔细观察,看看有什么发现。

(学生独立探究。)

第二,合作探究,交流发现。

学生先4人小组合作探究,再全班交流。

师:你们都有什么发现呢?

生1:11是奇数,13是奇数,它们的和是偶数,也就是说两个奇数相加,和是偶数;224是偶数,72也是偶数,它们的和是偶数,所以说两个偶数相加,和是偶数;331是奇数,678是偶数,它们的和是奇数,所以一个奇数和偶数相加,和是奇数。

(学生指着自己的例子有条理的表述。)

(师板书:奇+奇→偶偶+偶→偶奇+偶→奇。)

生2:50是偶数,68也是偶数,它们的和是偶数;111是奇数,333是奇数,它们的和也是偶数;380是偶数,17是奇数,它们的和是奇数。

师:数学是一门严谨的学科,380+17,偶数在前,奇数在后,所以你的规律应该是"偶+奇→奇"。

师:请同学们观察这4个结论,有什么发现呢?

生1:两个加数,一个是奇数,一个是偶数,它们的和肯定是奇数。如果两个加数都是偶数,和就是偶数,如果两个都是奇数,和也是偶数。

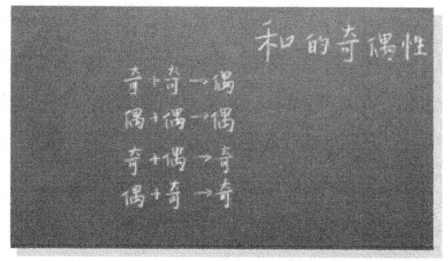

图 2-4　和的奇偶性

生2:两个奇偶性相同的数,加起来就是偶数;两个奇偶性不相同的数,加起来就是奇数。

师:奇偶性相同是什么意思?

生2:两个数都是奇数或者都是偶数,和就是偶数;一个奇数,另一个是偶数,和就是奇数。

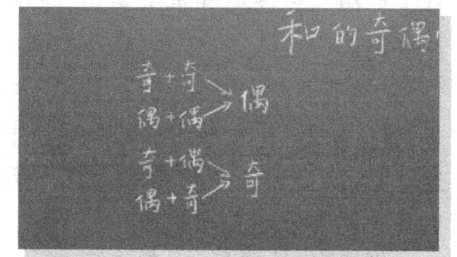

图 2-5　和的奇偶

师:也就是说两个数相加,同奇或同偶时,和是偶数;一奇一偶时,和是奇数。(调整板书。)

【评析】探究环节学生的学习方式较多样,有自主探索、小组交流、总结归纳等,交流时学生结合实例说明,一一对应,经历逐步抽象得出结论的过程。通过师生互动,学生归纳出4个结论:"奇+奇→偶、偶+偶→偶、奇+偶→奇、偶+奇→奇"。然后通过交流抽象,学生归纳出两条原则:"同奇同偶和为偶,一奇一偶和为奇"。这不仅为下步研究奠定了基础,而且培养了数学学习"求简""求律"的意识。

第三,举例验证,总结归纳。

师:这个发现到底对不对呢？你准备怎么验证？

生:多举一些例子。

师:下面就请每个人都举一个例子,验证一下。

生1:23+5=28。

师:具体说说符合哪一条结论？

生1:23是奇数,5也是奇数,和是偶数,符合"奇数+奇数=偶数"。

生2:20+18=38,符合"偶数+偶数=偶数"。

生3:157+28=185,符合"奇数+偶数=奇数"。

生4:50+1237=1287,符合"偶数+奇数=奇数"。

师:这样的例子能写完吗？

生:写不完。

师:我们可以用什么符号来表示？

生:省略号。

(教师板书:……)

师:举了这么多例子,有不符合的吗？

生:没有。

师:没有不符合的例子,符合的例子又写不完,所以我们可以说结论是正确的。同学们如果不放心,课下可以继续找,如果有问题我们再继续研究。

(学生点头同意。)

【评析】得出初步结论后,学生进行举例验证,通过举不完的例子和交流"有不符合这个发现的",学生不仅对"不完全归纳法"有体悟,同时也感受到数学学习的严谨和科学。

第四,体验感悟,操作验证。

师:下面我们来放松一下。请同学们闭上眼睛,我们来回想一下,两个数相加,什么情况下和是奇数？什么情况下和是偶数？继续想,假如我们任意翻开数学书,左右两个页码,把他们相加,和是奇数还是偶数？想好了,就睁开眼睛。

生:如果把数学书任意打开,左边和右边的页码相加,和一定是奇数。因为数学书的页码是两个连续的自然数,一个是奇数,另一个就是偶数,所以和一定是奇数。

师:到底是不是这样的呢？请大家任意翻开数学书,验证一下。

生1:51+52=103,103是奇数。

生2:38+39=77,77是奇数。

师:还要接着往下说吗?

生3:不用说了,左右两边的页码的和一定是奇数。

师:左右两个页码,是相邻的两个自然数,一个是奇数,另一个就是偶数,即一奇一偶,所以左右两边的页码的和一定是奇数。

【评析】在经历一段探究活动后,学生通过闭眼体悟,有动有静,有想象有思考。表面安静的课堂,学生进行着活跃的思维活动。学生通过左右两边的页码问题不仅发现了相邻页码和的关系,还和自然数相联系进行知识建构。这样的探究活动不仅培养了学生独立思考的品质,发散了抽象思维,也体现出数学独特的学科价值。

第五,回顾反思,积累经验。

师:同学们通过自己的努力,发现了两个数相加和所蕴含的奇偶性规律。回过头看看,这个规律我们是怎么得到的呢?

(完成板书:举例——观察——猜想——验证。)

【评析】学生通过回顾反思探索的过程,总结出"举例——观察——猜想——验证",掌握由具体到抽象,由特殊到一般的探索发现方法,积累探索规律的一般经验,进一步发展数学思考。

② 探究多个数相加和的奇偶性。

第一,抛出问题,引导探究。

师:三个数、四个数、五个数或者更多数相加,和的奇偶性有什么规律呢?你准备怎么研究?

生:举例子。

师:这次准备从几个数相加入手?

生:三个数。

师:我们任意选三个自然数相加,出示:7+28+164。

第二,认真思考,大胆猜想。

师:挑战来了,不计算,先猜一猜和是奇数还是偶数?

学生先猜一猜,再组织学生进行计算验证。

图2-6 教学案例"7+28+164"

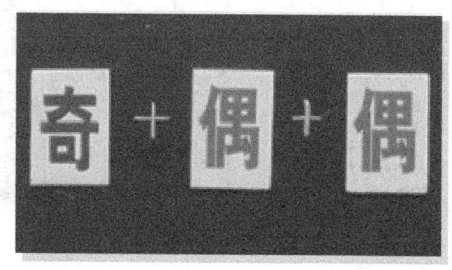

图2-7 奇+偶+偶

师：猜对的同学举手。咦，怎么都猜的这么准？

生1："7＋28"必须计算，这样比较麻烦。我们可以先看"28＋164"，偶数加偶数和是偶数，然后再看前面的7,7是一个奇数，偶数加奇数和是奇数，所以这个结果就是奇数。

（教师适时翻牌。）

生2：我们也可以先看前两个数"奇＋偶＝奇"，奇再加偶还是奇数。

师：比较两种方法，有什么共同点呢？

生：我们在算三个数、四个数或更多个数相加时，都要根据2个数相加这个结论，根据2个数相加这个根基，来算更多个数相加。

师：看来不管哪一种方法，都是把它转化为2个数相加来解决的。"转化"可是咱们数学上一种特别重要的数学思想。如果后面再加一个数，和会是奇数还是偶数呢？

生1：不确定。

生2：因为不知道加的是奇数还是偶数。如果后面加的是偶数，和是奇数。如果后面加的是奇数，和就是偶数。

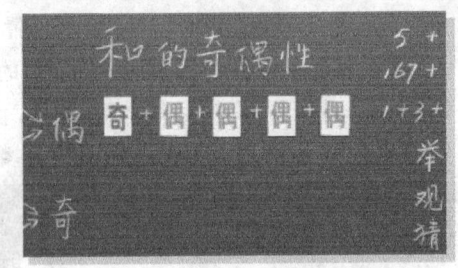

图2-8　奇＋偶＋偶＋偶＋偶

师：看来后面是奇还是偶，结果是不一样的。如果后面加的是一个偶数，现在和是？

生1：和是奇数，因为前两个数奇加偶等于奇数，再加偶数还是奇数，再加偶数还是奇数。

生2：后面三个偶数相加和是偶数，奇数再加偶数，和就是奇数。

师：再加一个偶数呢？

生：还是奇数。

师追问：再加一个偶数？再加一个偶数？……有什么想说的？

生1：一个奇数，不管加多少个偶数，和都是奇数。

生2：和的奇偶性跟偶数的个数没有关系。

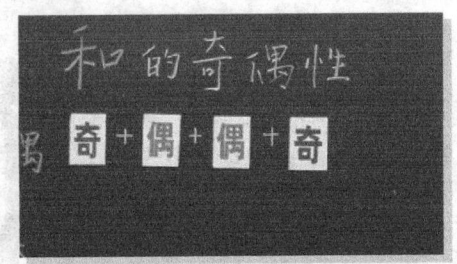

图2-9　奇＋偶＋偶＋奇

师：看来和的奇偶性不受偶数的个数的影响，那它到底会受谁的影响呢？

生:奇数。

师:如果加的不是偶数,而是奇数,是否有变化?怎么变化的呢?
(同桌讨论。)

生1:加上一个奇数的话,和就是偶数,因为奇数加奇数等于偶数。

师:如果后面再加一个奇数呢?

生1:结果不是奇数就是偶数。

生2:按照一奇一偶一奇一偶的规律在变化。

师:随着奇数个数的变化,和的奇偶性也——

生:随着变化。

师:看来和的奇偶性跟奇数的什么有关系?

生:奇数的个数。

师:和的奇偶性到底跟奇数的个数有什么关系呢?同学们可以大胆猜想一下。

生1:只要奇数的个数是双数,和相加都是偶数;如果奇数的个数是单数个,和是奇数。

生2:奇数个奇数,和是奇数;偶数个奇数,和是偶数。

第三,举例验证,交流归纳。

师:你们的猜想到底对不对呢?下面我们就用举例子的方法再来验证一下。

(课件出示:按要求任意写一道连加算式,看看和是奇数还是偶数。)

第一小组加1个奇数、第二小组加2个奇数、第三小组加三个奇数、第四小组加4个奇数……

师:说说你们验证的结果。

(学生汇报,教师记录。)

1个奇数,和是奇数。

2个奇数,和是偶数。

3个奇数,和是奇数。

4个奇数,和是偶数。

……

加数中奇数的个数	和是奇数还是偶数
1	奇
2	偶
3	奇
4	偶
5	奇
6	偶
……	……

图 2-10 加数中奇数的个数与和的奇偶性

师:认真观察表格,是不是验证了我们刚才的猜想呢?

生:当奇数的个数是奇数时,和是奇数;当奇数的个数是偶数时,和是偶数。

师:通过举例,我们再一次验证了刚才的发现:和是奇数还是偶数,关键看加数中奇数的个数。

【评析】学生根据已有的探索经验，从三个数相加入手，利用两个数相加进行推理；他们想到可以把前两个组合，再看第三个数，也可以把后两个组合，再看第一个数；表面上随意去"猜"，可大多会利用积累的数学经验理性的"猜"；接着通过比较两种思考方法，体悟"转化"的数学思想，发现规律本质。后面一个数一个数的追加，学生充分发挥主观能动性，放飞思维，各种数字组合体现了思考的多样性。接着通过不断优化组合方法，学生发展了演绎推理能力。通过演绎推理，学生大胆提出猜想，接着进行举例验证，体现了学习方式的多样性。

第四，首尾呼应，练习感悟。

师：还记得课前这个问题吗？

（课件出示：1＋3＋5＋…＋29 的和是奇数还是偶数？）

师：课前同学们都提出了猜想，和到底是奇数还是偶数，关键要知道什么？

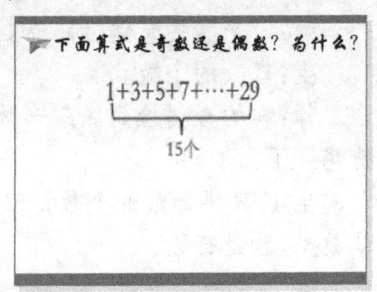

图 2-11　和的奇偶性案例

生：加数中有多少个奇数。

师：先独立思考，再在小组里说一说。

生：和是奇数，因为这里有 15 个奇数。

【评析】学生对课前数学问题的解决，不仅进一步感悟了和的奇偶性所蕴含的规律，同时也体验了探索规律的价值。

（3）回顾反思，总结探究经验。

①发散升华，研究积的奇偶性。

师：通过今天的探索我们发现了和的奇偶性蕴含的规律，你还想知道什么？

生：差的奇偶性、商的奇偶性、积的奇偶性。

师：同学们的想法都很有价值。

出示：几个数的乘积，什么情况下是奇数？什么情况下是偶数？

问：你打算怎么研究这个问题？

生1：先举例，再认真观察。

生2：要大胆猜想，并且对发现的结论进行验证。

师：今天我们收获了研究的方法，这个问题就留给大家课下继续去探索，下节课我们继续交流。

【评析】学生通过探索"和的奇偶性",自然想到可以研究"差、商、积的奇偶性",让数学学习与探究从课上走到课外。

②回顾反思,体悟总结。

师:回顾今天探索和发现规律的过程,你有什么收获?

生1:我知道了2个数相加,同奇同偶和是偶数,一奇一偶和是奇数。

生2:和是奇数还是偶数,关键看加数中奇数的个数。

生3:我学会了探索规律的方法:举例——观察——猜想——验证。

师:通过今天的探索,同学们不仅收获了知识,更掌握了探索规律的一般方法。在探索中只要我们认真观察、积极思考、大胆猜想、充分验证,就一定会有更多的收获。

【评析】掌握方法比获取知识更重要。学生通过回顾与反思,积累初步探索规律的经验,真正体现了"授人以鱼不如授人以渔"的思想。

(合肥市五十五中琥珀名城校区　丁元春)

课例透析

《和的奇偶性》一课作为苏教版小学数学教材新增内容,属于综合实践领域中探索规律的课型。综观本节课,从学生的角度审视教材,设计学习活动,学生真正参与到学习活动中,有动有静,动静相宜。

(1)把握起点,走近学生。

教学应该站在学生"学"的起点上,把学生原有起点作为新起点的支架,等待学生自主探索新知识。

本节课在导入时,学生通过判断单个数的奇偶性,调动已有的知识储备;接着研究加法算式,不仅沟通了单个数和加法算式之间的联系,还理解了要研究的问题,符合其认知规律;在明确探究的问题以后,学生紧紧围绕"怎么研究"和"先研究什么"展开思考,进而找到研究的入口,即"举例"和"从简单入手"。学生从已有知识起点出发,准确地把握研究的起点,为后面的探索打下了坚实的基础。

(2)注重过程,培养学生的学习能力。

本节课学生经历了"举例观察→合作交流→举例验证→体验感悟→回顾

反思"的探索规律的过程,最后总结归纳出探索规律的一般方法。整个教学环节自然流畅,有"动"有"静",有精彩的活动也有理性的思考。在丰富的探究活动中,学生不断积累自己的活动经验。

学生在教师的引导下进行闭眼思考和体悟,表面上安静的课堂,实际在进行着活跃的思维活动,学生不仅发现了书本左右两个页码之间的关系,还和自然数相联系进行知识建构,其有理有据的发言也引来了阵阵掌声。研究多个数相加和的奇偶性时,通过精彩的师生互动,学生创造性的发现各种组合,接着进行比较,不断优化组合方法,提高了演绎推理能力。

课堂是对话的平台,教学过程的关键就是"交流——互动"。课堂上要有"动"有"静",精彩的"动"可以大大提升学生的学习兴趣和探究热情,有价值的"静"则有利于学生透过现象把握本质,只有"动""静"相宜,才能拓展学生思维。

(3)渗透思想,成就学生。

数学思想方法是数学的"灵魂",它和数学知识一样,是数学教学的重要内容之一。在教学过程中,注重数学思想的渗透将使学生终身受益。

本节课在探究"多个数相加和的奇偶性"所蕴含的规律时,学生表面上随便去猜"7+28+164"和的奇偶性,实际在进行着理性的数学思考,他们不仅想到先把前两个组合相加,再加第三个数,还想到先把后两个组合相加,再加第一个数,紧接着通过比较这两种方法的相同之处,深刻体悟了"转化"的数学思想。

此外,本节课学生还经历了不完全归纳法、合情推理、演绎推理等一系列探究活动,不仅收获了知识和方法,更收获了蕴含其中的数学思想。

(合肥市教育局教学研究室　李萍)

3-4 "路程、时间与速度"课例与评析

课例展示

课前交流。

师:同学们,昨天我们已经认识了,还记得我来自哪里吗?

生(齐说):黄山市实验小学。

师:同学们的记忆力真好,你知道我们学校离咱们岩寺有多远吗?

生1:20千米。

生2:22千米。

生3:18千米。

师:你猜得真准,从屯溪到岩寺的路程是18千米,我昨天从屯溪出发来到岩寺,猜猜我是怎么来的?

生:我猜老师是坐汽车来的。

师:我确实是坐汽车来的,知道我坐了多长时间的车子吗?

生1:25分钟。

生2:20分钟。

师:不错,我正好坐了20分钟的车子。同学们了解了这么多关于我的信息,李老师也想了解一下咱们班的同学。咱们班跑步最快的同学是谁?

生(整齐地说):谢双骏。

师:咱们班反应最快的又是谁?

(生不确定。)

师:那好,我来考考你,敢迎接挑战吗?

生(大声):敢。

师:请听题,请根据25×4=100说出两道相应的除法算式。开始!

生(最先举手的):100÷25=4,100÷4=25。

师:这一次反应最快的同学就是李思诚,那是不是每次反应最快的都一定是他呢?

生(齐说):不一定。

师:只要大家专心听课,积极思考,每个同学都有机会成为下一个NO1,对自己有信心吗?

生(大声齐说):有。

师:那就让我们带着这种十足的信心,走进课堂!

【评析】课前交流看似随意,实则是教师的精心安排。从"猜路程——乘坐的交通工具——时间"为本课的三个重要概念作了"引子";根据乘法算式说出两道相应的除法算式,学生感受到知识间的内在联系。这样不仅激发了学生学习的兴趣,而且为探究新知作好铺垫。

(1)创设情境,激趣导入。

①感受"路程一定时,如何比较物体运动快慢"。

师:咱们班跑步最快的同学是谢双骏,那谁知道当今世界上跑得最快的人是谁?

生:"飞人"博尔特。

师:是啊,在伦敦奥运会上他不仅成功卫冕了100米、200米的冠军,还打破了他自己创造的100米世界纪录,成为了当之无愧的世界第一,想不想再去重温一下那激动人心的时刻?

(重温录像。)

师:博尔特跑得怎么样?这里的快指的是什么快?

生:速度。

师:老师这里有当天比赛前三名的成绩表,请看。

(课件出示:2012年伦敦奥运会100米决赛前三名成绩记录表。)

姓名	路程	时间
博尔特	100米	9.63秒
布雷尔	100米	9.75秒
加特林	100米	9.78秒

师:从这张表格中你获得了哪些信息?

生1:我知道了博尔特、布雷尔、加特林获得了前三名。

生2:我知道他们都参加了100米赛跑。

师:他们都跑了100米,指的是什么?

(随学生回答课件出示:路程。)

生3:我还知道他们跑100米分别用了9.63秒、9.75秒、9.78秒。

师:也就是你知道了他们跑100米所用的时间。

(课件出示:时间。)

生:从表格中,我知道了博尔特是第一名,跑得最快。

师:哦,你是从哪里看出的?

生:从时间上看出来的,博尔特跑的时间短,所以他跑得快。

师:看来路程相同比时间,时间越短,速度越快。

②感受"时间一定时,如何比较物体运动的快慢"。

师:9.63秒是至今为止人类百米赛跑的最好成绩了,不过,我也能跑9.63秒,信不?

生(怀疑地笑):不信。

师(骄傲地):不信?那就让你们见识一下,请看——李老师PK博尔特。

(播放自制模拟比赛视频。)

师:怎么样,我没吹牛吧,我和博尔特同时冲向终点,我也用了9.63秒,我和博尔特谁跑得快?

生1:李老师。

生2:不对,还是博尔特跑得快。(全班同学表示认同。)

师(故作疑惑):怎么还是他跑得快呢?

生:因为李老师和博尔特跑的起点不同。

师:起点不同,也就是我们跑的路程不同。

(课件出示:李老师PK博尔特成绩记录表。)

姓名	路程	时间
博尔特	100米	9.63秒
李老师	60米	9.63秒

师:李老师和博尔特跑步的时间虽然一样,但跑的路程却不相同。看来,时间相同比路程,路程越长,速度越快。

③揭示课题。

师:通过刚才的两次比较,你发现速度的快慢与什么有关系?到底什么是速度?速度与路程和时间又有什么关系?今天这节课就一起来研究路程、时间与速度。

(师板书课题。)

【评析】创设学生感兴趣的比赛情境,引出"路程""时间"和"速度"的概念,理解速度一定时,路程相同比时间,时间相同比路程。初步沟通路程、时间和速度的联系,为学生的探究指明了方向。

(2)自主探究,建构模型。

①探究"路程和速度都不同时,如何比较物体运动快慢"。

第一,创设情境,引发冲突。

师:我班有两位同学也喜欢比赛,请看"张华PK李红"。

课件动态出示:张华说,我上学走了6分钟。李红说,我上学走了4分钟。谁走得快?

生:李红走得快。

师(追问):为什么?

生:因为李红走的时间短,所以她走得快。

师(面向全班同学):你们同意吗?

(大多数学生表示同意,只有一位男生犹豫地举起了手。)

生:老师,我觉得有可能张华走的路程多,李红走得路程少呢?

(一石激起千层浪,学生纷纷表示,是啊,还不知道路程……)

师(趁势追问):看来只知道时间能比出快慢吗?还需要知道什么?

生:路程。

第二,补充条件,自主探究。

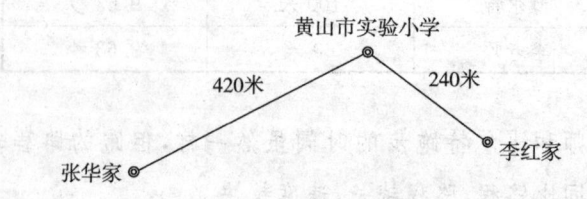

图2-12 路程示意图

第三,汇报交流,建构模型。

师指名生板演:420÷6=70(米)　240÷4=60(米)

师:请你向同学们介绍一下你的做法。

生:我用张华走的420米除以6分钟就算出张华每分钟走70米,用李红走的240米除以4分钟就算出李红每分钟走60米。所以还是张华走得快。

师:你不仅写得好,说得更清晰,谢谢你!

(全班学生给予掌声。)

师:这里的70米表示什么?

生:表示张华每分钟走70米。(师板书:每分钟走70米。)

师:那60米表示什么?

生:表示李红每分钟走60米。(师板书:每分钟走60米。)

师:每分钟走的路程也就是他们的速度,速度是怎么求的?

生:用他们走的路程除以用的时间就等于速度。

师:也就是速度等于路程除以时间。(师板书:速度=路程÷时间。)

【评析】教师创设"比快慢"的情境,引发学生的认知冲突,学生经历从实际问题中抽象出数量关系的过程,真切地体会到速度与时间和路程有关,知道当路程与时间都不相同时,比速度,渗透了建模的思想。

②解决问题,探究速度的表示法。

师:现在,你能用这个关系式解决问题吗?

第一,提出问题。

问题一:"神九"飞船在太空5秒飞行了约40千米,"神九"飞船的速度是(   )。

问题二:张华骑自行车2小时骑了16千米,张华骑自行车的速度是(   )。

第二,组织学生解决问题。

$40÷5=8$(千米) $16÷2=8$(千米)

第三,质疑点拨。

师(指着"8千米"):比较这两个算式,你发现了什么?

生:我发现结果都是8千米。

师(质疑)：都是8千米，难道张华骑自行车的速度和"神九"飞船一样快吗？

生：一样快。

师追问：你们都同意他们的速度一样吗？同意的请举手。

（大部分学生举起了手。）

角落里一个声音传来：我不同意。（全班同学都把目光转向了他。）

师：你为什么不同意？

生："神九"飞船是每秒行8千米，张华是每小时骑8千米，他们的速度是不一样的。

师：那你认为谁走得快？

生：当然是"神九"飞船了。

师(笑了)：是啊！张华骑自行车再快又怎么赶得上"神九"飞船呢？

（学生和现场听课教师都发出了笑声。）

师：看来只用一个路程单位能区分出速度的快慢吗？

生(齐声)：不能。

师：那你有什么好办法？同桌可以讨论讨论。

第四，理解速度单位的写法和读法。

师听学生汇报后指出，每秒行8千米可以写成"8千米／秒"，读作"8千米每秒"；每时行8千米可以写成"8千米／时"，读作"8千米每时"。

【评析】速度单位的表示法是本课的难点之一，受原有知识经验的影响，学生对复合单位理解难度较大。教师创设"神九"飞船与张华骑自行车的生活情境，让学生在解决问题中，通过比较发现问题，提出质疑，了解到采用复合单位的必要性。理解速度的表示法，这无疑是本课的一大亮点。

③理解速度的含义，揭示速度的概念。

师揭示概念：像1时、1分、1秒……这样的时间叫作单位时间。物体在单位时间(1时、1分、1秒……)内通过的路程就叫作速度。

④解读生活中的速度,体验速度的快慢。

师:速度不仅在咱们的课堂中,在咱们的生活中也无处不在。

例1:博尔特100米赛跑的速度大约是10米/秒。

师:10米/秒表示什么?

生:博尔特每秒大约跑10米。(课件出示:每秒跑10米。)

师:10米有多远?从老师讲台这儿到哪儿?

生(回头张望):大概到门那儿。

师:1秒有多长时间?

生1:滴答一下。

生2:一眨眼。

师:就在这一眨眼的时间里,博尔特就从老师讲台这儿"噌"的一下跑到门那边去了。

例2:猎豹奔跑的速度可达每小时108千米。

师:每小时108千米可以写成什么?

生:108千米/时。(课件随即展示)。

师:也就是30米/秒。猎豹的速度与博尔特相比怎么样?

生1:更快了。

生2:猎豹的速度大约是博尔特的3倍。

师:那么,我们人类真的不如动物吗?错,人类的智慧可以战胜一切。

例3:飞机飞行的速度大约为12千米/分。

例4:声音在空气中传播的速度大约为340米/秒。

例5:光传播的速度大约是300000千米/秒。

师:看到这里我想到了一个词"电闪雷鸣",闪电和雷声明明是同时发生的,为什么会先看到闪电,后听见雷声呢?

生:因为光传播的速度比声音快。

师:真厉害!都能用学过的数学知识解释自然现象了。

例6:蜗牛爬行的速度大约是8米/时。

师:蜗牛的速度怎么样?

生:太慢了。

师:1小时相当于一节半课的时间,这么长时间蜗牛还没有爬出我们的会场,实在是太慢了。不过蜗牛虽然爬得很慢,但它特别有恒心,总是坚持不懈地向前爬。

【评析】在认识速度概念的基础上,教师通过模拟、想象、对比等方式,让学生更加真切地感受到速度的现实意义,在巩固理解速度的表示法的同时,使学生进一步认识和理解速度的内涵,体会数学与生活的密切联系,感受数学的美。

(3)建立联系,深化理解。

①蜗牛爬行的速度大约是8米/时。蜗牛爬一天大约可以爬行多少米?蜗牛爬24米大约要几时?

②独立思考,集体交流。

③沟通路程、时间、速度之间的联系,体验"建模"思想。

【评析】从解读"蜗牛的速度"自然过渡到解决"蜗牛爬行路程和时间"问题,学生在解决问题的过程中抽象出数量关系,构建另两个数学模型(路程=速度×时间,时间=路程÷速度),沟通"路程、时间和速度"之间的联系。

(4)应用模型,巩固提高。

①巩固练习。

计算并填写下表。

年份	黄山—南京的总路程	平均速度	时间
2002年	400千米		8时
2012年		80千米/时	5时
2022年	400千米	200千米/时	

讨论交流:你有什么感受?

生1:科学进步了,火车的速度快了。

生2:时间越来越短。

师:是啊！随着科学技术的不断发展,火车的速度越来越快,乘车需要的时间也越来越短,人们的生活也越来越方便,所以,我们从小一定要学好科学文化知识。还想继续挑战吗？

②变式应用。

师:根据下列信息,提出数学问题并解答。

(课件出示：李红步行的速度是 60 米/分。李红家到书店大约有 600 米。李红从书店走到书店大约要用多长时间?)

学生独立练习后汇报。

③拓展提高。

师:李老师从家到学校,如果骑自行车,以 150 米/分的速度需要 20 分钟,现在改骑电动车,速度是 300 米/分,需要多少时间？

学生独立审题解决问题后集体汇报交流两种解法。

【评析】练习设计抓住重点,层层递进,既有基础的巩固练习,又有变式及拓展应用,同时注重渗透"函数"思想,提升了学生合理选择信息和灵活解决问题的能力,使学生的数学思想在不知不觉中得到升华。

(5)全课总结,拓展延伸。

①师生总结:时间过得真快呀,一节课的时间又将过去了,在这近 40 分钟里,你有什么收获？

②拓展延伸:同学们的收获真不少,其实,与路程、时间、速度有关的问题都属于行程问题,我们今天研究的只是一些简单的行程问题,在以后的学习中我们还将继续研究复杂的行程问题。最后借用培根的一句名言送给大家:合理地安排时间,就等于节约时间。下课！

【评析】师生畅谈收获,归纳总结,为学生的后续学习铺垫延伸,既丰富了教学资源,又渗透"珍惜时间"的思想教育理念。

(黄山市实验小学　李莉)

课例透析

《路程、时间与速度》一课属于简单的行程问题,它是一节传统的"解决问题"常规课,李老师却能从常规中创新,找准学生的认知起点,有效整合教学资源,使课堂呈现诸多亮点。

(1)体现知识形成的过程。

整节课教师始终引导学生围绕教学目标展开活动,就连课前的交流也不例外,为探究新知识埋下伏笔。导入环节教师让学生在生动有趣的"比快慢"情境中,思考"路程一定时,如何比较物体运动的快慢""时间一定时,如何比较物体运动的快慢"。进而探究"路程和时间都不相同时如何比较物体运动的快慢",初步理解速度的概念,同时使学生经历从实际问题中抽象出数量关系的过程,构建"速度=路程÷时间"的数量关系。学生在认识速度概念的基础上,通过模拟、想象、对比等方式,更加真切地感受到速度的现实意义。从博尔特百米赛跑的速度到猎豹的速度,再到飞机、声音、光的传播速度,速度越来越快,最后回到速度最慢的蜗牛,自然过渡到求路程、求时间这两个问题,从而引出"路程=速度×时间,时间=路程÷速度"的三者之间的联系。学生经历这样的过程后,认知更为深刻。整节课教学衔接流畅,环环相扣,层层深入。

(2)侧重问题情境的创设。

在探究新知的过程中教师有意引发了两次"冲突"。第一次是出示"张华上学走 6 分钟,李红上学走 4 分钟,谁走得快"这一问题情境,让学生比快慢。由于受思维定式的影响,结果大多学生都认为是李红走得快,因为她用的时间短,当遭到一名学生的反对发现路程不确定时,全班同学幡然醒悟,明白速度不仅与时间有关,还与路程有关。第二次"冲突"是在探究速度的表示法时。李老师创设求"神九"飞船与张华骑自行车速度的问题情境,让学生在解决问题中通过比较发现问题"都是 8 千米",从而引发质疑,"难道张华骑自行车的速度和'神九'飞船一样快吗?"教师巧妙地利用认知冲突,让学生在思考交流中清楚地体会到采用复合单位的必要性,较好的理解速度的表示法,本课的教学难点自然迎刃而解。同时本课激发了学生学习的兴趣,提高了学生的学习主动性。

(3)重视思维能力的培养。

为了使促进学生的思维向纵深发展,本节课李老师设计了三个层次的练习:第一层次"巩固练习",分别解决了求"路程""速度""时间"的基础问题;第二层次"变式应用",根据给出的信息提出数学问题并解答,培养了学生自主筛选信息、发现问题、提出问题并解决问题的能力,从课堂反馈上看,学生不仅能根据其中的两条信息提出一步的数学问题,还能根据三条信息提出两步的数学问题,可见他们对"路程、时间与速度"之间关系的理解又加深了一步;第三层次,"拓展提高",在帮助李老师解决生活中问题时,学生不仅知道了用"归总法""倍比法"解决问题,认识了解决问题策略的多样性,提高了思维的灵活性,也感受到了成功地运用数学知识解决问题的快乐。

(4)注重数学思想的渗透。

本课设计遵循"问题情境——建构模型——应用拓展"的教学模式,"建模"是本课设计的主要思想。在探究"如何求速度"的过程中渗透"数形结合"的思想,在导入环节和巩固练习环节的"2002年、2012年和2022年黄山至南京的火车速度、时间的对比"中渗透"函数"思想。教师通过渗透解决问题策略多样化思想,发散了学生的数学思维。

总之,李老师这堂课在教学思路上大胆创新,在教学难点上处理得当,成就了一节自然流畅、精彩高效的数学课。

(黄山市实验小学程　秋霞)

第 3 部分

小学数学"图形与几何"的课堂学习与课例研究

1 小学数学"图形与几何"学习标准要求

1-1 小学数学"图形与几何"总体学习标准

学习标准

1-1-1 知识技能

经历从实际物体中抽象出角和平行四边形的过程,直观认识直角、锐角、钝角及平行四边形,能描述长方形、正方形的特征,认识"千米、米、分米、厘米、毫米"等长度单位,辨认"东、南、西、北和东南、东北、西南、西北"八个方向。

经历从实际物体中抽象出长方体、正方体、圆柱和球等简单几何体及长方形、正方形、三角形和圆等平面图形的过程,直观认识这些图形。从不同方向观察单一物体的形状,比较大小、多少、长短、高矮、轻重,认识上下、前后、左右方位。

理解和掌握各类平面图形和立体图形的特征,认识到相关图形之间的联系与区别,了解相关平面图形周长、面积的计算方法以及常见几何体表面积、体积的计算方法的推导过程,会解答有关平面图形的周长、面积以及常见几何体表面积、体积计算的简单实际问题,培养空间观念。

加深对轴对称、平移与旋转、放大与缩小等图形运动方式的认识,能正确描述图形的运动过程,能按要求在方格纸上画出运动后的图形。掌握用数对或用方向和距离描述物体位置的方法,能按要求在平面图上确定物体的位置或描述简单的行走路线,提高利用几何直观进行思考的能力。

1-1-2 数学思考

直观认识长方体、正方体、圆柱、球、长方形、正方形、三角形、圆等图形,在从不同方向看到单一形状的物体过程中培养空间观念。

在动手操作活动中初步感知平移、旋转、对称;在辨认方向过程中感知图形的运动和位置;在实际测量活动中,从实际物体抽象角、长方形、正方形、平行四边形过程中发展空间观念。

通过观察物体,感受平移、旋转、轴对称,认识周长、面积、面积单位,探索周长、面积的测量方法及长方形、正方形周长及面积公式,估测长方形、正方形的面积。

经历观察与比较、分析与综合、抽象与概括、类比与归纳等思维活动过程,进一步提高合情推理和演绎推理能力,能进行有条理的思考,能比较清楚地表达自己的思考过程与结果。积累丰富的数学活动经验,获得关于分类、对应、转化、数形结合、方程、函数等数学思想方法的体验与感悟,提高数学素养。有意识地针对某些问题进行独立思考,具备一定的独立思考的习惯,体会一些数学的基本思想。

1-1-3 问题解决

在教师的指导下,从日常生活中发现和提出简单的数学问题,并尝试解决。

了解分析问题和解决问题的一些基本方法,探索分析和解决简单问题的有效方法,知道解决问题方法的多样性。

在解决问题的过程中,体会同样的问题可以有不同的解决方法。从不同角度理解和分析问题可能会有不同的结果,进一步积累解决问题的经验,逐步增强解决问题的策略意识。

经历与他人合作解决问题的过程,进一步学会与同伴合作,学会与他人交流自己的想法,能回顾解决问题的过程,初步判断结果的合理性。

1-1-4 情感态度

从实物中抽象出几何图形,了解数学可以描述生活中的一些现象,进一步体会数学与生活的密切联系,感受数学的学习价值,不断增强学数学、用数学的自觉性。

在探索知识和问题解决的过程中,感受数学思考的严谨性和数学结论的确定性,获得学习成功的体验,锻炼克服困难的意志。

能主动与他人合作交流,体验数学活动的乐趣,感受自己在数学知识和方法等方面的收获与进步,增强对数学学习的兴趣。

具备乐于思考、勇于质疑、实事求是的良好品质。具有认真、细心的学习态度,养成发现错误及时订正的良好习惯。

学习标准解读

《标准》将"空间与图形"改为"图形与几何"。第一、二学段仍分为四部分,具体内容有所变动,分别是图形的认识、测量、图形与变换、图形与位置。"图形与几何"领域将几何学习的视野拓宽到学生生活的空间,强调空间和图形知识的现实背景,从第一学段开始使学生接触丰富的几何世界。《标准》突出用观察、描述、制作、从不同的角度观察物体、认识方向、制作模型等方式,培养学生的空间观念和图形设计与推理(合情推理与演绎推理)的能力。

学段目标的层次性。从"辨认"到"初步认识",再从"初步认识"到"探索并证明"。例如,对于长方体、正方体、圆柱和球等几何体,第一学段要求"辨认",第二学段要求"认识";又如,对于平行四边形,第一学段要求"辨认",第二学段要求"认识";再如关于"视图",第一学段要求"能根据具体事物、照片或直观图辨认从不同角度观察到的简单物体",第二学段要求"能辨认从不同方向(前面、侧面、上面)看到的物体的形状图"。这种要求的层次性,既体现了从整体到局部的认识过程,也符合学生的认知特点,即逐渐深入、循序渐进。

强调在实践活动中对实物或模型的观察与操作。第一学段要求"能通过实物和模型辨认长方体、正方体、圆柱和球等几何体""通过观察、操作,初步认识长方形、正方形的特征";第二学段要求"结合实例了解线段、射线和直线""结合生活情境了解平面上两条直线的平行和相交(包括垂直)关系"等。这些要求的共同特点是通过观察与操作,直观地、整体地认识立体图形和平面图形。从对实物的观察与操作过程中来认识图形的特征和性质,既符合学生认识事物的规律,也符合数学课程的目标要求。学生经历从实物到几何图形的抽象过程,初步体会数学的思想方法,培养积极的情感与态度。

关注基于图形的想象和图形之间的转换,培养空间观念。《标准》增加了"视图和投影"等内容。第一个学段的要求是根据具体事物照片或直观图,辨认从不同角度观察到的简单物体的形状;第二个学段的要求是能从不同方向(前面、侧面、上面)来观察辨认物体的形状图。这两个学段目标逐步实现了从三维空间向二维空间的转化,促进了学生空间观念的形成。

从生活情境或具体事物出发,在动手操作中,感受测量的意义,进一步发展空间观念。第一学段结合生活实际和具体情境,用不同方式测量物体的长度,认识建立统一度量单位的重要性,即能测量具体图形的周长、面积,能自选单位估计和测量图形的周长、面积;第二学段主要是探索并掌握圆的周长与面积公式以及了解体积的意义及度量单位等,学生要建立对测量单位的概念,灵活选择测量单位,同时借助测量活动,提高估测意识,逐步建立空间观念。

1-2 小学数学第一学段"图形与几何"学习标准

学习标准

1-2-1 图形的认识[①]

(1)能通过实物和模型辨认长方体、正方体、圆柱和球等几何体。

(2)能根据具体事物、照片或直观图辨认从不同角度观察物体。

(3)能辨认长方形、正方形、三角形、平行四边形、圆等简单图形。

(4)通过观察、操作,初步认识长方形、正方形的特征。

(5)会用长方形、正方形、三角形、平行四边形或圆拼图。

(6)结合生活情境认识角,了解直角、锐角和钝角。

(7)能对简单几何体和图形进行分类。

1-2-2 测量

(1)结合生活实际,通过用不同方式测量物体长度的过程,体会建立统一度量单位的重要性。

(2)在实践活动中,认识长度单位:千米、米,知道分米、厘米、毫米。能进行简单的单位换算,能恰当地选择长度单位。

(3)能估测一些物体的长度,并进行测量。

(4)结合实例认识周长,并能测量简单图形的周长,探索并掌握长方形、正方形的周长公式。

(5)结合实例认识面积,认识面积单位:平方厘米、平方分米、平方米。能进行简单的单位换算。

(6)探索并掌握长方形、正方形的面积公式,能估计给定简单图形的面积。

[①] 中华人民共和国教育部.义务教育数学课程标准(2011年版)[M].北京:北京师范大学出版社,2012:11~12.

1-2-3 图形的运动

(1)结合实例,了解平移、旋转、轴对称现象。

(2)能辨认简单图形平移后的图形。

(3)通过观察、操作,初步认识轴对称图形。

1-2-4 图形与位置

(1)会用"上、下、左、右、前、后"描述物体的相对位置。

(2)给定"东、南、西、北"四个方向中的一个方向,能辨认其余三个方向,知道"东北、西北、东南、西南"四个方向,会用这些词语描绘物体所在的方向。

学习标准解读

强调在实践活动中认识基本图形,增强直观体验。第一学段"图形的认识"强调通过实物和模型辨认几何体,通过观察、操作初步认识图形特征,从学生熟悉的生活情境出发,以直观和动手操作为基本手段。注重引导学生把生活中对图形的感受与有关知识建立联系,避免考查学生对图形概念的记忆,要结合现实素材和生活情境评价学生对图形的认识。

强调直接感知周围环境和实物,培养空间观念。在第一学段中,学生的空间观念将在观察和具体活动中逐步得到发展。学生通过观察周围环境和物体的形状、大小及其所处方位,进行操作、讨论、交流、探索等多种形式的活动,获得对简单几何体和平面图形的直观经验,感知现实的三维世界,形成初步的空间观念。

强调对测量的实际意义的理解,体验测量过程。根据《标准》中关于"测量"的具体目标,学生要积极参与测量活动,通过选择测量工具和测量方式,采用不同的测量方法,对各种测量方法进行比较,交流各自的测量结果和体会,作出合理的解释。教学要避免繁杂的单位换算,重点在于理解测量的实际意义和作用。

重视估测。估测是测量的一个重要组成部分。学生在实际生活中,对一个量的估计常常比精确计算它的大小更重要。在测量活动中,学生要了解估测的作用,积极参与和相互合作,通过活动发展估测能力。

▶具体学习标准

(1) 知识与技能

内容专题	教学内容	学习标准
图形的认识	认识立体图形	在分类、观察、动手操作等活动中,初步认识长方体、正方体、圆柱和球的特点,知道它们的名称,并能够辨认和区别这些图形。
		在拼、摆、搭等活动中,获得对简单几何体的直观体验,并进一步认识立体图形的显著特征。
		经历观察、实验、想象和交流的过程,积累认识立体图形的数学活动经验,提高观察、想象、表象思维和语言表达的能力,初步建立空间观念,初步感受数学与实际生活的联系。
	认识平面图形	直观认识长方形、正方形、平行四边形、三角形和圆等平面图形,能够辨认和区分这些图形。
		通过拼、摆、画、折等活动,直观认识长方形、正方形、平行四边形、三角形和圆等平面图形的特征,提高观察能力、动手操作能力和语言表达能力,同时认识图形与日常生活的密切联系,并学会从数学的角度去观察周围的世界。
	角的初步认识	结合生活情境及操作活动,初步认识角,知道角的各部分的名称,初步学会用尺画角。
		结合生活情境及操作活动,初步认识直角、锐角和钝角,会用三角尺判断直角、锐角和钝角,能运用角的知识解决简单的实际问题。
	长方形和正方形	结合具体实物,通过折一折、量一量、比一比等操作活动,进一步了解长方形和正方形边和角的相同、相异处,认识长方形与正方形的特征。
	观察物体	经历观察实物的过程,认识到从不同位置观察到的物体的形状可能是不同的。
		能根据实物或直观图,辨认从前面、后面、左面、右面、上面等方位观察到的简单物体的形状。
		经历观察、操作、想象等活动,初步掌握观察物体的基本方法,积累观察物体的经验,培养空间观念和推理能力。
图形的测量	比一比	结合具体实物,能比较两个或三个物体的大小、长短等。
		在比较长短时,注意在同一起点上进行,并初步学习寻找参照物进行比较的方法,进行正确比较。
		结合生活经验,正确判断两个物体的轻重,初步发挥推理能力。

续表

内容专题	教学内容	学习标准
图形的测量	长度单位	经历不同方式测量物体长度的过程,认识到统一长度单位的必要性,知道长度单位的作用。
		在活动中初步认识长度单位厘米和米,初步建立1厘米、1米的长度观念,知道"1米=100厘米",能够进行简单的换算。
		初步学会用尺子量物体的长度(限整厘米和整米),初步认识线段,学会用尺子量线段的长度,会按给定长度画线段(限整厘米)。
		在建立长度观念的基础上,尝试估测物体的长度,初步树立估量物体长度的意识和能力。
	测量	结合生活实际,经历实际测量的过程,在实践活动中认识长度单位"毫米、分米、千米",建立"1毫米、1分米"的长度观念,明确"毫米、厘米、分米、米、千米"之间的进率。
		结合实际问题,能根据所学长度单位的意义,选择合适单位,正确进行单位换算。
		进一步理解长度单位的意义,感受长度与现实生活的联系,并会估测一些物体的长度,选择合适单位及工具进行测量。
	周长	结合具体事物或图形,通过观察、操作、比较、归纳等学习活动感知并认识周长,理解周长的实际含义,初步建立周长概念。
		选择合适的方法测量出简单图形的周长,探索并掌握多边形周长的计算方法,并能正确计算。
		探索并掌握长方形、正方形的周长公式,能根据长方形、正方形的周长公式,解决生活中的实际问题,感受数学与生活的联系。
	面积	结合实例,认识面积的含义,经历比较两个图形大小的过程,探索比较的方法。
		在数学活动中,认识到引进统一的面积单位的必要性,认识面积单位平方厘米、平方分米、平方米,建立1平方米、1平方分米、1平方厘米的表象,感受他们的实际大小。
		熟悉相邻两个面积单位之间的进率,会进行简单的单位换算。
		探索并掌握长方形、正方形的面积公式,获得探究学习的经历;会应用公式正确计算长方形、正方形的面积,能估计给定的长方形、正方形的面积。
		结合解决问题的情境,认识到面积单位换算的必要性,并能解决一些简单的实际问题。
图形与位置	认识位置	通过直观演示和动手操作,认识"上、下、前、后、左、右"的基本含义,初步感受它们的相对性。
		会用"上、下、前、后、左、右"描述物体的相对位置,理解具体位置的相对性。
		能描述生活中物品的位置与顺序。

续表

内容专题	教学内容	学习标准
图形与位置	认识方向	结合具体情境,能认识"东、南、西、北、东北、西北、东南、西南"八个方向,能够根据给定的"东、南、西、北"中的一个方向,辨认其余的三个方向,并能用这些词语描述物体所在的方向。
		能看懂简单的平面图,知道平面图是根据"上北、下南、左西、右东"的顺序进行展示的。
		初步形成辨认方向、表达与交流物体所在的方向的能力。
		能用所学的方向知识解决生活中的简单实际问题,建立空间观念。
图形与运动	对称、平移、旋转和轴对称	借助日常生活中的对称现象,结合有趣的剪纸活动,通过观察、操作,初步认识生活中的轴对称现象,会直观判断轴对称图形,能用对折的方法找出轴对称图形的对称轴。
		结合操作活动,加深对轴对称图形特点的认识,能够用轴对称图形的知识解决简单的实际问题。
		借助日常生活中的平移现象,通过观察、操作,初步感受平移现象,体会图形平移运动的过程,能辨认简单图形平移后的图形。
		借助日常生活中的旋转现象,通过观察、操作,初步感受旋转现象,直观体会旋转运动的特点,能判读出旋转运动的轨迹。
		认识到图形的运动在生活中的应用,认识到数学与现实生活的密切联系,感受数学美。

(2)数学思考

维度	学习标准
培养形象思维与抽象思维	经历观察、操作、想象等活动,初步掌握观察物体的基本方法。
	在认识常见几何形体的活动中,感知物体的形状、大小等,初步培养空间观念和形象思维。
	在借助相关物体抽象出平面图形的过程中,培养初步的观察、比较、抽象、概括能力;在摆图形、围图形、折图形、画图形以及拼图形等活动中,发展初步的形象思维,初步培养空间观念。
	在认识图形、测量长度以及观察物体等活动中,认识简单平面图形的特征,初步体会物体与它相应视图之间的联系,培养初步的空间观念。
	在认识角和直角、方向、分米和毫米以及相关的操作、测量、交流等活动中,初步建立"1分米"和"1毫米"实际长度的表象,初步认识现实空间中物体间的位置关系,感受平面图形与相应物体的联系,发展初步的空间观念。
	在认识千米、建立面积概念、感知相关面积单位实际大小的过程中,不断丰富对现实空间和平面图形的认识,体会图形对于描述和分析数学问题的作用,逐步培养空间观念。

续表

维度	学习标准
培养形象思维与抽象思维	在探索长方形、正方形的基本特征和简单平面图形周长计算方法以及认识平移、旋转现象和简单轴对称图形的活动中,不断丰富对现实空间和平面图形的认识,初步认识图形的运动与变化,尝试利用图形描述来分析数学问题,认识几何直观的作用,逐步增强空间观念。
	具备初步的观察、想象、表象思维和语言表达的能力,初步建立空间观念,同时感受图形与日常生活的密切联系,并学会从数学的角度去观察周围的世界。
提高合情推理和演绎推理能力	在选择合适的长度单位测量、估计物体(或线段)长度的过程中,进行简单的、有条理的思考,并尝试表达自己的思考过程,初步发展推理能力。
	在探索长方形和正方形面积公式的活动中,不断经历从现实生活或具体情境中抽象出数学问题的过程,丰富和加深对数量关系的理解,培养初步的演绎推理能力。
	在探索和交流简单的图形的排列规律的过程中,初步培养合情推理能力。
体会数学的基本思想	在对生活中的实际物体进行分类的活动中渗透分类思想。
	在探索图形规律的过程中,感受转化、归纳的数学思想方法。
增强独立思考的能力	利用测量等活动,充分提供独立思考、合作交流的机会,能与他人交流多种算法等。知道多样化的解决问题的策略,体会数学的基本思想和思维方式。

(3)问题解决

维度	学习标准
发现、提出、分析、解决问题	能从图、文字描述中寻找有用的数字信息,并分析信息之间的关系,能在教师指导下,从日常生活中发现简单的数学问题,并尝试解决。
	初步学会从物体的形状、大小、位置关系、图形的排列规律等方面发现和提出简单的数学问题。
	联系简单平面图形周长和面积的计算,尝试通过物体的形状与大小等不同角度发现问题和提出问题,不断增强数学应用意识,锻炼实践能力。
	结合生活实例,理解周长、面积的意义,解决有关长方形和正方形周长、面积的实际问题。
问题解决的方法	在测量物体(或线段)长度的过程中,初步学会选择合适的测量工具、计量单位和测量方法,积累一些测量长度的经验,初步建立长度观念。
	在描述物体方位的过程中,初步学会用画图和口头描述相结合的方法解决问题。
	在选择合适单位测量、估计平面图形和物体表面面积等活动中,体会同样的问题可以有不同的解决方法,从不同角度理解和分析问题可能会有不同的结果,进一步积累解决问题的经验,逐步增强解决问题的策略意识。
	在用长方形和正方形的周长计算方法解决简单实际问题中,初步学会从已知条件出发并在条件和问题之间建立联系的思考方法,体会同样的问题可以有不同的解决方法,进一步积累解决问题的经验,逐步增强解决问题的策略意识。

续表

维度	学习标准
合作与交流的意识	在拼图形、测量长度以及观察物体等活动中,初步体会一些简单的图形变换方法,认识平面图形和立体图形之间的联系。进一步学会与同伴合作,学会与他人交流自己的想法。
	在探索长方形和正方形的基本特征和简单平面图形的周长、面积公式活动中学会与同学合作交流,学会在交流中不断完善自身的思考,逐步增强合作交流的意识。
	在测量和描述物体的轻重、了解日常生活中的平移和旋转现象、识别轴对称图形等活动中,初步学会与同学合作,学会与他人交流自己的想法,学会在交流中不断完善自身的思考,体会合作交流的意义,逐步增强合作交流的意识。
评价与反思的意识	能够较完整地回顾解决问题的过程,针对问题的过程与结果进行反思,初步形成评价与反思的意识。
	借助已有的知识和经验,初步判断结果的合理性,并不断补充和完善。

(4) 情感态度

维度	学习标准
对数学科学的认识	了解与数学有关的常识性知识、一些数学史知识,拓宽知识视野,感受数学文化的熏陶和数学对社会文明发展的促进作用,初步认识到数学是人类文化和人类文明的一部分,进一步培养学习数学的积极情感。
	在测量、计算物体某个面或平面图形周长、物体表面或平面图形面积等活动中,进一步感受数学的价值,感受数学与生活的密切联系,不断增强学数学、用数学的自觉性。
	在现实情境中理解数学内容并应用数学知识解决问题,体验数学与日常生活的密切联系,能对周围环境中与数学有关的事物和现象产生好奇心。
数学学习的态度	在探索图形的简单排列规律等活动中,体会克服困难、获得成功的乐趣,增强学好数学的自信心。
	在探索长方形和正方形的面积公式等活动中,感受自己在数学知识和方法等方面的收获与进步,通过获得一些成功的经验,逐步增强克服困难的意志,树立学好数学的信心。
	在观察和发现简单平面图形的特征、测量物体或线段的长度等活动中,获得一些学习成功的经验,培养对数学学习的兴趣,初步树立学好数学的信心。
	认识面积和面积单位,感受数学学习内容的多样性与趣味性,不断增强对数学的好奇心和求知欲。
	在认识长方形和正方形及认识轴对称图形和生活中的平移、旋转现象等活动中,主动进行观察、操作、比较和交流,逐步增强对事物的数量、大小、形状及其变化的好奇心。

续表

维度	学习标准
数学学习的习惯	养成认真作业、书写整洁的良好习惯。
	在探索图形特征的活动中,养成合作、交流、反思、质疑等学习习惯。
	在理解数学内容以及运用数学知识、方法解决实际问题的过程中,逐步养成乐于动手、勤于思考的习惯以及认真严谨、实事求是的品质。
感受数学美	在学习几何图形的相关内容时,感受数学的对称美、结构美。

 1-3 小学数学第二学段"图形与几何"学习标准

学习标准

1-3-1 图形的认识[①]

(1)结合实例了解线段、射线和直线。

(2)知道两点间所有连线中线段最短,知道两点间的距离。

(3)知道平角与周角,了解周角、平角、钝角、直角、锐角之间的大小关系。

(4)结合生活情境了解平面上两条直线的平行和相交(包括垂直)关系。

(5)通过观察、操作,认识平行四边形、梯形和圆,知道扇形,会用圆规画圆。

(6)认识三角形,通过观察、操作,了解三角形两边之和大于第三边、三角形内角和是180°。

(7)认识等腰三角形、等边三角形、直角三角形、锐角三角形、钝角三角形。

(8)能辨认从不同方向(前面、侧面、上面)看到的物体的形状图。

(9)通过观察、操作,认识长方体、正方体、圆柱和圆锥,认识长方体、正方体和圆柱的展开图。

---

① 中华人民共和国教育部. 义务教育数学课程标准(2011年版)[M].北京:北京师范大学出版社,2012:14~15.

1-3-2 测量

(1)能用量角器量指定角的度数,能画指定度数的角,会用三角尺画 30°、45°、60°、90°角。

(2)探索并掌握三角形、平行四边形和梯形的面积公式,并能解决简单的实际问题。

(3)知道面积单位"平方千米"和"公顷"。

(4)通过操作,了解圆的周长与直径的比为定值,掌握圆的周长公式;探索并掌握圆的面积公式,并能解决简单的实际问题。

(5)会用方格纸估计不规则图形的面积。

(6)通过实例了解体积(包括容积)的意义及度量单位(立方米、立方分米、立方厘米、升、毫升),能进行单位之间的换算,知道"1立方米""1立方厘米"以及"1升""1毫升"的实际意义。

(7)结合具体情境,探索并掌握长方体、正方体、圆柱的体积和表面积以及圆锥体积的计算方法,并能解决简单的实际问题。

(8)体验某些实物(如土豆等)体积的测量过程。

1-3-3 图形的运动

(1)通过观察、操作等活动,进一步认识轴对称图形及其对称轴;能在方格纸上画出轴对称图形的对称轴;能在方格纸上补全一个简单的轴对称图形。

(2)通过观察、操作等,在方格纸上认识图形的平移与旋转,能在方格纸上按水平或垂直方向将简单图形平移,会在方格纸上将简单图形旋转 90°。

(3)能利用方格纸按一定比例将简单图形放大或缩小。

(4)能从平移、旋转和轴对称的角度欣赏生活中的图案,并运用它们在方格纸上设计简单的图案。

1-3-4 图形与位置

(1)了解比例尺,在具体情境中,会按给定的比例进行图上距离与实际距离的换算。

(2)能根据物体相对于参照点的方向和距离确定其位置。

(3)会描述简单的路线图。

(4)在具体情境中,能在方格纸上用数对(限于正整数)表示位置,知道数对与方格纸上点的对应。

学习标准解读

在第一学段学习的基础上,学生已经积累了一些有关"图形与几何"的知识和经验,培养了一定程度的空间感,他们对周围事物感知和理解的能力以及探索图形及其关系的愿望不断提高。

在第二学段中,学生仍需借助与生活实际有关的具体情境学习"图形的认识"的内容,但他们已具备了一定的抽象思维能力,可以在比较抽象的水平上认识图形,进行探索。因此第二学段的课程目标与第一学段不同,第一学段是通过观察、操作、推理等手段,逐步认识简单几何体和平面图形的形状、大小、位置关系。第二学段的教学,注重从学生熟悉的生活实例出发,让学生在观察、操作等实践活动中进一步认识图形。

第二学段中"图形与位置"中提出了4条具体目标,在第一学段"辨认方向"的基础上,明确了根据方向和距离确定物体的位置、描述路线图以及用数对表示位置等要求。这不仅能满足日常生活中"确定物体位置"的需要,而且为进一步学习平面直角坐标系作了铺垫。

第二学段"测量"部分提出了8条具体目标,侧重在实践活动中掌握有关的测量知识和方法,了解测量的必要性,组织参与测量的全过程,不要把"测量"当作单纯的图形面积和体积的计算。

第二学段"图形的运动"部分强调要通过大量操作活动明确图形变换的内容,通过画简单的对称图形和运用平移、对称和旋转等活动,设计有趣的图案。它有利于学生初步了解图形之间的关系,有利于培养学生的空间观念。教师不但要单纯地介绍图形变换的知识,还要组织学生实际操作,从而让学生知道图形变换的方法。此外,教师要关注许多数学思想和方法的渗透,利用运动和变换的观念来引导学生学习,提高学生的思维能力。

▶具体学习标准

(1) 知识技能

内容专题	教学内容	学习标准
图形的认识	垂线与平行线	结合实例进一步认识线段,认识射线与直线,了解线段、射线和直线的区别。
		理解角的含义,了解角的分类方法,进一步认识直角、锐角和钝角,知道平角和周角,并了解这几种角的大小关系。
		认识两点间的距离,知道两点间所有连线中线段最短。
		通过观察、操作等活动理解平行与垂直的概念,认识垂线和平行线,会用直尺、三角尺等工具画垂线和平行线;知道点到直线的距离,会确定和测量点到直线的距离。
	平行四边形和梯形	经历动手操作和自主探究的过程,掌握平行四边形和梯形的特征,认识平行四边形、梯形的底和高,能正确地测量和画出平行四边形、梯形的高。
		通过分类、比较、归纳等多种方式,理解平行四边形、梯形、正方形、长方形之间的关系。
		认识等腰梯形,能运用所学知识解释一些生活现象,解决一些简单的实际问题。
	三角形	通过观察、操作和实验探索等活动,认识三角形的特性,知道三角形任意两边的和大于第三边。
		通过分类、操作活动,认识锐角三角形、直角三角形、钝角三角形、等腰三角形和等边三角形,知道这些三角形的特点并能够辨认和识别。
		通过画、量、折、分等操作活动,发现三角形内角和是180度,并在发现、提出、分析和解决问题的过程中,在变化中了解数学研究方法,推理多边形的内角和。
	观察物体	能辨认从不同位置观察到的几何组合体的形状。
		认识到从同一位置观察不同的物体所看到的形状可能相同也可能不同。
		能根据给出的从一个方向看到的形状图,用给定数量的小正方体摆出相应的几何组合体。
		能正确辨认从正面、左面、上面观察到的立体图形(不超过5个小正方体组合)的形状,能画出相应的平面图形。
		能根据从正面、左面、上面观察到的平面图形,用小正方体摆出相应的几何组合体。
		通过用小正方体拼搭几何组合体的活动,经历观察、操作、想象、猜测、分析和推理等过程,积累活动经验,提高空间想象和推理能力,进一步发展空间观念。

续表

内容专题	教学内容	学习标准
图形的认识	长方体和正方体	通过观察、操作，认识长方体和正方体的基本特征，知道长方体和正方体的面、棱、顶点以及长、宽、高（或棱长）的含义。
		认识长方体、正方体的展开图，能根据展开图想象出相应的正方体或长方体。
		通过实例，理解体积（包括容积）的含义，认识常用的体积（容积）单位（立方米、立方分米、立方厘米、升、毫升），建立1立方米、1立方分米、1立方厘米以及1升、1毫升的空间观念，会利用单位间的进率进行简单的换算。
		经历观察、操作、比较、分析、归纳、类比等数学活动，探索并掌握长方体、正方体的体积和表面积的计算方法，并能解决一些简单的实际问题。
	圆	通过观察、画图、测量和实验等活动，认识并发现圆的有关特征，知道圆心、半径和直径，学会用圆规画圆，掌握圆的基本特征。
		会利用直尺和圆规，在教师指导下设计一些与圆有关的图案。
		经历操作、猜想、测量、计算、验证、讨论、归纳等数学活动，了解圆周率的意义，熟记圆周率的近似值，掌握圆的周长计算公式，并解决一些相应的实际问题。
		探索并掌握圆的面积计算公式，并解决一些简单的实际问题。
		初步认识扇形，知道什么是弧和圆心角，知道同一圆里扇形的大小与圆心角有关，掌握扇形的一些基本特征，会应用圆和扇形的知识解释一些日常生活现象或解决一些简单的实际问题。
	圆柱与圆锥	结合具体实例，认识圆柱和圆锥，掌握它们的基本特征，知道圆柱和圆锥底面、侧面和高的含义。
		通过观察、操作、比较、分析、归纳等活动，探索并掌握圆柱的侧面积、表面积的计算方法以及圆柱、圆锥体积的计算公式。运用公式计算体积，解决有关的简单实际问题。
		通过观察、设计和制作圆柱、圆锥模型等活动，了解平面图形与立体图形之间的联系，发展空间观念。
		理解除了研究几何图形的形状和特征，还要从数量的角度来研究几何图形，如图形的面积、体积等，体会数形结合思想。
		通过圆柱和圆锥体积公式的探索，体会转化、推理、极限、变中有不变等数学思想。
图形的测量	角的度量	能用量角器量角的度数，能画指定度数的角，会用三角板画30度、45度、60度、90度等一些特定度数的角。
		经历量角、画角等操作步骤的整理归纳过程，认识操作技能学习的特点，经历程序性知识学习的过程。

续表

内容专题	教学内容	学习标准
图形的测量	多边形的面积	通过剪拼、平移、旋转、实验观察等方法,探索并掌握平行四边形、三角形和梯形的面积公式。
		会用面积公式正确计算平行四边形、三角形和梯形的面积,并能解决生活中一些简单的实际问题。
		通过割、补、拼等操作活动,把组合图形分解成已学过的平面图形,计算简单的组合图形面积。
		会用方格纸估计不规则图形的面积。
	公顷和平方千米	了解测量土地时常用的面积单位公顷和平方千米,知道并理解公顷、平方千米与平方米之间的进率,会进行简单的单位换算。
		通过观察、计算、推理和想象等活动,经历从实例到表象建立的过程,丰富直观经验,初步形成1公顷的表象。
	不规则物体体积的测量方法	体验某些实物(如土豆等)体积的测量方法。
		会用多种方法解决实际问题。
图形与位置	确认位置	结合具体情境,认识行和列的含义,初步理解数对的含义,会用数对(正整数)表示平面上点的位置。
		经历从用数对描述实际情境中物体的位置到用数对描述方格图上点的位置的过程,逐步掌握用数对确定位置的方法,知道数对与方格纸上的点存在对应关系,丰富对现实空间和平面图形的认识,培养空间观念,初步了解数形结合的数学思想方法。
	位置与方向	在具体情境中认识"北偏东,北偏西、南偏东、南偏西"这四个方向,会根据平面上一个点的位置说出它相对于观测点的方向和距离;会根据一个点相对于观测点的方向和距离确定这个点的具体位置;会描述简单的路线图。
		能用方向和距离描述物体位置,进一步提高观察能力、识图能力和有条理地表达的能力,初步了解坐标法的思想。
图形与运动	轴对称	在观察、操作等活动中,进一步认识轴对称图形及其对称轴。
		能在方格纸上画出轴对称图形的对称轴。
		体会轴对称图形的特征和性质,并能在方格纸上补全一个轴对称图形的另一半。
	平移、旋转	会在方格纸上画出一个简单图形沿水平方向、竖直方向平移后的图形,感受平移运动的特点,提高空间观念。
		进一步认识图形的旋转,探索图形旋转的特征和性质,能在方格纸上画出简单图形旋转90°后的图形。
		能从对称、平移和旋转的角度欣赏生活中的图案,并运用它们在方格纸上设计简单的图案,进一步感受图形变换带来的美感以及在生活中的应用。

(2)数学思考

维度	学习标准
发展形象思维与抽象思维	在认识射线和直线,认识锐角、直角、钝角、平角和周角,研究它们的大小关系,体会直线间的位置关系,认识升和毫升,进行几何体与平面视图间的相互转换等学习活动中,初步发展形象思维能力。
	经历与他人交流各自算法以及解决问题方法的过程,并能有条理地表达自己的思考过程。
	在认识长方体和正方体的特征、了解体积(容积)的意义以及学习常用体积单位的过程中,进一步丰富对现实空间的感知,正确建立 1 立方米、1 立方分米(升)、1 立方厘米(毫升)的表象,增强空间观念。
	经历将图形放大与缩小的过程,初步感受图形的相似性,发展动手操作能力,增强空间观念。
	经历用方向和距离确定物体位置的过程,进一步积累描述现实空间中物体间位置关系的经验,培养识图能力、观察能力和有条理地进行表达的能力,培养空间观念。
	在认识圆的特征探索圆的周长和面积公式的过程中,进一步丰富对现实空间和平面图形的认识,感受不同平面图形的相互关联。
	在认识长方体和正方体的特征以及体积和容积意义的过程中,进一步感受从具体到抽象的认识过程,发展初步的抽象思维能力,增强符号意识和空间观念。
发展合情推理和演绎推理能力	在建立数学概念、获得数学结论、探索和发现数学规律的过程中,充分开展观察、实验、归纳、类比和猜想等数学活动,能有条理地思考,比较清晰地阐述自己的想法,发展初步的合情推理能力和演绎推理能力。
	在探索平行四边形、三角形和梯形面积公式的过程中,进一步丰富对现实空间和平面图形的认识,认识图形的运动与变化,认识不同图形之间的内在关联,培养初步的演绎推理能力。
	在探索和交流图形面积的变化规律等活动中,经历由特殊到一般的归纳过程、由此及彼的类推过程以及由猜想到验证的认识过程,进一步培养合情推理能力。
	在探索长方体和正方体体积公式的过程中,主动联系已有的知识和经验进行观察和操作、比较和分析、猜想和验证、归纳和类比等活动,进一步发展运算能力以及初步的演绎推理与合情推理能力。
	在认识圆柱和圆锥特征的过程中,进一步丰富对现实空间的感知,增强空间观念;经历探索圆柱侧面积和表面积计算方法以及圆柱和圆锥体积公式的过程,进一步积累观察和操作、比较和分析、抽象和概括、归纳和类比等活动经验,发展初步的合情推理和演绎推理能力。
	在探索平面图形的特征、图形运动的有关规律以及用数对确定位置的过程中,进一步发展形象思维能力和空间观念。

续表

维度	学习标准
体会数学的基本思想	在探索并发现圆柱、圆锥体积公式的过程中，进一步积累通过"猜想—验证"探索数学规律的经验，了解转化、归纳等数学思想方法。
	在探索平面图形的特征、图形运动的有关规律以及用数对确定位置的过程中，初步了解数形结合的数学思想方法。
	在认识各种平面图形的过程中，了解分类的思想。
	在用数对确定位置的过程中，了解数形结合的数学思想。
	在圆面积的探索过程中，认识极限思想，能够在实验与操作中体会化曲为直的思想。
独立思考的能力	在解决问题的过程中，学会独立思考，能通过动手操作、猜想尝试、画图、列式等表达自己的想法，了解数学的基本思想和思维方式。

(3)问题解决

维度	学习标准
发现、提出、分析、解决问题	能主动从现实的情境中发现并提出与数学有关的问题，并能运用已经掌握的数学知识和方法解决这些问题。
	能应用线段、射线、直线、角、垂线和平行线等知识解释一些生活现象；能应用两点间的距离、点到直线的距离等知识解决有关的实际问题。
	联系多边形的面积计算学习内容，尝试从发现规律的角度发现和提出问题，联系圆的周长和面积等数学知识和方法，尝试从物体的形状及其变化等角度提出和发现问题、分析并解决问题，进一步增强数学应用意识，锻炼实践能力。
	从具体的问题情境中发现并提出一些数学问题，并能主动应用所学的分数运算、比、百分数、长方体和正方体的表面积和体积计算方法等知识解决问题，进一步体会数学学习的价值，培养发现和提出问题、分析和解决问题的能力。
	在应用长方体、正方体的表面积和体积计算等实际问题的过程中，进一步认识到数学知识和方法在日常生活中的广泛应用，增强应用意识。
	在运用圆柱的表面积计算方法、圆柱和圆锥的体积公式、图形的放大和缩小、确定位置等知识解决问题的过程中，进一步提升发现问题和提出问题、分析问题和解决问题的能力，增强应用意识，提高实践能力。
	在系统复习所学知识的过程中，进一步学会从数学的角度发现问题和提出问题，综合运用数学知识解决简单的实际问题，增强应用意识，提升实践能力，了解分析问题和解决问题的一些基本策略和方法。
问题解决的策略与方法	在解决有关面积等实际问题的过程中，初步学会画图描述和分析问题的方法，探索解决问题的有效途径，进一步积累解决问题的经验，认识到解决问题策略的多样性。
	在测量、作图以及简单的图形变换的过程中，进一步增强合作意识，并能对解决问题的过程和方法进行必要的解释与说明。

续表

维度	学习标准
问题解决的策略与方法	在按不同思路分割、拼补图形的活动中,认识到同样的问题可以有不同的解决方法,从不同角度理解和分析问题可能会有不同的收获与发现,进一步积累解决问题的经验,不断增强解决问题的策略意识。
	在推导面积公式、发现变化规律、解决实际问题等活动中,初步学会整理解决问题的过程、归纳解决问题的方法、解释解决问题的结果,进一步认识到反思性学习环节的意义和价值。
	在解决有关圆柱和圆锥体积计算、圆柱侧面积和表面积计算等实际问题的过程中,感受通过实验和操作探索数学规律、借助计算器解决问题的价值,认识到解决问题方法的多样性。
	在探索并发现圆柱、圆锥体积公式的过程中,进一步积累通过"猜想—验证"探索数学规律的经验,认识到转化、归纳等数学思想方法对于解决问题的价值,进一步积累和丰富解决问题的策略。
	在应用长方体、正方体的表面积和体积的计算方法解决实际问题以及用假设的策略解决实际问题的过程中,进一步积累解决问题的经验,了解一些基本的数学思想方法,提高分析问题和解决问题的能力,增强解决问题的策略意识。
合作与交流的意识	能主动与同学合作开展学习活动,初步具有积极与同学交流解决问题过程和结果的能力,增强与他人合作交流的意识。
	在探索多边形的面积公式和不规则图形的面积计算方法活动中,主动与同学开展合作交流,在交流中不断完善自身的思考,更加全面地理解和分析问题,进一步培养合作交流的习惯和能力。
	在推导圆的周长和面积公式活动中,经历与他人合作交流的过程,学会在交流中不断完善自身的思考,进一步增强合作交流的意识。
评价与反思的意识	在探索发现图形几何规律以及应用所学知识解决实际问题的过程中,有条理地表达思考的大致过程和结果,学会在表达前整理、在倾听后总结,进一步增强主动评价和反思的意识。
	在选择策略解决实际问题的过程中,进一步认识到解决问题策略的多样性,增强策略意识和反思意识。
	自觉回顾解决问题的过程,尝试与他人交流解决问题的过程,初步判断结果的合理性。

(4)情感态度

维度	学习标准
对数学科学的认识	在现实情境中理解数学内容并应用数学知识解决问题,认识数学与日常生活的密切联系,对周围环境中与数学有关的事物和现象产生好奇心。
	在利用各种资源进行开放性学习的活动中,进一步感受数学的文化价值,认识到数学是人类文明的重要成果之一。

续表

维度	学习标准
对数学科学的认识	了解更多的与数学有关的常识性知识以及一些数学史常识,拓宽知识视野,感受数学文化的熏陶,认识到数学对社会文明发展的促进作用,初步认识到数学是人类文化和人类文明的一部分,进一步产生学习数学的积极情感。
	在测量、估计和计算物体表面或平面图形面积等活动中,进一步认识数学的价值及其与生活的密切联系,不断增强学数学、用数学的自觉性。
	在运用圆柱的表面积计算方法、圆柱和圆锥的体积公式等有关知识解决实际问题的过程中,进一步认识数学的应用价值,认识数学与生活的密切联系,不断增强学数学、用数学的自觉性。
	在解决有关长方体、正方体表面积和体积计算等实际问题的过程中,不断增强学数学、用数学的自觉性。
	在探索圆柱表面积的计算方法、圆柱和圆锥的体积公式、图形放大和缩小的过程中,进一步感受数学思考的严谨性和数学结论的确定性。
数学学习的态度	在学习过程中初步具有质疑问难的意识,逐步形成积极参与数学问题讨论的意识,端正态度,发现错误及时改正逐步学会客观地评价自己和他人。
	能通过自己的努力,主动探索并获得数学知识,建立学好数学的自信心,锻炼克服困难的意志,不断获得成功的体验。
	能热心参与数学问题的讨论,努力克服学习中的困难,发现错误能及时改。
	在推导多边形面积公式、估计不规则图形面积的活动中,进一步认识数学内容的多样性与趣味性,增强对数学的好奇心,提高主动参与数学活动的自觉性。
	在探索多边形面积公式和不规则图形面积计算方法活动中,意识到自己在数学知识、方法上的收获与进步,获得一些成功的体验,进一步增强克服困难的意志,树立学好数学的信心。
	在探索多边形面积公式、讨论图形的变化规律、分析数据所蕴含的信息等活动中,进一步培养乐于思考、勇于质疑、实事求是的良好品质。
	在探索圆的周长和面积公式的过程中,认识到数学学习的多样性和趣味性,增强参与数学活动的主动性和积极性,进一步提高对数学学习的兴趣。
	探索组合图形面积、长方体和正方体的体积公式,经历克服困难、发现规律、获得结论的过程,意识到自己在数学知识和方法等方面的收获与进步,体验成功的乐趣,进一步增强学好数学的自信心。
	能积极参与观察、操作、实验、分析、比较、抽象、概括、类比、归纳等活动,并能主动与他人合作交流,体验数学活动的乐趣,感受自己在数学知识和方法等方面的收获与进步,增强对数学学习的兴趣。
数学学习的习惯	进一步了解相关数学知识的背景,认识到数学对人类历史发展的作用,逐步形成乐于动手、勤于思考的习惯以及认真严谨、实事求是的品质。
	在进行求长方体、正方体的表面积和体积,计算圆柱的侧面积和表面积、圆柱和圆锥的体积的过程中进一步端正认真、细心的学习态度,养成发现错误及时订正的良好习惯。
感受数学美	在学习几何图形的相关内容时,感悟数学的对称美、结构美。
	在探索、发现数学知识的过程中,感受数学的符号美、简洁美,在数学问题的解决过程中,感受数学严谨的美。

2 小学数学"图形与几何"学习关键问题及指导

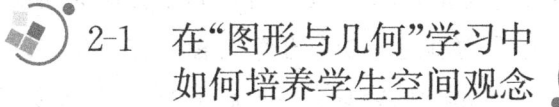

问题呈现

学习"圆柱的体积"时经常遇到这样的问题:"一个底面半径2厘米的圆柱体侧面积是75.36平方厘米。这个圆柱体的体积是多少立方厘米?"很多同学看到这道题目,都是先求出底面周长和底面积,再根据底面周长和底面积求出圆柱体的高,然后底面积乘高求出圆柱体的体积;也有部分同学直接用底面积除以2,再乘以底面半径求出圆柱体的体积。这种解题方法之所以存在烦琐与简捷的区别,最主要的原因是学生空间观念发展水平有差异。

学习指导策略

所谓"空间观念",是指物体的形状、大小、方向、位置、距离等客观世界空间形式在人们头脑中留下的表象。《标准》中这样叙述空间观念:根据物体特征抽象出几何图形,根据几何图形想象出所描述的实际物体以及物体的方位和相互之间的位置关系;描述图形的运动和变化;依据语言的描述画出图形。

空间观念的发展水平直接影响学生几何概念的形成与发展,影响学生空间想象力的发展水平。《标准》对空间观念的描述,是对学生学习"图形与几何"内容方面的要求以及需要达成的目标,是小学数学教学的重要任务之一,它贯穿于"图形与几何"学习的全过程。那么,"图形与几何"教学中,如何落实培养小学生的空间观念?

2-1-1 经验是展开几何学习的前提条件

维果茨基的"最近发展区理论"表明,以学生已有的经验和知识基础为生长点展开教学活动,有利于学生理解数学、亲近数学,积极主动地完成有一定难度又能够解决的挑战性任务。学生生活在三维空间中,接触过很多立体、直观的实物和模型。因此,教学"图形与几何"知识,要依据儿童生活经验和认知水平,从实物到图形,从具体到抽象,从整体到部分,引导学生逐步认识图形。

如教学"三角形、四边形的认识"。之前,学生已经对多边形和角有了初步认识,并且在三年级已经学习了有关长方形和正方形的知识,积累了一定的认识图形经验。之后,学生还要进一步学习梯形、圆、长方体、正方体等其他图形的知识。因此,这部分内容具有承上启下的作用,既要引导学生迁移已有的学习经验来认识三角形、四边形,还要为后续认识其他图形积累更丰富经验。教学的关键是要帮助学生迁移几何图形的研究方法——数一数、折一折、量一量、比一比等;研究角度——从图形构成的外部要素"边"和"角"来认识图形、判断图形;并进一步引导学生从图形构成的内部要素,如"高"等方面来认识图形;研究习惯——主动探究、与人合作、善于交流。这为今后学生认识和研究几何图形积累结构性知识,启发学生从以上途径展开对几何图形的研究奠定了基础。

2-1-2 观察是获得空间知觉的必要环节

"眼睛是心灵的窗户"。观察是学生了解和认识外部世界不可或缺的一种活动。"图形与几何"学习中学生通过观察等活动获得丰富的感性认识,进而建立清晰的表象。这是学生获得空间观念的必要环节,学生的认识需要由具体到抽象,逐步建立和发展空间观念,形成正确清晰的几何概念。因此,教学中,教师要尽可能地让学生多观察实物和教具,在此基础上,对所观察的事物和现象逐渐进行抽象概括,揭示几何概念的本质属性。

教学片断

如教学"体积和体积单位",一位教师采用如下方法问题导入。

(师把两只完全一样的玻璃杯放在讲台上,左边的盛满水,右边的放一个苹果,然后把左边杯里的水往右边杯里倒。)

师:请同学们观察老师做的实验,思考结果会怎么样?

生1:左边杯里会剩一些水。

师:为什么左边的杯子里会剩下一些水呢?

生2:因为右边的杯子中有一部分空间被苹果占去了。

(师板书:空间。)

(师出示两只完全一样的玻璃杯,给两只玻璃杯都倒满水。)

师:将一个苹果放入左边杯子中,一个橘子放入右边杯子中,结果杯中水会怎样?

生3:两只杯子中的水会溢出来。

师:哪只杯子溢出来的水多一些?为什么?

生4:放入苹果的杯子溢出来的水多一些,因为苹果占的空间大,橘子占的空间小。

(师板书:大小。)

师:这里有三个水果:苹果、橘子、葡萄,它们哪一个占的空间最大?哪一个占的空间最小?

(学生观察、比较、推想。)

生5:苹果占的空间最大,葡萄占的空间最小。

(师出示三只完全一样的玻璃杯。)

师:将这三个水果分别放入三只杯里,往杯中倒水,哪只杯里水占的空间大?为什么?

(学生观察、思考、推理、交流后,教师归纳结论:物体所占空间的大小叫作体积。)

师:今天这节课我们就学习体积和体积单位。

(师板书:体积和体积单位。)

2-1-3 操作是构建空间形式的重要方式

"纸上得来终觉浅,绝知此事要躬行"。学生对自己在数学实践活动中获得的知识记忆最牢固、理解最深刻。操作是学生构建空间形式的重要方式。操作活动能促进学生理解表象,再由表象内化为数学概念。因此,教学中教师要根据"图形与几何"的内容特点及学生认知水平,给学生创造操作实践的机会,充分引导学生动手操作,促进学生知识与能力的协同发展,获得动手探究成功的喜悦。

如教学"认识长方形和正方形",教师安排了以下操作活动:①找一找:学生观察教室里的物体,找出哪些物体的面是正方形,哪些物体的面是长方形。②摆一摆:学生用小棒摆出一个长方形和一个正方形,并互相看一看,进一步感受方位、大小不同的长方形和正方形。③量一量、折一折、比一比:每一个学生用几张长方形和正方形纸折、量、比,看看长方形和正方形的边和角有什么特点,并把自己的发现记录下来。(学生进行活动,教师巡视指导。)④说一说:学生交流长方形和正方形的边和角的特征,并比一比长方形和正方形有什么相同的地方?⑤围一围:学生先闭上眼睛想一想长方形和正方形的样子和具体特征,再把想到的长方形和正方形在钉子板上围出来。⑥拼一拼:学生用两副同样的三角尺分别拼成一个长方形和一个正方形。⑦剪一剪:学生用一张长方形的纸折出一个最大的正方形,再剪下来。⑧画一画:学生在方格纸(每个小方格边长1厘米)上画长方形和正方形,并说出长方形和正方形每条边的长度。整个教学过程中,学生人人动手,个个动脑,仔细观察,思维活跃,不但发现并尝试归纳出长方形和正方形的特征,体验到成功的喜悦和学习的乐趣,还提升了主动探索知识能力和动手实践能力。

2-1-4 想象是建立空间观念的关键要素

想象是数学思维的基本要素。"图形与几何"知识的学习不仅需要观察和操作等学习方式,更需要想象、思考和推理。教师要根据教学内容,引导学生在观察、操作等活动中,适时展开想象,获得对图形形状、大小、距离以及位置关系表象的认知,丰富对有关"图形与几何"知识的体验,主动建构知识,增强空间观念。

如教学"长方体的认识",在引导学生认识长方体的长、宽、高,建立长方体空间模型时,教师先安排学生观察长方体框架,然后组织学生交流自己的发现。在学生对长方体的棱有了初步感知后,教师引导学生先去掉其中的一条棱,然后要求学生想象出这个长方体的大小。教师继续提问:去掉一些棱,至少要剩下哪几条棱,才能保证这个长方体的大小?学生边操作、边想象、边交流,最后得出结论:只留下了相交于一个顶点的三条棱。教师再次引导学生观察留下的三条棱,想象这个长方体,比划一下它的大小,提问能不能再去掉一条棱。这时,教师告诉学生这缺一不可的三条棱分别叫长方体的长、宽、高。在此基础上,学生拿出橡皮泥和三种不同长度的小棒,制作长方体模型。在这样的活动中,学生经历观察、交流、操作和思考等多样化学习活动,由辨认各部分名称逐渐深入认识长、宽、高决定长方体的大小,既加深了对长、宽、高的理解,又培养了空间观念。

2-1-5 信息技术辅助培养学生空间观念

一些"图形与几何"知识,用传统教学手段难以让学生理解,有些内容甚至教师也讲不清,而信息技术具有无可比拟的特有的功能,可以将疑难抽象的问题变得直观易懂,变静态为动态,使枯燥的数学知识变得形象有趣,调动学生多种感官参与学习,帮助学生深刻理解数学知识。

如教学"三角形的认识",学生往往不能准确画出三角形的高,尤其是直角三角形和钝角三角形的高。分析原因,首先是学生没有真正理解三角形高的含义,忽视从顶点出发这一条件;其次,受有关"高"的生活经验的影响,学生习惯性认为三角形的高在铅垂线位置,忽视高与底的对应关系;再次,高与底没有真正垂直,认为高总是在三角形内部。事实上,三角形的高是从三角形的一个顶点到它的对边的一条垂线段。学生学习作"高"的技能基础是通过学过的"过直线外一点作已知直线的垂线"的知识课来的。教学时,教师利用信息技术手段,利用多媒体课件呈现锐角三角形、直角三角形和钝角三角形各一个,接着让学生在课件中点出三角形的一个顶点(课件闪烁点),找出它的对边(课件闪烁边),然后课件动画隐去其他的点和边。闪烁之后,由闪烁的顶点缓慢向它的对边延伸一条垂线,垂足落在它的对边上,同时在相应位置显示高和底,之后,再显示出前面隐去的其他点和边。这样,通过动画的"闪烁—隐去—画高—显示"过程,学生直观感知作三角形的高与"过直线外一点作已知直线的垂线"的方法是相同的,就是"过这条线段外一点作已知线段的垂线段",从而沟通新知与已有知识的联系。学生在这种直观、动态的情境中观察、发现和理解三角形高的数学本质,加深对三角形高概念的理解,了解三角形作"高"的过程和方法,突破学习的难点,进一步发展了空间观念。

2-2 在"图形与几何"学习中引导学生重点感悟哪些数学思想

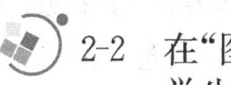

我们先来看看如下一道练习题:

观察下图,左边的量杯里有多少毫升水?土豆的体积是多少立方厘米?(水量未改变。)

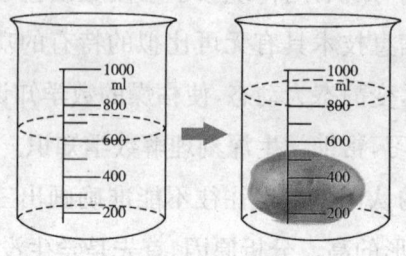

图 3-1 案例

这组图表达的意思是先向杯中倒入 600 毫升的水,然后将土豆放入水中,这时量杯中水面上升到 800 毫升,比较前后刻度,显示变化 200 毫升,可以得到土豆的体积是 200 立方厘米。如果仅仅关注学生对问题结果的探寻,教学到此为止,没有挖掘这道题背后所蕴涵的思维价值,比如数学思想、观察能力和探索能力的培养等,教学效果就会大打折扣。事实上,题中所表达的就是一种测量不规则物体体积的一种方法,它渗透了转化的数学思想。试想,教师在学生得到问题结果后,进一步拓展"空白资源",使教材在"无中生有"中变厚,有意识地将学生的思维引向深入,体会和领悟问题解决过程中所蕴涵的数学思想,学生的学习会因此而更加有效。

学习指导策略

《义务教育数学课程标准(2011 年版)》关于课程的总目标指出:"学会独立思考,体会数学的基本思想和思维方式。"数学思想方法蕴涵在数学知识形成、发展和应用过程中,是数学知识和方法在更高层次上的抽象与概括。"图形与几何"学习中,课程内容不仅包括数学结果,而且包括数学结果的形成过程和所蕴涵的数学思想。教学时,教师要根据所学"图形与几何"内容特点适时渗透相应的数学思想,让学生在获得基础知识和形成基本技能的过程中学会用数学思想思考问题,提高分析问题和解决问题的能力。那么,"图形与几何"学习中学生重点需要感悟哪些数学思想呢?

2-2-1 抽象思想

抽象是数学活动中基本的思维方法，也是数学活动的一般思想方法。人们根据物体的特征进行抽象表述，产生了"点、线、面、体"等基本概念，形成了"图形与几何"的基本研究对象。"图形与几何"知识教学时，教师要引导学生对空间形式的直观背景进行由表及里的提炼加工，逐步建立几何概念或模型，培养学生的数学意识和数学眼光，逐步提高学生抽象思维水平以及分析和解决问题的能力。

如教学"长方形、正方形的认识"，教材提供如下场景图，引导学生观察：这幅图中哪些物体的面是正方形？哪些物体的面是长方形？学生的回答很难与教师的预设顺序吻合，传统教学手段不能解决这个问题，而多媒体课件的交互性有利于教师根据学生的回答随机从这些物体的面抽象出相应的长方

图3-2 长方形、正方形的认识

形、正方形，并隐去相应的具体物体。在此基础上，教师组织学生对抽象出的这些图形进行分类，在分类活动中进一步感知和体会长方形、正方形的特征。根据学生的分类，课件动画调整，将这些图形分成长方形、正方形两类。

再如解答"一个正方体削成一个最大的圆柱，这个圆柱的体积是正方体体积的百分之几？"一种解法是假设正方体的棱长为6厘米，那么圆柱的底面直径和高都是6厘米。圆柱体积是 $\pi \times (6 \div 2) \times 2 \times 6 = 54\pi$（立方厘米），正方体体积是 $6 \times 6 \times 6 = 216$（立方厘米），圆柱体积是正方体体积的 $54\pi \div 216 = \pi \div 4 = 78.5\%$。另一种解法是将正方体的棱长看成 a，那么圆柱体积是 $\pi \times (a \div 2)^2 \times a = \frac{1}{4}\pi a^3$（立方厘米），正方体体积是 $a \times a \times a = a^3$（立方厘米），圆柱体积是正方体体积的 $\frac{1}{4}\pi a^3 \div a^3 = 78.5\%$。两种方法都得到了正解的答案，但是第一种方法是通过假设具体数据进行运算，第二种则是用字母代替

数进行运算。显然第二种方法具有更高的抽象水平,也更具有概括性。

2-2-2 推理思想

推理是数学的基本思维方式。在"图形与几何"教学中,教师要注意引导学生抓住几何形体的变换、转化过程,进行观察、操作和交流,通过比较、分析和推理,逐步发现图形之间的关系,学会用数学的眼光看待丰富的图形世界,既培养学生的逻辑思维能力,又提高学生的空间观念积累水平,从而增强学生的空间观念。

教学片断

如教学"平行四边形的面积",可进行如下操作:

(1)引导学生将一个平行四边形转化成长方形并求出面积。

(2)组织学生交流,师生共同完成下表。

转化成的长方形			平行四边形		
长/cm	宽/cm	面积/cm²	底/cm	高/cm	面积/cm²

(3)组织学生讨论。

①转化成的长方形与平行四边形面积相等吗?

②长方形的长和宽与平行四边形的底和高有什么关系?

③根据长方形的面积公式,怎样求平行四边形的面积?

(4)在学生观察、思考、交流的基础上,分析推理,并提问:根据上面的讨论,你认为平行四边形的面积可以怎样计算?

平行四边形的面积 = 底 × 高
⇓   ⇑   ⇑
长方形的面积 = 长 × 宽

图 3-3 平行四边形的面积计算

(根据学生回答,教师适时板书。)

上述教学过程,将平行四边形通过剪拼,转化成长方形,再根据长方形的面积公式,讨论和分析,推导出平行四边形的面积公式,这个过程实际上应用了演绎推理的方法。即因为长方形的面积等于长与宽的乘积,而平行四边形的面积等于转化后的长方形面积,因此平行四边形面积也就等于它的底与高的乘积。

2-2-3 模型思想

模型思想就是针对要解决的问题,构造相应的数学模型,通过对数学模型的研究来解决实际问题的一种数学思想方法。模型思想是"问题解决"的重要形式,是培养学生"用数学解决问题"的重要途径。在"图形与几何"知识学习中,教师要设计"问题情境——建立模型——求解验证"的数学活动过程,引导学生在活动过程中理解和掌握有关知识与技能,积累数学活动经验,感悟模型思想的数学本质,提高学生发现、提出、分析和解决问题的能力,培养学生的创新意识。

如教学"长方体的体积计算",教师先组织学生利用若干个 1 立方厘米的正方体摆出 4 个不同的长方体,初步发现计量一个长方体的体积是多少,就是看这个长方体里含有多少个这样的体积单位,引发学生的猜测。然后引导学生操作思考:用 1 立方厘米的正方体摆下面的长方体各需要多少个?摆出的每个长方体体积分别是多少?在此基础上,组织学生讨论交流,长方体的体积跟它的长、宽、高有什么关系?怎样计算长方体的体积呢?经历这样类似数学家建模的再创造过程,探索发现长方

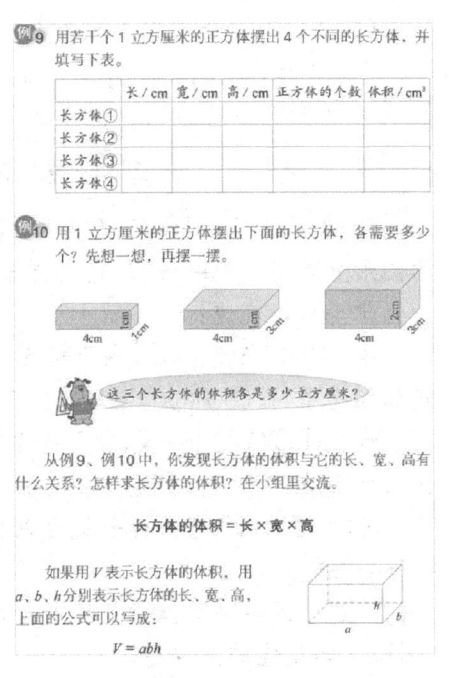

图 3-4 例题

体中含有小正方体的个数与长方体的长、宽、高的关系,进而归纳出长方体的体积公式——长方体的体积=长×宽×高。在这样的模型化、再创造过程

中,学生既得出了结论,又积累了数学活动经验,还领悟了数学模型思想。

2-2-4 分类思想

分类是数学学习中十分重要的思想方法。分类思想方法就是以某种标准将研究的数学对象分成若干部分进行分析研究。在"图形与几何"知识教学中,教师要选择合适内容,引导学生体会用分类的思想方法解决问题,帮助学生逐步养成分类解决问题的意识,学会用正确的分类思想方法解决问题,做到不重复不遗漏,提高学生归纳数学知识,建立认知结构,解决数学问题的能力。

教学片断

如教学"平行线"时,教师可进行如下操作:

(1)学生拿出图纸操作,在上面任意画两条直线,教师巡视,浏览班级学生画的大致情况。

(2)学生展示自己的作品,教师通过课件呈现不同位置关系的两条直线(学生没有画出的位置关系教师给予补充,如平行。)

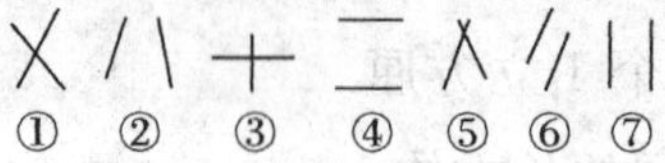

✕ ∧ ＋ ニ 人 ∥ ∥
① ② ③ ④ ⑤ ⑥ ⑦

图 3-5 学生所画直线位置图

(3)教师提问:同学们,你们能根据两条直线的位置关系,给屏幕上的图形分类吗?说一说,你是怎样分类的以及分类的理由。

学生讨论交流:

生1:①③⑤为一类,剩下的为另一类。因为这三个图里的两条直线都相交了,而②④⑥⑦图里的两条直线没有相交。

生2:①③⑤②为一类,剩下的为另外一类。①③⑤这三个图中两条直线相交,②其实两条直线也是相交的,因为这里是直线,直线是可以无限延长的,这个图中两条直线延长就可以相交在一起。而剩下的那组即使延长也不会相交。

师通过课件动画演示②延长后相交的情况和④⑥⑦延长不会相交的情况,学生在脑海中想象。

(4)明确分类情况。

教师根据学生的叙述将图形按分类标准画在黑板上,并对应板书"相交""不相交"。

(5)揭示"平行线"的概念。

师:通过刚才的分类,我们知道同一平面内两条直线的位置关系有相交和不相交两种情况,(教师边指图形边讲解)像这样不相交的两条直线互相平行,其中一条直线是另一条直线的平行线。这就是我们今天要学习的新知识:认识平行线。

(师板书:同一平面内不相交的两条直线互相平行。)

上述教学环节中,学生根据两条直线的位置关系给直观呈现的各组直线分类,通过分类活动发现两条直线相交和不相交的位置关系,然后通过交流汇报自己的发现。不同思维的碰撞和课件的动画演示使学生进一步明确两条直线只有相交和不相交两种位置关系,为学生理解平行线概念提供了丰富的感知和表象。这样,在图形分类的过程中,突出了"同一平面内不相交的两条直线互相平行"特征。同时,教师利用探索知识的机会,有机渗透了分类思想方法,发散了学生的思维能力。

2-2-5 转化思想

转化是解决数学问题常用的思想。转化就是将有待解决或未解决的问题,通过某种转化手段,归结为另一个相对比较容易解决的或者已经有解决程序的问题,以求得问题的解答。在"图形与几何"教学中,教师通过平移、旋转、变换等途径对未知图形进行"变形",把未知图形问题转化成已知图形问题,使数学问题变难为易,顺利得到解决。更重要的是解决问题的过程不仅使学生理解和掌握了相应的知识和技能,而且使他们领悟到陌生问题熟悉化、多元问题一元化、复杂问题简单化、抽象问题具体化、一般问题特殊化的数学转化思想。

如教学"多边形面积的计算",单元复习时进行整体梳理,解决问题"在梯形面积公式 $S=(a+b)h\div2$ 中,当 $a=b$ 时,$S=$(   ),当 $b=0$ 时,$S=$(   )"。教师借助现代信息技术手段,以动态图形将静态、零散的几种图形沟通起来,把图形之间隐藏的内在关系显性化:拖动梯形的一个顶点,改变其中的边,拖至"$a=b$"时,图形就变成了平行四边形,这时"$S=2ah\div2=ah$";拖至"b=0"时,图形就变成了三角形,这时"S=(a+0)h÷=ah÷2"。这样化静为动直观地沟通了几种图形外形上的关系,更重要的是促进了学生理解平行四边形、三角形、梯形三种图形面积计算方法内在的联系,领悟了知识形成过程中所蕴含的转化思想。

再如"下图梯形 ABCD 中空白部分的高是 6 厘米,梯形的下底 10 厘米。求图中阴影部分的面积"。图中阴影部分由两个三角形组成,如果分别求出两个三角形的面积,缺少必要的基本条件。我们可以用图形运动变换的思想去观察、思考和分析:空白三角形向下的顶点移动到梯形下底的任一端,空白部分和阴影部分面积大小不变,这时阴影部分面积不变,是一个以梯形下底为底,高 6 厘米的三角形,即"S 阴影=10×6÷20=30(平方厘米)"。

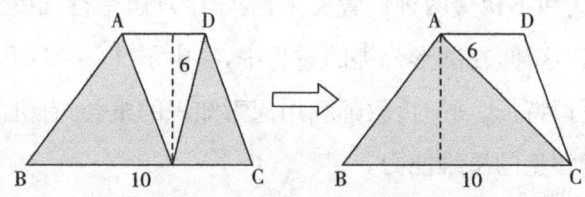

图 3-6 求阴影部分面积

2-3 在"图形与几何"学习中如何培养学生分析和解决问题的能力

问题呈现 ▶▶▶▶

在"几何与图形"的学习中,多数题目呈现的是条件和问题刚好匹配的情况,部分学生只根据个别关键字词来掌握题型,根据题型套用解题公式,只善于解决与例题相同的问题,不会解决变式问题和生活中的现实问题。

学生在解题的过程中,需要从纷繁的生活信息中比较、分析、筛选出有用的信息,抽象出数学问题,进而解决问题。解决问题的方法不是统一的,有时答案也不是唯一的。因此,教师需要在"几何与图形"的教学中培养学生分析和解决问题的能力,而不是要求学生仅仅学会解题。

学习指导策略

"几何与图形"给学生呈现了侧重于与现实问题联系密切、非常规、探究性、开放性的问题。学生在解决问题的过程中,没有现成的类型和解法可以套用,需要运用所学知识,并通过个人或小组合作的形式探索和实践来解决。因此,将直观的几何模型与学生的现实生活有机联系起来,可以帮助学生更好地解决问题。

2-3-1 过程为体,策略为用

小学阶段重视解题策略的感悟和思想的渗透,是解决教学问题的重要特征,也是超越传统应用题教学的标志。小学数学中常见的策略有画图、列表、列举、转化(化归)、假设等。

教学片断

例如:在一边靠水渠处,用篱笆围成一个直角梯形菜地(如同),已知三面篱笆总长14米,且每面的篱笆长都是整米数。

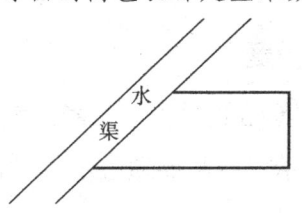

图3-7 求菜地面积

(1)请试着设计几种围篱笆的方案,并分别求出这块菜地的面积。至少写出三种方案。篱笆怎样围时这块菜地的面积最大,最大的面积是多少?

(2)学生需要利用对梯形的认识以及梯形的面积等知识解决实际问题,从而探索、建立数学模型。由于问题的探索具有开放性和挑战性,学生需要猜想与尝试,逐步找出答案,发现规律。学生可以利用列表的策略进行有序思考,从而使得问题迎刃而解。

上底与下底和/m	高/m	面积/m²
13	1	6.5
12	2	12
11	3	16.5
10	4	20
9	5	22.5
8	6	24
7	7	24.5
...	...	...

通过列表尝试逐步发现当该块菜地高为 7 米,上底和下底的和为 7 米时面积最大,最大面积为 24.5 平方米,即 $(7+7) \times 2 = 24.5 m^2$。

学生在解决问题时,要思考如何有序、不遗漏地计算出一共有多少种不同的方法。学生在尝试解决类似问题的过程中,不能只关注于问题的答案,更要重视解决问题的策略。

2-3-2 学会思考,鼓励质疑

独立思考、学会思考是创新的核心。培养学生的问题意识和创新意识不是一朝一夕可以完成的事情。教师要通过示范、指导、评价等多种途径促进学生的问题意识。

(1)纵向思维——由浅入深。

比如:在教学"三角形内角和"时,我们可以让学生尝试思考:三角形内角和是 180 度,那么四边形、n 边形的内角和是多少度呢?三角形、四边形、n 边形的外角和是多少度呢?三角形的内角和一定是 180 度吗?

或许学生探究不出结论,但是在学生心中种下了问题的种子。纵向思维体现从特殊到一般、从一元到多元、从低维到高维的过程。

(2)横向思维——由此及彼。

横向思维体现在由一种数联想到另一种数、由一种运算联想另一种运算、由一种图形想到另一种图形的思维过程。

例如：数线段的条数，学生掌握了基本的方法。可以尝试解决下面的问题：下图一共有多少条线段？

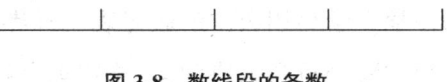

图 3-8　数线段的条数

4+3+2+1=10(条)。

然后再让学生尝试解决下面的问题：下图中一共有多少个角？

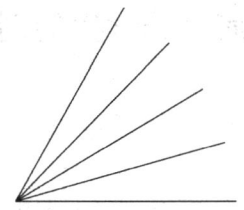

图 3-9　图中有多少个角

4+3+2+1=10(个)。

2-3-3　积极评价，提倡反思

评价既要关注学生学习的结果，也要重视学习的过程；既要关注学生数学学习的水平，也要重视学生在数学活动中所表现出来的情感与态度，帮助学生认识自我、建立信心。

如：用长 24 厘米的细绳围成一个边长为整厘米数的长方形，怎样才能使面积最大？

在评价时可以关注几个不同的层次：

①能否理解题目的意思；

②能否提出解决问题的策略；

③能否列举出若干满足条件的长方形，并能有序排列；

④在观察比较的基础上能否发现其中的规律并能提出猜想；

⑤能否对猜测的结果进行验证；

⑥进一步思考：边长如果不是整厘米数情况又会怎样？

反思性学习是一种良好的思维品质，学生应从小养成反思性学习的习惯。这对改善学生的学习方式、提高其学习质量和能力都具有重要作用。因此,教学中应结合教学内容适当地引导学生进行反思性学习。

问题解决作为数学教学的重要方面之一,贯穿在各个领域的学习中。如何更好地进行教学,使学生学会用数学的眼光观察世界,发现问题和提出问题,学会用数学的思想方法分析和解决问题,这些都是我们数学教师需要共同努力去研究探索的课题。

2-4 在"图形与几何"学习中,如何培养学生的创新思维

问题呈现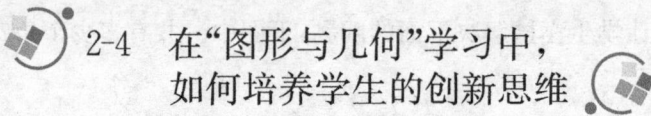

长期以来教师只重视学具"标准件"的使用,从而使学生成了课堂的"操作工"。这种以技能训练为核心的教学,难以提高学生解决非常规数学问题的能力,从根本上影响了学生思维数学化的进程,不利于促进学生数学思维的发展,更难培养学生形成创新意识。因此,教学中教师可以对"标准件"学具有意进行加工,故意使其"残缺",以此来培养学生的创新思维,促进学生创新思维的可持续发展。

教学片断

案例:"角的度量"教学片段。

师:同学们都会用量角器了,谁来说一说量角的方法?

生:量角器的中心和角的顶点重合,角的一条边和零刻度线重合,再看另一条边所在的刻度线的度数。

师:很好,可是这一把量角器损坏了。你能用它度量这个角吗?(许多学生摇头。)

生:量角器断了,不和零刻度线重合也能量!

师:你是怎样想的?上来量给大家看看。

生:让一条边和90度的刻度线重合,角的顶点与量角器中心对齐,看另外一边经过几个刻度。

师:妙!这种方法很简单!

生:不一定要对准90度的刻度线,对准其他刻度线也行,只要两条

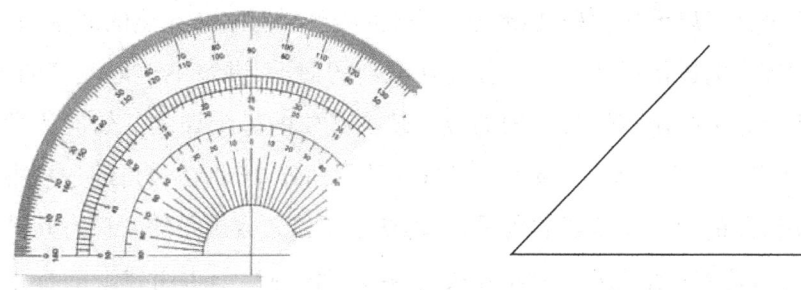

图 3-10 量角器

边之间的间隔度数相同就行了。

师:你还善于推广,真了不起!你能用这个残缺的量角器量出这个钝角的度数吗?

图 3-11 钝角

生:不行,这个量角器破损了,钝角的两条边不能和量角器的刻度线重合。

师:有什么办法可以量呢?

生:可以把钝角的一条边向反方向延长,量出这个锐角的度数,再用180度减去这个角的度数就可以了。(生鼓掌。)

生:还可以把这个钝角分成一个直角和锐角,量出锐角的度数,再加上90度就可以了。

学习指导策略

学具的价值在于通过操作与观察,激活学生的数学思维,开发学生的创新潜能。我们不妨将"完整的数学学具"设计成"残缺的数学学具",利用学具的"残损",发挥其"残缺"之美,给学生创设数学探究的空间,促进学生数学思维的发展。教师通过创新教学设计,从推理判断、发散思维、创新应用、想象完善等多种角度培养学生的创新能力,从而实现教学过程和目标的最优化。

2-4-1 培养学生创新思维能力

如果说断臂的维纳斯给人带来了审美的享受,那么,残缺的数学学具就给学生带来了思维的快乐,将数学"冰冷的美丽"转化为"火热的思考"。量角是一种基本的操作技能。学生往往在教师的演示、讲解中牢记度量的方法,然后不断地去模仿、巩固,这样的教学缺少必要的思维训练。如何让学生由"操作工"变成"探究者"?借助一把残缺的量角器,学生在量角的过程中不断感悟将待测的角与量角器的角重合,再从量角器上数出角的开口有几个单位(1°的角),这才是量角的"最好方法"。接着,教师让学生用残缺的量角器去量钝角的度数,又一次创设了思维的障碍,将学生逼上数学思考的"梁山"。学生通过巧妙转化,另辟蹊径,创造性地解决了问题。这样,学生容易摆脱外在"方法"的束缚,甚至可以想出因地制宜的"方法",真正激发了创新思维的潜能。

2-4-2 巧妙利用课堂生成资源

学具作为教学活动的重要载体,一方面要使学生掌握现代生活和学习中所需要的数学知识与技能,另一方面要充分发挥它在培养学生的创新思维方面的功能。课堂是学生智慧飞扬的天地,只有用宝贵的资源生成的课堂才是最美丽、最有生命力的。教师要善于借助"残缺"的数学学具,用智慧的眼睛去捕捉课堂上闪现的创新的火花。正如数学家徐文利所言:"在学习中关键在于发展自己的直观想象能力和分析能力,并善于通过直观、联想和分析去透视自己所学的知识内容结构。"在这一教学过程中,学生通过自己的独立思考,想出了许多有创意的方法,例如将钝角分成直角和锐角,先量出钝角的补角的度数……这些都是在备课时候没有预设到的。课堂上及时生成了宝贵的教学资源,学生感悟了量角的本质,课堂教学取得了理想的教学效果。

残缺数学学具的开发与应用,给数学教师带来了创新的思考。学具的价值不在于其表面呈现形态是否好看,而在于它能否引发学生的好奇感,能否引发学生的数学思考,能否培养学生的创新意识,能否促进学生的长远发展。因此,在教学中教师要独具慧眼,大胆对学生常见的学具进行"二度开发",从而挖掘学生数学学习的潜能,达到理想的教学效果。教师只有做一个教学的"有心人",勤于思考,敢于突破一般思维的局限,善于发现和设计,才能真正发挥其独特的创新价值。

可见,"残缺"学具的利用是一个很好的研究视角,要进行系统的、持续的研究。这需要我们长期关注一个问题,在一个点上突破,从而达到举一反三的效果。教师可以深入研究如何在恰当的时机利用非常规的学具和教具提升教学,找寻规律,使之具有更广的适用性。因此,教师要创新教学设计,用研究的眼光来审视教学,不断提高课堂教学质量,发挥课堂的最佳效益。在教育教学活动中,教师只有具有强烈的创新意识,才会有意识地去关注学生创新能力的培养。很难想象不会创造的教师可以教出具有创造才能的学生。高明的教师总是用自己非凡的创造力去培养更有创造力的学生。因此,教师在教学过程中要不断提升自身的创新教学设计能力,以此来带动学生创新意识的发展。

2-5 如何在"图形与几何"学习中处理好直观与抽象的关系

问题呈现

第一、二学段"图形与几何"课程包含图形的认识、测量、图形的运动、图形与位置四个部分,在教学中我们需要正确处理直观与抽象的关系,注重把握空间观念、几何直观等核心概念,运用多种方法探索图形的性质。

学习指导策略

《标准》明确指出,空间观念主要是指根据物体特征抽象出几何图形,根据几何图形想象出所描述的实际物体;想象出物体的方位和相互之间的位置关系;描述图形的运动和变化;依据语言描述画出图形等。

几何直观是指借助于见到的(或者想象出来的)几何图形的形象关系,对数学的研究对象(空间形式和数量关系)进行直接感知、整体把握的能力,也就是利用图形描述和分析问题。它通常没有经过严格的逻辑推理,却能把握对象的全貌和本质。

如何处理好直观与抽象的关系,提升以上数学核心素养呢?我们在"图形与几何"相关课程教学中要朝着以下五个方面努力。

2-5-1 创设生动情境,初建直观与抽象的联系

丰富而恰当的情境能唤醒学生对生活原型的记忆,完成从实物抽象出图形的过程。把图形逐步从实物中剥离出来,使物体的非数学本质渐渐淡去,生活图形就被抽象成为数学图形了。

因此,我们选择的素材要与学生的生活现实密切联系,能反映数学问题的来源和应用环境,为学生学习提供认知停靠点。这有利于学生知识的迁移和融会贯通,同时激发学生学习的兴趣。比如《平移和旋转》一课由一则社会新闻(上海音乐厅搬迁)导入新课。

图 3-12 上海音乐厅搬迁示意图

除了推拉门窗、电梯运行等常见的平移现象,上海音乐厅搬迁这样的平移现象比较少见,冲击力强,更能引发学生兴趣,同时将直观的"音乐厅搬迁"与抽象的"图形平移"建立起初步联系。

再比如《体积和体积单位》一课由一个童话故事(乌鸦喝水)引发以下思考。

图 3-13 乌鸦喝水

为什么将石块放入瓶中,瓶子里的水面会上升呢?因为石块占有一定的空间,把水挤开,所以水面升高。课文用耳熟能详的童话故事引领着孩子们开始探究"体积与体积单位",从"生活眼光"转向"数学视角",从情境入手,初步建立直观与抽象的联系。

2-5-1 借助信息技术,巩固直观与抽象的联系

信息技术与课堂教学的深度融合能展现传统媒体无法表达的信息和知识。利用动画、图片、图表、视频、音频和网络创造的可视化时空能让学生的感知形象化、想象可视化、知识具体化,能让学生在"虚拟的真实"中探索,巩固直观与抽象的联系,在潜移默化中培养学生空间观念及几何直观能力。

(1)数形有机结合,突破重点难点。

信息技术用色彩、粗细、闪烁、配音等方式突出重点,用几何直观有机结合数与形。

例如图3-14:用数对确定位置——认识"行与列",从直观的"行""列"座位图抽象出点阵图,进而抽象出平面直角坐标图。

再如图3-15:表面积的变化——呈现隐藏的变化,从直观的"隐藏两个重叠面"抽象为"减去2个面",由"形"到"数"。

信息技术用折叠、平移、旋转等方式将静态的事物以运动的形式呈现出来,攻克了难点。

例如图3-16:轴对称图形——轴两边完全重合,直观演示展现了对称轴以及"完全重合"的意义,由直观的"物体对称"抽象出"平面图形的对称"。

再如图3-17:圆的认识——半径与直径的关系,从直观的"旋转、重合"抽象出"同一个圆内,直径长度是半径的2倍",从直观的"形"到抽象的"长度关系"。

几何直观可以把复杂的数学问题变得简明、形象,巩固直观与抽象的联系,有助于探索解决问题的思路,帮助学生直观地理解抽象的数学意义。

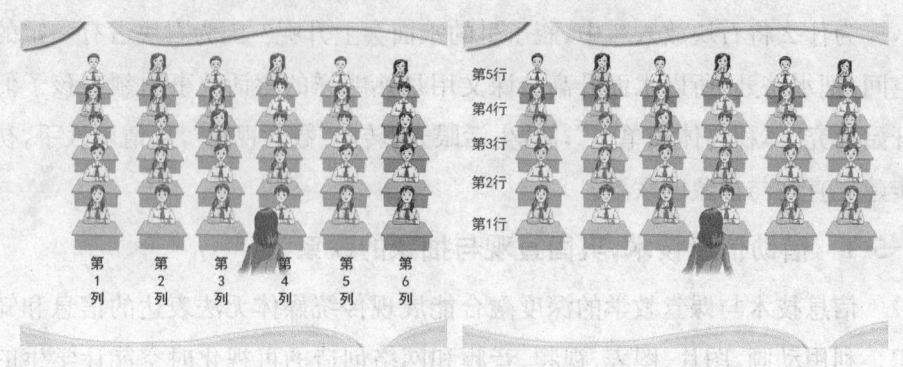

图 3-14

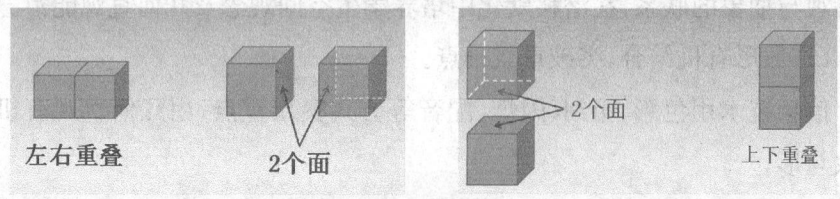

图 3-15

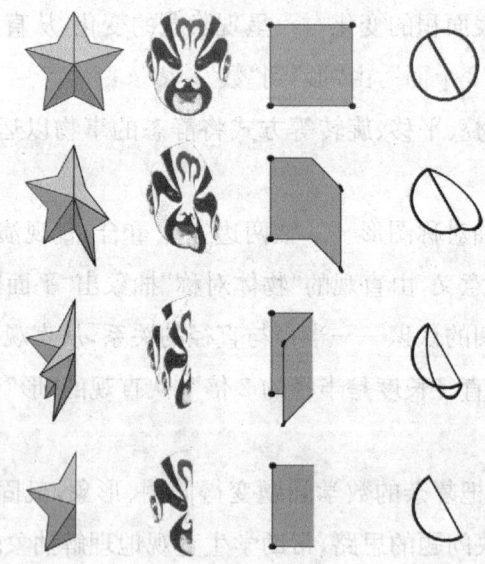

图 3-16

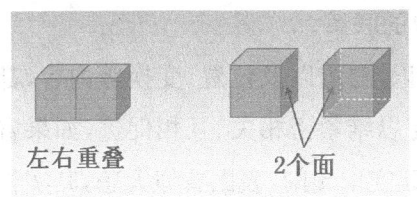 

图 3-17

(2)演示变化过程,渗透数学思想。

信息技术擅长虚拟真实,呈现难以描述的数学现实。

例如图 3-18:圆的面积——公式推导过程,渗透着转化思想,用分割与重组的方式化曲为直;同时渗透极限思想,等分圆的份数越多,拼成的图形就越接近长方形。从直观地"分割""拼组""再分""重组"……抽象出只可意会、不可言说的"越来越"的极限思想。

再如图 3-19:正方体展开图——正方体展开过程。正方体展开图需要一定的空间想象能力,难度较大。几何画板把每一种展开与拼合的过程都呈现出来,学生观察直观图后,可以很快建立平面图形与立体图形之间的关系,抽象出立体图形模型的初始体验,用联系的眼光看待所学的点、线、面与体。

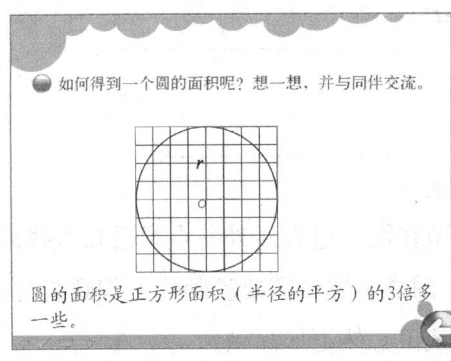 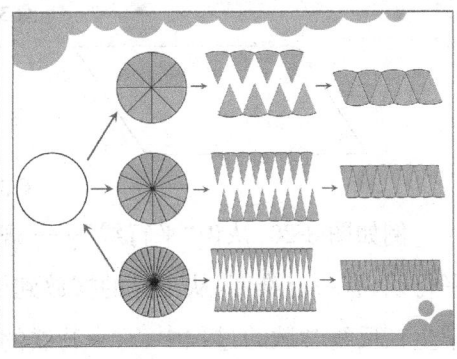

图 3-18

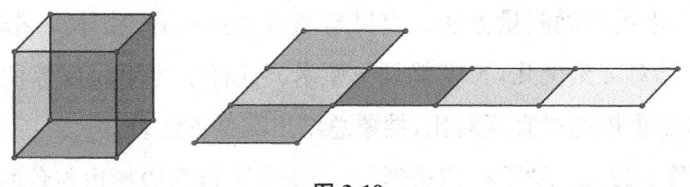

图 3-19

(3)亲历数学活动,夯实直观与抽象的联系。

第一、二学段的学生学习图形的认识、测量以及位置、变换等内容,都是建立在经验和活动的基础之上。行为与思维紧密相关、互相促进,如果省略操作环节直奔结果,这样的学习就像搭建空中楼阁,表面看似无恙,其实根基不深。亲历动手做的过程,可以使得复杂的、抽象的知识以最直观的方式呈现,夯实直观与抽象的联系。

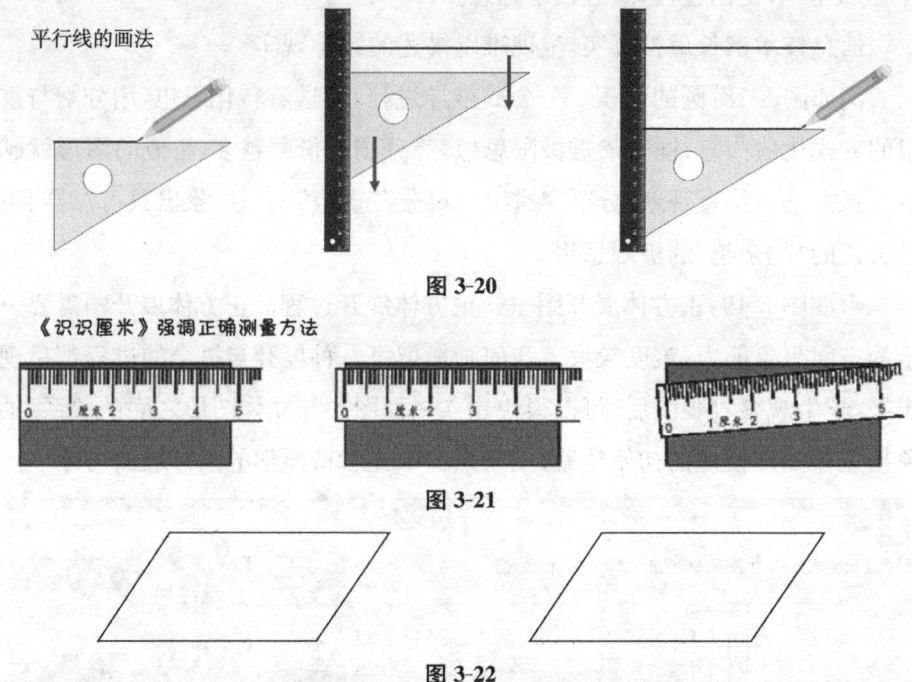

平行线的画法

图 3-20

《识识厘米》强调正确测量方法

图 3-21

图 3-22

例如图 3-20:认识"平行线"——规范作图。过直线外一点画已知直线的平行线,有一定难度,从工具的摆放到作图的步骤都需要教师逐一细致指导,学生在反复尝试的过程中,对平行线的认识必然更加深刻。

又如图 3-21:认识"厘米"——规范正确测量方法。学生通过观察、比较,归纳线段长度的正确测量方法。直尺与测量物体对齐,物体一端对准"0"刻度线,另一端对准刻度几,长度就是几厘米。这样学习不仅仅停留在简单的操作层面,更重视通过直观对比,抽象总结出测量方法。

再如图 3-22:认识"平行四边形"——探索平行四边形边与角的特征。学生亲自动手剪一剪、转一转、移一移、比一比、想一想,随着大量直观感性素材的累积,学生的头脑中对平行四边形边与角的特征渐渐抽象出一个个清晰、稳定、全面的映像(平行四边形对边相等、对角相等、邻角互补等),进而形成初步的空间观念。

学生通过动手操作,可以获取大量感性认识,使抽象的数学知识形象化、直观化。但操作过程并不表示思维能获得发展,除了积累实践经验,学生更要反思和提炼,进而将实践经验上升为思维经验。学生需要通过数学思考,将已获得的认识作为新的生长点与延伸点,并在此基础上生长出更高层次的经验;通过数学思考,在这种"立"与"破"的不断更替中,促进空间观念达到一定的深度、广度和完整度。

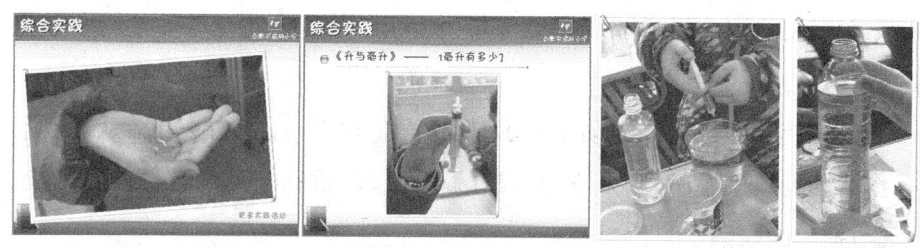

图 3-23

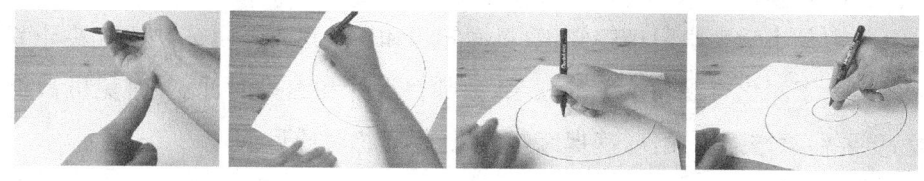

图 3-24

例如图 3-23:制作"1 升的容器"——在学习了"升与毫升"单元之后,教材安排学生进行一次综合实践活动。学生先体验 1 毫升有多少,接着制作 1 升的容器,把空瓶标记上刻度。等分的方法可以是多种多样的,在制作过程以及交流对比中,学生更加深刻地体验升与毫升两个单位间的关系,用更为直观的方式帮助自己理解、记忆抽象的"1 升=1000 毫升",进而理解"每小盒牛奶约 225 毫升,1 升大约等于 4 盒那么多",或者"1 瓶矿泉水约 500 毫升,1 升大约等于 2 瓶那么多"。

再如图图 3-24:圆的认识——画圆妙招分析。在学习了圆的特征以及工具画圆之后，教师可以给学生介绍一个徒手画圆的妙招。数学活动不能仅仅停留在有趣的层面，应当引发学生的数学思考：没有圆规怎么能画那么圆？独立思考后交流，学生会发现，只要确定定点与定长，即使没有圆规也能画出标准的圆。如果以掌根为圆心，笔尖到掌根的距离即是半径，同样的，指尖、指关节、肘关节等都可以作圆心，这本质上与圆规是一样的，定点即圆心，定长即半径。思维始于直观，达于抽象，对操作结果追溯根源，会让思维更加深刻。

数学活动的价值不仅仅在于结果，更在于活动的过程以及数学活动中所积累的活动经验和获得的直观体验；不仅仅在于动手，更在于动脑，在于数学思考后获得的思维经验。"制作1升的容器""徒手画圆"等数学活动看似无用，然而引发的数学思考成就了数学的"不用之用"，使直观与抽象的联系更加紧密了。

从静到动（静态物体的动态演示）便于学生对学习内容的理解，从动到静（操作活动到数学思考）则是学习方法的积淀。注重动与静的有机结合，夯实直观与抽象的联系。

(4) 创编多样练习，深化直观与抽象的联系。

练习是小学生学习理解知识、巩固知识和发展思维不可或缺的重要环节之一。为了深化直观与抽象的联系，教师在设计和编排时，既要避免机械重复，更要注意增强启发性，确保练习效果，提高练习质量。

①操作练习。

图 3-25

例如图 3-25：轴对称图形剪纸——剪双喜、剪窗花等。之前的折一折、比一比操作活动，目标是直观地认识轴对称图形的特征（轴两边完全重合），而剪纸练习是根据这一抽象的特征创造性地设计轴对称图形，它是对抽象特征的直观应用,是直观与抽象的深化。

②游戏练习。

例如图 3-26:用数对确定位置寻人——根据条件寻找提供线索的人。课前,教师可以把线索(写有数对的纸条)悄悄放到坐在第三列第二行的同学抽屉里,练习时,和大家一起寻找能提供线索的人。在"找"的过程中逐渐缩小范围,再次明确数对是由两个有序的数组成,巩固对数对意义的理解;获得纸条上的数对后,在汉字方阵中确定"法国数学家笛卡尔"七个字,顺势介绍背景知识。这个练习把抽象的数对意义用直观的图形表现出来,以形助数、以数解形,数形结合,为学生呈现初步的平面直角坐标系。

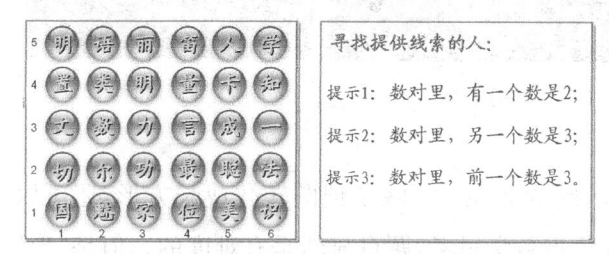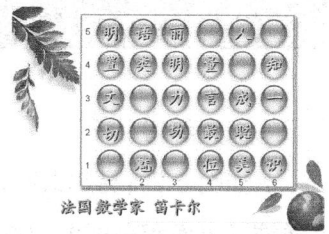

图 3-26

③竞猜练习。

例如图 3-27:三角形的分类猜猜看——被信封遮住的可能是什么三角形?这个练习是教师帮助学生建立物体表象、培养学生空间观念的有效策略。三角形角的特征是从众多直观素材中抽象而来的,这个练习需要学生在此基础上借助想象,合理推断,再用直观验证猜想。

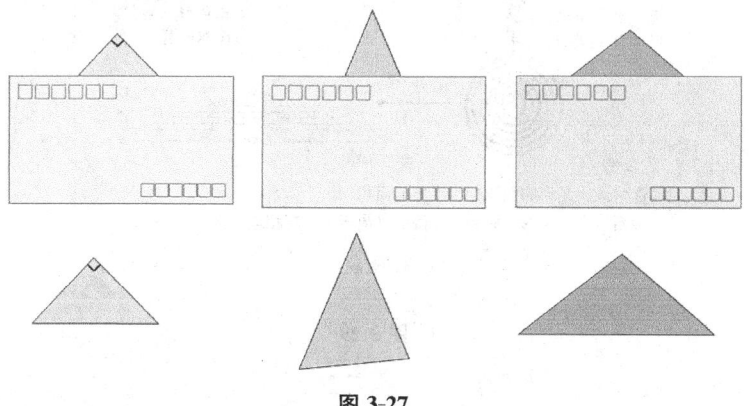

图 3-27

④开放练习。

例如图 3-28：用数对确定数控灯位置——用数对控制开关，点亮两盏灯，得到一个新的汉字，能有几种方法？"形"能帮助我们找到一种感觉，一个方向，但"形"的缺陷是不能精准地表示结果，需要用"数"精准地表达事物。用抽象的数对描述直观的字形，是数与形、直观与抽象的有机结合。

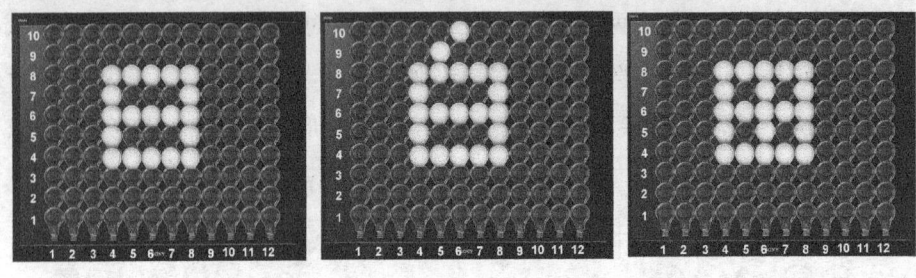

图 3-28

⑤探究练习。

例如图 3-29：另辟蹊径求圆的面积——除了把圆转化成长方形，还可以怎样推导出面积公式？单纯凭借数学思考，题目显然是有难度的。但是"形"可以提供直观的感觉使抽象的数量关系可视化，帮助理解数和算式，进而为直观地解决数学问题提供思路和方向，甚至"看出"结论。转化前与转化后各部分间的关系，在图中一目了然，有了"形"的铺垫，归纳、抽象面积公式显得顺理成章。

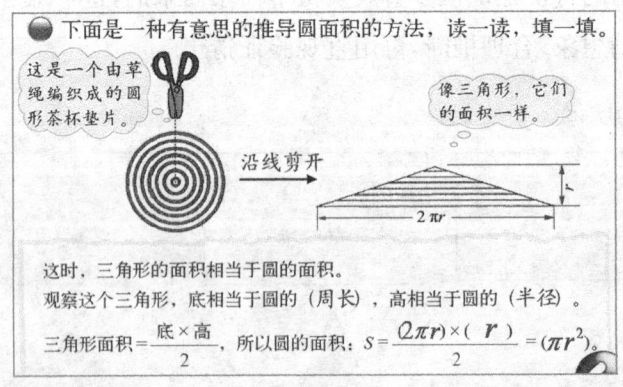

图 3-29

⑥拓展练习。

例如图 3-30：正方体展开图对面是什么？——依据空间想象及简单推理，判断某个面的对面或者邻面。

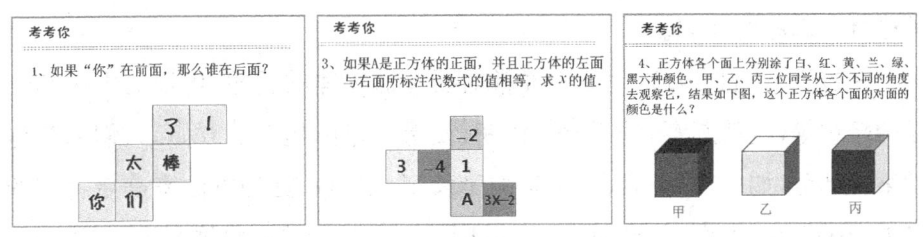

图 3-30

练习不能徒有趣味，而是要引发数学思考，要在直观的基础上，比较、分析、归纳、综合，使思维逐步走向深入，深化直观与抽象的联系。

(5) 补充数学史实，拓展直观与抽象的联系。

任何一个数学概念的产生都不是天上掉下来的，不能割裂了数学知识与其背后的思想文化之间的有机联系。数学发展既有内部需要，也有外部推动因素，这些都是宝贵的教学资源。有关数学家的故事、数学趣闻与数学史料，可以拓展直观与抽象的联系，追溯概念形成的源头。

例如图 3-31：用数对确定位置——数形结合思想。法国数学家笛卡尔想用一种简单明了的方法表示平面里一点的位置。一天，病中的他看到窗外的蜘蛛网蛛丝纵横交错，相交的地方有交点，他想，如果给蛛丝编号，用两个数就能确定点的位置了。抽象的平面直角坐标系，最初就起源于一张普通的蜘蛛网。

图 3-31　笛卡尔与平面坐标题

再如图 3-32：认识厘米——测量的起源。《认识厘米》一课，围绕"长度单位 1 厘米"组织了认一认、比一比、找一找、量一量、画一画等一系列的数学活动，让学生感知 1 厘米的实际长度，建立 1 厘米的长度观念之后，还补充了有关测量的起源的知识。

在古代，人们在日常生活中经常需要知道物体的长短、田地的大小和物品的轻重等，这就逐渐有了长度、面积、质量等量的概念。开始，人们用身体的某一部分，如一拃、一庹、一步来测量长度，用掂一掂的方法来确定物体的轻重……后来，人们逐步发明了一些测量工具，如用尺量物体有多长，用秤称物体有多重，测量就方便多了。随着社会的进步，各种测量工具不断改进，测量也越来越精确。

图 3-32　各种测量方法

计量历史告诉同学们，每一个计量单位都是因为需要而产生，又为了便于交流而统一标准，并不是冷冰冰的科学规定。抽象的计量单位，最初是从日常生产、生活中来的。

综上所述，人类生活在三维空间里，了解、探索和把握空间能使学生更好地生存、活动和成长。在"图形与几何"教学中处理好直观与抽象的关系，有助于学生循序渐进地理解和把握空间的观念。

3 小学数学"图形与几何"课例研究

 3-1 "认识面积"课例与评析

课例展示

(1)认识物体的表面。

①(电脑)出示装修房子的情境图。

师:最近,老师家在装修房子,我们一起到现场去看看。

②说一说:这两位工人师傅分别在做什么?

图 3-33　装修图

③师:同学们,在我们的生活中,除了墙面、地面之外,你还能找到其他的面吗?(教师表达时,屏幕上的地面、墙面闪现。)

生 1:课桌的"面"。

生 2:黑板"面"。

……

④(电脑)出示桌面上的物体图。在桌面上的物体上找"面"。

师:你能从桌面上的这些物体上找"面"吗?

(学生活动:找"面"、说"面"。)

师:将你找到的"面"摸给大家看看。

生:我找到了数学书的封面。

师:你来摸给大家看看。

师:(教师示范并讲解如何摸"面")张开手掌,五指并拢像这样慢慢的摸数学书封面的全部,仔细感受它的大小。

（教师随机将数学书封面贴到黑板上。）

图 3-34　找"面"

师：谁从橘子上找到"面"了么？摸给大家看看。

师：刚才我们摸的数学书的封面,感觉是？而摸橘子的"面"是什么感觉？

生 1：数学书的封面是平平的,橘子的"面"是凹凸不平的。

生 2：橘子的"面"不是凹凸不平的而是弯的。

师：哦,看来大家都有感觉了,橘子的"面"是弯曲的。黑板、数学书的封面是平的,橘子的"面"该怎样贴呢？

生：可以将橘子皮一片一片撕下来然后贴到黑板上。

师：这个想法真有创意！

（演示：将橘子剥开,贴在黑板上。）

师：刚才第一位同学在牙膏盒上找到了"面",我们一起来摸一摸,数一数你在牙膏盒上找到了几个"面"？

生：它有 6 个"面"。

师：我将牙膏盒的上面剪了下来。（师顺势将它贴到黑板上。）

【评析】建构主义认为,在学习新知识和面对新问题时,个体往往基于原有的知识经验,依据自己原有的认知能力,对新问题给以解释或提出预期的假设。从自己的生活经验中找面,再到提供指定物体上找面,局部使得学生的观察、体验的活动对象达到统一,由特殊到一般。这样有利于学生有效活动经验的积累,也为学生的交流提供了方便。从规则物体到不规则物体,学生逐渐明晰物体表面的大小就是物体的面积,触摸数学的本质,培养了空间观念。正如台湾地区的吕玉英老师所说："小学数学学习的目标之一是解决人们生活中有关的数学问题,而生活中充满与'量'相关的问题,而面积这个量的属性是可以通过感官掌握的,可以用手比画或目视大小①。"

(2)比较表面的大小——认识物体表面的面积。

①师:刚才我们找到的,其实都是物体的表面。(板书:物体的表面。)它们一样大吗?谁来比一比。

②学生自由比较。

③师:看来,物体的表面是有大小的。在数学里,我们把物体表面的大小叫作面积。

(板书:物体表面的大小就是它们的面积。)

④举例。

师:那么,我们可以说,数学书封面的大小就是数学书封面的?

生:数学书封面的大小就是数学书封面的面积。

⑤拓展:(　　)就是(　　)的面积。

师:你能照着上面的样子自己说一说吗?

⑥揭示课题:面积。

【评析】"面"是指"有长有宽而没有厚度"的一种"行迹",而"面积"是指一个物体表面或平面图形所围成的区域的测度。课堂上教师显然不能用如此抽象的语言给出严格的定义,然而三年级学生又非常容易把这两个概念等同起来。

人们常说,思维是从动作开始的。学生经历了"找面——面在哪""摸面——面在这"的两次认识过程,从动作感知"物体表面的面积"。如果说操作是为了丰富学生对于概念的感性认识的话,那么,"照样子说一说"便是对"面积"概念感性认识的理性概括,这是概念认识上的一次质的飞跃。

(3)涂色——认识平面图形的面积。

①第一层认识。

操作:将牙膏盒的上面描下来。

发现:牙膏盒的上面变成了一个图形。

师:将牙膏盒的上面沿着他的边线描下来,得到了什么图形?

师:这个长方形的大小就是长方形的?

生:这个长方形的大小就是这个长方形的面积。

师:老师给你一支粉笔,谁能用涂色的方式表示出这个长方形的

---

① 吕玉英.生活中容量的测量与估测:容量量感的建立.小学教学(数学版)[J].2009(10).

面积?

(指名上台涂色。)

师:看,涂色部分就是这个长方形的面积。那么除了长方形有面积以外,你还能想到哪些图形有面积?

生:正方形、三角形、圆形……

师:像这样的平面图形的大小就是它们的面积。

②第二层认识。

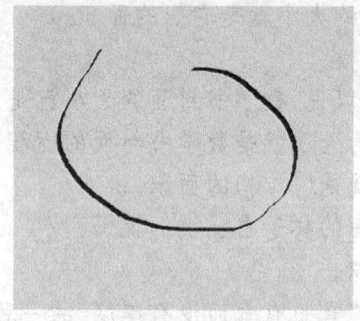

图 3-35　图形涂色

(操作:在电脑上随手画出一个图形。)

师:老师现在想请一位同学来帮忙,把这个图形涂上颜色。

(指名一位学生操作电脑为图形涂色。)

师:发生什么事情了?

师:为什么颜色都"跑"出去了?

生:因为那边没有封口。

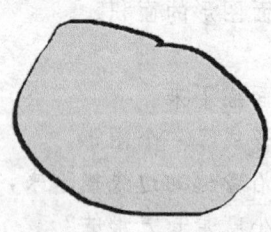

图 3-36　封闭图形求面积

师:那么,就请这位同学帮老师把这个图形"封口"。其他同学也别闲着,请仔细看她的操作,如果她将图形的口子封好了,我们就一起喊"停",好吗?

生：停！

师：好的,通过大家的努力成功将这个平面图形"封口"了。咱们再请这位同学把这个图形涂上颜色,看看颜色是不是真的不会"跑"出来了。

（学生操作。）

师：还真的不会"跑"出来了。通过刚才帮图形涂色,你对图形的面积又有什么新的思考吗？

生：只有封口的图形才有面积。

师：是呀,如果是一个没有封口的图形,它的面积能确定吗？什么样的图形才有面积呢？

揭示：封闭平面图形的大小就是它们的面积。

【评析】维果斯基认为学生的发展有两种水平,一种是学生的现有水平,指独立活动时所能达到的解决问题的水平；另一种是学生可能的发展水平,也就是通过教学所获得的潜力。两者之间的差异就是最近发展区。教学应着眼于学生的最近发展区,为学生提供带有难度的内容,调动学生的积极性,发挥其潜能,超越其最近发展区的水平而达到下一发展阶段,然后在此基础上进行下一个发展区的发展。

学生借助"画图"软件中的填色工具,给一个随意画出的不封闭平面图形涂色时发现,直接用"油漆桶"涂色,整张画布都被涂满了,引起认知冲突。在冲突后学生明确,只有封闭的平面图形才能将颜色涂在里面。活动中,教师只说了一句话："如果她将图形的口子封好了,我们就一起喊'停'"。然后,完全放手让学生操作、观察和比较。这样的引导,无论是上台操作者,还是台下的"观众",无不参与了这次实际操作过程。我们发现,只有在对面积的感念要素本质的追求时,学生才能处在良好的心境下,思维自由,才能更加全面地思考问题。

(4)概念的梳理与归纳。

师：通过刚才的学习,我们知道了面积可以指什么？还可以指什么？

生：面积可以指物体表面的大小,也可以指封闭平面图形的大小。

师：谁能用一句话再来完整地说一说,什么是面积？

生：物体表面或封闭平面图形的大小,就是它们的面积。

【评析】经历了前三个步骤,学生对于"面"的认识越来越清晰化、具体化,在摸一摸、说一说、涂一涂等活动中明确了面积的概念。至此,做一次梳理和归纳,将学生对于面积丰富的感性认识提升到了理性认识的高度,这也是数学概念课教学的重要步骤。在这一过程中,学生的表达需要足够的时间和空间。

(5)比较面积——深入理解面积、优化策略。

①观察一下,你能看出哪一个省的面积比较大?哪一个省的面积比较小?

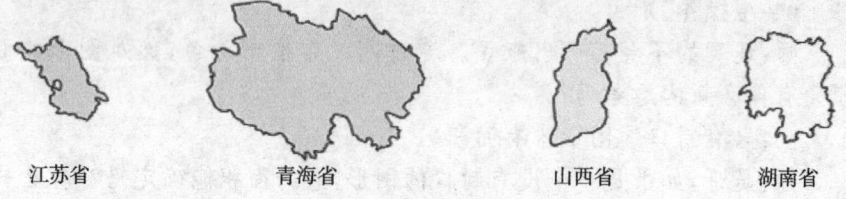

江苏省　　　　青海省　　　　山西省　　　湖南省

图3-37　比较面积

生:我发现青海省的面积最大,江苏省的面积最小。

师:你是怎么发现的?

生:我是看出来的。

②(电脑)出示图形:

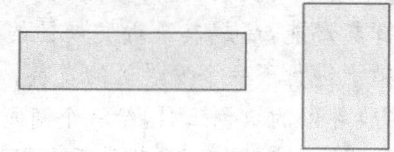

图3-38　示例图形

师:刚才我们直接就看出了四个省面积的大小,现在这两个图形你能看出谁的面积大吗?(电脑用不同色块凸显面积。)

生1:我觉得红色长方形面积比较大。因为红色长方形比绿色长方形长。

生2:我觉得绿色长方形面积比较大。因为绿色长方形比红色长方形宽。

生3:我觉得它们的面积差不多大。

师:看来现在大家的意见不统一了,因为这两个图形的面积比较怎么样?

师:直接看不行,该怎样比较这两个图形的面积呢?你可以选择老师提供的材料,也可以使用自己的材料或方法比较面积。

(学生操作,教师巡视并交流。)

生1:我要是有把剪刀就好了,可以将它们一端比齐了,然后将多余的部分剪下来。像这样一直比下去,我一定能比出它们的大小的。

生2:我不用剪刀也行,我是用画虚线的方式。方法跟他说得差不多。我比出来了,绿色长方形面积大一些。

生3:我是用量的方法的。我量出红色长方形的长是7厘米,宽是2厘米,周长就是18厘米,绿色长方形的长是5厘米,宽是3厘米,周长是16厘米,所以我认为红色长方形大。

师:等等。大家注意听,他刚才提到了一个什么词?

生:周长。

师:我们现在要比的是它们的什么?

生:面积。

生3:哦,我错了。

师:看来我们做事情得先要找准方向,如果方向错了,那就怎么也无法正确了。来,我们用手势比划比划,周长可以怎样用手势描述?面积呢?

(师生共同比划。)

生4:我是用老师提供的小方格比出它们面积大小的。

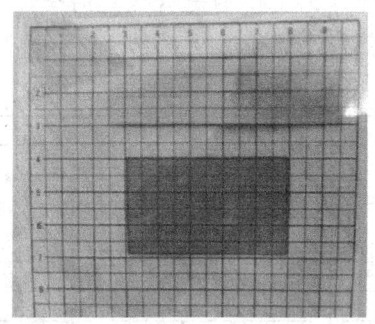

图 3-39 方格示意图

师:大家觉得,在这些方法中,哪种方法更好些呢?重叠法?剪拼法?数方格?

师:对于面积接近的图形,我们能想出很多的方法来比大小,其中数方格是一种比较好的方法。

【评析】"学贵有疑,疑则思,思则进"。从能用直觉比较出大小,到不能直接比较出大小,激起学生对比较面积大小的深度思考。通过丰富的学具,教师在不知不觉中使学生产生"动手试一试"的欲望。这种动手操作活动是学生本能的反应。"再叠一叠试试""我可以先将叠好的两张图比齐了,然后将有一张图多出的部分减下来,再往另一张图多出的部分上拼,最后就可以知道谁大了""我可以用数格子的方法""我可以用同样大的纽扣分别在两个图上铺满,看看谁用的纽扣多,谁的面积就大"……有人说,当问题成为学生真正想要解决的问题时,学习才真实地发生了。学生在活动中,由惊喜到接纳再到运用,经历了神奇的数学之旅,思维品质不断提升,有所悟、有所思。

(6)应用练习——深化认识、提高技能。

①(电脑)出示"想想做做"第4题。

图3-40 "想想做做"

师:它们的面积好比吗?
师:如果有什么就好比了?都是这样想的吗?
生:要是有方格就好比了。

②(电脑)呈现方格线。

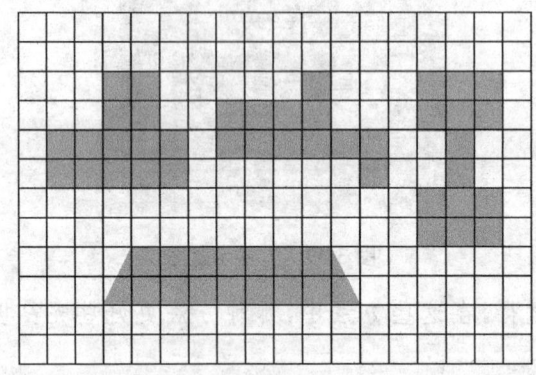

图3-41

师:你会用数方格的方法比较面积吗?先自己独立数一数,然后与同桌交流方法。

【评析】第一次呈现题目时,教师没有给出方格线,学生惊呼"这可怎么比呀?要是有刚才那样的方格线就好了!"这种需求是发自学生内心的,而这一心理也恰恰为下一课时面积单位的认识奠定了学习需求。

(7)全课总结——明晰概念、梳理所得。

①师:同学们,谁来说一说今天这节课你学到了什么?
②欣赏小故事:分地。

【评析】最后的课堂总结从知识掌握、技能形成、活动体验层面进行反思与回顾。而一个平面图形中,"边"属于强刺激源,"面"属于弱刺激源。由于长度的学习在先,学生在学习面积时,在潜意识中会受到周长的影响。在课堂总结的基础上,分地故事欣赏在不知不觉中帮助学生又一次感知了周长与面积的区别。

课例透析

苏霍姆林斯基曾说:"在人的心灵深处,都有一种根深蒂固的需要,就是希望感到自己是一个发现者、研究者、探索者。而在儿童世界中,这种需要特别强烈。""认识面积"是长方形和正方形面积单元的起始课。学生形成面积概念需要经历"操作感知——形成表象——概念建构"的过程,通过多层次的体验和对话思辨活动,逐步丰富和完善面积的本质意义。

(1)以现实生活为源头,引领学生积极对话思辨。

新课标明确指出,数学教学要重视从学生的生活经验和已有知识中学习数学和理解数学。其实,学生对"面积"的认识并非一片空白,尤其是生活在城市中的孩子,他们早已从家长们关于"买房""卖房""装修"的谈论中,耳濡目染了"面积"的概念。

认知心理学认为,最有利于激发内在学习动机的方法,是将学习者放入一个旧知与新知间具有冲突的情景之中。因此,要帮助学生构建清晰的数学概念,我们需要尽量引入一些丰富生动的感性材料,创设一定的数学情境,以增强感知效果。本课利用家庭装修的话题作为源头,将学生引入"面积"这一课堂,很有效地实现了上述目的。

(2)以体验活动为载体,启发学生认识面积内涵。

皮亚杰说过:"活动是认识的基础,智慧从动手开始。"小学生要获得几何知识并形成良好的空间概念,更多的是依靠他们动手操作。本课教学中,教师给学生创造了很多机会去感知"面",如找"面"、摸"面"、比"面"等操作活动,让学生通过实际操作去感受"面"的存在,了解到"面"有平面、有曲面,

"面"的量有一个、有多个。教师还给学生提供了各种学具,如长方形纸片、面积测量器、圆形纽扣等,让学生自己想办法比一比两个长方形纸片哪个面积大,放手让学生去主动探究和获取知识。这些都是用以帮助学生最终在头脑中形成面积的明确概念。

(3)以合理评价占先机,推动学生比较面积大小的思辨能力的提升。

我们知道三年级的学生比较关注教师对他们的鼓励和表扬,这能使他们比较积极地投入数学活动和小组合作活动之中。如何更好地引导学生参与数学学习呢?这离不开教师合适、客观的课堂评价,因为评价起着"指挥棒"的作用,它可以引领学生更好地参与,促进学生更好地发展。本课中,教师给予学生充分的时间和空间,鼓励学生参与学习活动,充分表达自己的想法。比如,在比较两个长方形纸片的大小时,一位学生的表述明显将主题聚焦到了周长上。当学生汇报完毕时,教师示意:"大家刚才有没有听到,他刚才提到了一个什么词?"其实,我们发现在一个平面图形中,"边"属于强刺激源,"面"属于弱刺激源,加之长度的学习在先,学生在学习面积时,在潜意识中会受到周长的影响。所以,学生的这种认识应该是意料之中的。我们发现,当老师作出这一示意后,汇报的学生自己就发现了认识上的错误。正是这种延迟评价给了学生自我发现错误的机会。这样的自我纠错所达到的效果,远比教师直接评价讲解要好得多。因为,此时的学习目的和效果真正实现了。

 ## 3-2 "圆柱的表面积"课例与评析

课例展示

(1)创设情境,质疑激趣。(课件出示。)

师:你能求出这个盒子上外包装纸的大小吗?

生:求盒子上外包装纸的大小就是求这个长方体的表面积。

师:什么是长方体的表面积?

生:长方体的表面积就是长方体6个面的总面积。

师:怎样计算长方体的表面积呢?

生:长方体的表面积=(长×宽+长×高+宽×高)×2

师：同学们会算长方体表面积，那么你会算圆柱的表面积吗？

图3-42　长方体包装盒

师：今天我们就一起来研究怎样求圆柱的表面积。

【评析】导入环节精心设计，从学生熟悉的长方体表面积入手，利用所学旧知识引发学生对新知识的探究兴趣，提出研究问题，并以圆柱表面积问题作为课堂教学的切入点，创设认知冲突情境，让学生产生造成"愤""悱"的心理状态，从而使学生对圆柱表面积的探求从任务的"外压"转化为求知的"内需"，在思考中很快进入学习状态。

(2)探求新知实践创新。

①圆柱特征。

师：想象一下圆柱是什么样子？它是由那几个部分组成的？然后请同学们拿出课前准备的圆柱体模型。

(学生先自己摸一摸，找一找。同桌互相指一指，说一说。)

生1：圆柱的表面是由两个同样的圆形和一个曲面组成的。

生2：圆柱的表面是由一个上底面一个下底面和一个侧面组成的。

生3：圆柱的表面是两个底面和一个侧面组成的。

师：圆柱的表面是由一个侧面和两个圆形的底面围成的图形。

【评析】学生对圆柱的特征十分好奇，教师先引导学生想象，再让学生动手摸一摸、找一找、指一指、说一说，在学生充分感知圆柱的特征后，再组织交流，从而水到渠成地概括出圆柱表面积意义，为研究圆柱表面积的计算打下了坚实的基础，同时培养了学生的自主探索意识。

②圆柱表面积意义。

师：圆柱的表面积是什么？

生1：圆柱的表面积就是两个底面圆形面积与一个侧面积的和。

生2：圆柱的表面积＝侧面积＋两个底面积。

师：现在你能求出这个圆柱体的表面积吗？

生：不行，题目中没有给我们相关的数据。

师：如果给出圆柱体的底面直径11厘米和高15厘米，你能算出表面积吗？

生:可以算出底面圆的面积,还不会算侧面积。

师:现在我们要想求出圆柱体的表面积的关键就是要会计算侧面积。

【评析】古人云:"学贵有疑。"疑是思之源,思是智之本。从"圆柱的表面积是什么"这一问开始,教师的连续质疑追问,促使学生对问题产生强烈的探索心理,逐步发现解决问题的关键是算出圆柱侧面积。

③研究侧面积。

第一,小组合作研究侧面积。

师:圆柱的侧面是一个曲面,你有什么好办法把它转化成我们学过的平面图形吗?下面同学们先想好办法,再动手做,并思考屏幕上的两个问题:把圆柱侧面转化成什么平面图形?转化后的图形与原来的圆柱有什么关系?然后请大家在小组里议议。

第二,分组汇报研究结果。

(第1小组将侧面转化成长方形。)

组1:我们是这样直着剪开的,打开后是一个长方形,转化后的长方形就是原来圆柱体的侧面,长方形的长就是原来的圆柱体的底面周长,长方形的宽就是原来的圆柱体的高。

师:你们组有补充吗?

组1补充:刚才她忘记说怎样计算侧面积了,我来补充。因为"长方形的面积=长×宽"。所以"圆柱侧面积=底面周长×高"。

师:你认为他们组回答得如何?

生1评价:我认为他们组回答得比较完整。

生2评价:我觉得他没有说清楚是怎样做的?他刚才说直着剪开其实就是沿着圆柱的高剪开,我们只要是沿着圆柱的高剪开,展开后就是一个长方形,而这个长方形也就是原来圆柱的侧面。

师:我们一起来看屏幕刚才几个组的同学是怎样把侧面转化成长方形的。

(第2小组将侧面转化成平行四边形。)

师:还有其他方法吗?

组2:我们组是斜着剪开,打开后是平行四边形。平行四边形的底相当于原来的圆柱体的底面周长,平行四边形的高相当于原来的圆柱体的高,因为"平行四边形的面积=底×高",所以"圆柱侧面积=底面周长×高"。

第三,回顾比较。

师：同学们巧妙地用化曲为直方法把圆柱体的侧面转化成了我们学过平行四边形和长方形，在刚才的转化中什么变化了，什么没有变？有什么共同之处？

生：形状变了，但是面积大小没有变。

师：她说的你明白吗？谁来解释？

生：圆柱侧面转化成了我们学过平行四边形和长方形，侧面的面积大小没有变化，都是用底面周长乘以高求面积的。

（课件演示。）

第四，小结。

师：同学们巧妙地用化曲为直方法把圆柱体的侧面转化成了我们学过平面图形，研究出了圆柱体侧面积的计算方法是"圆柱侧面积＝底面周长×高"。

【评析】研究怎样把圆柱的侧面转化成学过的平面图形时，学生通过动手实践、自主学习、小组讨论多种途径，将知识、经验、实践有机结合起来，在互相交流中顺利完成对圆柱侧面积计算方法的探索，发现圆柱侧面展开后长方形的长、宽和面积与原来的圆柱体之间的关系。然后根据它们的关系推导出侧面积的计算方法就是"底面周长×高"。在此基础上，教师播放课件，动画演示转化的过程，形象直观地肯定学生的研究成果，从而让学生体会到成功的乐趣。师生互评更是增强了学生的参与意识，使学生学会了思考、交流、合作、评判。这样，既充分体现了学生学习活动的主体地位，又有效发挥了教师的引导作用。

师：我们一起看这道题。

一种圆柱形的罐头，底面直径是11厘米，高是15厘米。它的侧面有一张商标纸（如图3-44），商标纸的面积大约是多少平方厘米（接头处忽略不计）？

图3-44　求圆柱罐头商标纸面积

师：请大家先独立思考计算，再与同位交流解题思路。

生：$11\pi \times 15 = 165\pi$（平方厘米）。

第五，侧面积练习。

师：求侧面积必须知道什么信息？

生：要知道底面周长和高。

师：我们要求圆柱的表面积，现在算出它的侧面积就可以吗？

④圆柱体的表面积。

出示例题,学生先动手操作,再思考怎样计算圆柱表面积。

师:同学们动手画一画,再想一想表面积怎样算?

生:要求出圆柱侧面积与两个底面积的和。

师:大家独立算一算。谁来说说你是怎样算的?

生1:$2\pi \times 1 \times 2 + 2\pi \times 1^2$。

⑤比较表面积与侧面积。

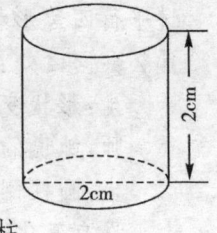

图 3-45

师:同学们刚才研究了圆柱的表面积,还会计算圆柱的表面积。那么圆柱的侧面积与表面积有什么区别与联系?各位同学交流交流。

生1:表面积里包含侧面积,侧面积是表面积中的一部分。

生2:要想算圆柱表面积,就先要算出侧面积和两个底面积。

【评析】比较法有利于引导学生区分表面积与侧面积的特征,明确表面积概念的内涵是侧面积和两个底面积的和,从而使学生清楚明白表面积和侧面积两者之间的关系,发现它们之间的区别和联系。

(3)课堂练习。

①(第12页练一练第2题)计算圆柱体的表面积(单位:cm²)。

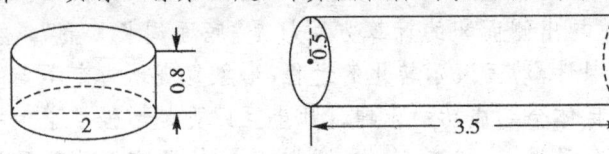

图 3-46 练习题

学生独立在作业纸上练习后,指名回答是如何计算出表面积的。

师:一般圆柱表面积都像同学刚才计算的求它所有面的面积,可是生活中的圆柱表面积问题变化很多。

②实际问题。

师:接下来,我们就用今天学的知识来解决生活中一些问题。

例题1:一个底面周长与高相等的通风管,高是1.2米,这个通风管面积是多少?

师:你从题目中知道了哪些信息?你还有其他发现吗?

生:当底面周长与高相等时,圆柱体的侧面积沿高展开就是一个正方形。

师:圆柱的侧面展开可能是长方形、平行四边形,也有可能是正方形(必须当底面周长与高相等时),它们计算的方法一样,都是用底面周长乘以高。

例题2：一个圆柱形铁桶（无盖），高5分米，底面半径是3分米，做一个这样的铁桶，至少需要多少铁皮（得数保留整数）？

师：求无盖的圆柱形铁桶要多少铁皮？实际就是求什么？

生：就是求圆柱的侧面和一个底面。

【评析】练习的设计是层层递进、由易到难的过程，先进行新知识的巩固练习，再联系生活实际灵活运用。练习让学生认识到数学就在我们身边。通风管、无盖水桶等这些生活中的实际问题，可以用圆柱表面积知识解决，学生切实体会到学数学是有用的。这样的练习设计贴近学生的现实生活，不仅沟通了数学与生活的联系，同时体现了数学的应用价值。

(4) 知识拓展。

师：今天我们学会计算圆柱体的表面积，就是……

生：圆柱表面积＝侧面积底面＋两个底面积。

师：圆柱表面积还有一种计算方法，你知道吗？

生：不知道！

师：下面我们一起来看看另一种方法。（课件演示。）

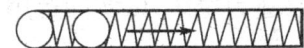

图3-47 圆柱展开演示

师：现在你知道是什么方法？

生：可以把圆柱拼成一个大长方形。

师：你知道怎样算大长方形的面积吗？转化后的大长方形的长和宽与圆柱有什么关系？

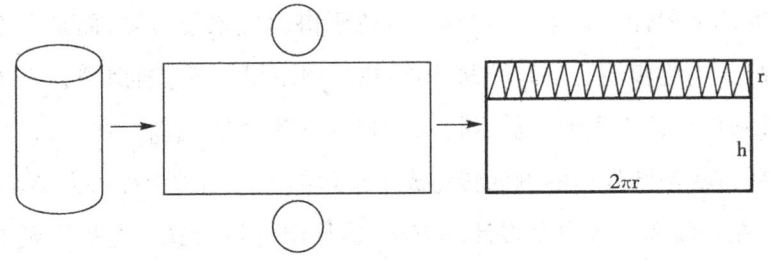

图3-48 圆柱展开图

生：$S=2\pi r\times(h+r)$。

(5) 总结：通过这节课的学习你有什么收获？

【评析】课件的动态演示，直观形象地让学生理解圆柱的表面积可以转化成一个大的长方形。在转化过程中，教师引导学生观察发现，激发他们大胆思考、勇于创新的意识，也通过建立立体图形与平面图形之间的联系，把本课中"化曲为直"解决表面积的方法进一步延伸，让学生再次经历"化曲为直"的探索过程中，明白知识之间的联系，更重要的是培养了学生的探索乐趣，进一步激发了他们的探索和创新意识。

课例透析

这是一节图形和计算相结合的课，其中既有图形计算公式的推导，也有知识的应用。整节课教师引导学生经历"动手探究→方法归纳→方法应用"的过程，理解和掌握数学知识，获取学习方法。

(1)质疑激趣，层层深入。

爱因斯坦说："提出一个问题比解决一个问题更重要。"这句名言说明培养学生质疑问难的能力非常重要。因此，在教学中，"问题"是一堂课的关键。本节课的设计以问题引发兴趣为主线，以实际运用为载体，以培养学生的能力为目的，不断发散学生思维。

教师导入新课时从学生熟悉的长方体表面积入手，提出研究问题；接着把"问题"作为课堂教学的切入点，充分利用学生原有知识经验，即长方体的表面积知识迁移到圆柱体表面积的推导，引发学生对新知的探究兴趣，激发学生强烈的求知欲。

研究侧面积计算方法时，教师没有急于讲解应该怎么算，而是在不断质疑中引导学生逐步逼近核心问题，即圆柱的侧面积应该怎样计算。在学习过程中，教师放手让学生剪一剪、拼一拼，指导学生实践创新。通过讨论，用化曲为直的方法把圆柱体的侧面转化成了学过的平行四边形和长方形，逐步厘清问题，在实践和比较中发现计算方法，推导出计算公式。之后再延伸至圆柱表面积的计算，为后面的教学以及表面积的应用打下了扎实的基础。

(2)积累经验，师生互助。

教育家苏霍姆林斯基说过："在人的大脑里有一些特殊的、最积极的、最富有创造性的区域，依靠抽象思维与双手精细的、灵巧的动作结合起来，就能激起这些区域积极活动起来。"数学知识只有学生主动参与、动手实践、自主探究,才能内化为学生自己的知识,才能培养学生的创新意识。

在侧面积教学中,教师让学生小组合作,通过剪一剪、拼一拼,把圆柱体的侧面转化成学过的平面图形。学生在小组里交流想法,思考转化后的图形与原来的圆柱各部分是怎样的关系。在小组讨论的基础上,各组派代表向全班同学汇报转化后的长方形的长和宽与圆柱的关系,转化后的平行四边形的底和高与圆柱的关系,怎样求圆柱的侧面积。经历这样的过程,学生发现不论是沿着高剪下转化为长方形,还是斜着剪转化为平行四边形,都是用底面周长乘高即可算出侧面积。学生的数学学习过程充满了观察、操作、探索、抽象、概括与交流等丰富多彩的数学活动,小组学习中学生互相交流、互帮互助,在交流与思考中获得丰富的学习体验,品尝到成功的喜悦。

(3)有效引导,步步惊喜。

由于年龄特征、认知水平和知识经验的限制,小学生的数学学习过程离不开教师的引导。教师应注重通过提问、讲解、归纳、示范等教学活动,多给学生以鼓励,及时为学生提供学习帮助,引导每一个学生积极参与学习活动。

在比较表面积与侧面积时,教师要引导学生根据表面积含义理解表面积包含侧面积、侧面积是表面积的一部分,厘清表面积与侧面积的两者关系。然后同学之间交流"圆柱的侧面积与表面积有什么区别与联系",在交流思辨中,作为引导者的教师耐心倾听学生发言,及时捕捉学生想法,利用有价值的课堂资源,引导学生相互启发、积极探索、主动构建,引导学生理解只有先算出侧面积才能算出表面积的算理,将侧面积公式纳入表面积公式中,优化了学生思维过程,让学生取得了认知上的提升。

(4)拓展练习,差异发展。

完成基本练习后,教师设计了圆柱表面积的另一种计算方法,设置了表面积计算的悬念。学生观看课件动态演示,当看到两个底面圆形可以转化一个长方形时,他们的创新思维被激发了,部分学生立刻抢答道"我知道怎么计算了"。教师这时因势利导,引导学生思考圆柱可以拼成一个大长方形,那么转化后的大长方形的长和宽与圆柱有什么关系。学生在题目的拓展延伸中始终处于思维兴奋的最佳状态。这满足了学有余力学生的需求,实现了"不同的人在数学上得到不同的发展"的基本理念。

  这节课给我们带来了一些启示:有效教学要关注学生的学习过程,学生通过动手动脑来突破难点;教师要引导学生在应用中加深认识,创设一个有利于学生主动参与的氛围。教学平行四边形、三角形面积推导和圆柱与圆锥体积计算时,教师要多给学生提供一些生动的场景,开展一些有效的数学实践活动,引导学生经历看一看、摸一摸、画一画、想一想、比一比等实践操作活动。学生在操作与实践活动中经历知识发生、形成和发展过程,从而丰富对图形与几何知识的认识和感受,感受几何图形的美及实用价值,认识现实中的问题和数学问题之间的联系与区别,运用所学知识去解决生活中的问题,激发对几何图形的好奇心,培养爱数学、学数学、用数学的情感。

小学数学"统计与概率"的课堂学习与课例研究

1 小学数学"统计与概率"的学习标准要求

 1-1 小学数学"统计与概率"总体学习标准

学习标准

1-1-1 知识技能

能够根据给定的标准或者自己选定的标准,对事物进行分类,了解分类与分类标准的关系。

经历简单的数据收集、整理、描述和分析的过程,了解调查、测量等收集数据的简单方法,会根据实际问题设计简单的调查表,选择恰当的方法收集数据,并能用自己的方式(文字、图画、表格等)呈现整理数据的结果。

认识单式统计表、复式统计表、单式条形统计图、复式条形统计图、扇形统计图、折线统计图,并能用条形统计图、折线统计图直观且有效地表示数据。

了解平均数的作用,能计算平均数,能用自己的语言解释其实际意义。

能解释统计结果,根据统计结果作出简单的判断和预测,并进行交流。

在具体情境中,通过实例感受简单的随机现象,体验随机事件和事件发生的可能性;能列出简单的随机现象中所有可能发生的结果。

通过试验、游戏等活动,认识到随机现象结果发生的可能性是有大小的,能对一些简单的随机现象发生的可能性大小作出定性描述,并能进行简单交流。

1-1-2 数学思考

能对调查过程中获得的简单数据进行分类,体会分类的思想,认识数据中蕴含着信息,培养数据分析观念。

经历用平均数知识解决简单生活问题的过程、积累分析和处理数据方法,认识到统计对于事物发展趋势的判断作用,进一步培养数据分析观念。

通过实例认识简单的随机现象。

通过试验、收集、猜想、分析、交流试验数据与结果,发展合情推理的能力,能比较清楚地说明统计的结果,并能表达自己的思考过程以及理由。

1-1-3 问题解决

在教师的指导下,能从日常生活中发现问题和提出简单的统计问题,并尝试解决。

能从报纸杂志、电视等媒体中,有意识地获得一些数据信息,并能读懂简单的统计图表。

了解收集数据的一些基本方法,并能够认识到对于同样的数据可以有多种分析方法以及多种呈现方式,能够根据不同的统计目的和数据特点进行恰当选择。认识到同样的问题可以有不同的解决方法,从不同角度理解和分析问题可能会有不同的结果,进一步积累解决问题的经验,逐步增强解决问题的策略意识。

体验与他人合作交流解决问题的过程,在与同伴交流中尝试解释自己的思考过程,并通过回顾解决问题的过程,初步形成评价与反思的意识。

1-1-4 情感态度

通过对现实生活中相关事例的调查,形成收集、整理、分析数据的意识,认识数学与生活的密切联系，了解统计的价值，主动参与数学学习活动。

在具体活动中，经历数据的收集、整理、分析的过程，逐渐养成乐于思考、合作交流等学习习惯。

在运用数学知识和方法解决问题的过程中，愿意了解社会生活中与数学相关的信息，并在他人的帮助、鼓励和引导下，感受数学活动成功的喜悦，锻炼克服困难的意志，建立自信心。

在与同伴合作交流过程中，倾听别人的意见，尝试对别人的想法提出意见，初步养成勇于质疑、言必有据等良好品质。

学习标准解读

《标准》将原有实验稿中提出的统计观念调整为数据分析观念，把学生的数据分析观念作为统计教学的核心目标，凸显出数据作为统计研究对象的重要地位。同时《标准》对统计内容进行较大调整，将第一学段的"统计图、平均数"学习下移到第二学段，将第二学段的"中位数"和"众数"下移到第三学段，使得义务教育三个学段内容学习的层次性更加明确。

学段目标的层次性。从"经历简单的收集、整理过程"到"经历简单的收集、整理、描述和分析数据的过程"；从"了解调查、测量等收集数据的简单方法"到"选择恰当的方法（如调查、试验、测量）收集数据"；从"能用自己的方式呈现整理数据的结果"到"能用条形统计图、折线统计图直观且有效地表示数据"；从"对数据的简单分析"到"能解释统计结果，根据结果作出简单的判断和预测"。这种要求的层次性，既体现了统计全过程，也符合学生的认知特点，逐渐深入、循序渐进。

强调统计与概率的过程性目标。《标准》的每个学段的第一句话都提出了有关数据处理过程的要求，这显然成为了统计学习的重要主线。在第一学段"经历简单的数据收集和整理过程""并能用自己的方式呈现整理数据的结果"的基础上，第二学段进一步提出"经历简单的收集、整理、描述和分析数据的过程"，"能用条形统计图、折线统计图直观且有效地表示数据"，"能解释统计结果，根据结果作出简单的判断和预测，并能进行交流"。教师通过过程性目标的达成,帮助学生培养数据分析观念。

强调统计方法的多样化。《标准》在对数据分析观念进行解读时指出"能够了解对于同样的数据可以有多种分析的方法,需要根据问题的背景选择合适的方法"。在第一学段中,不仅存在着"分类与分类标准的关系",也有着调查、测量等多种收集数据的方法,同时在呈现整理数据的结果时还有文字、画图、表格等多种方式。在第二学段,如何选择恰当的方法收集数据、表示数据同样也是主要的学习内容。学生通过参与具体的活动以及相互交流,不仅能初步体会到同一组数据信息往往可以用不同的方法进行收集、表示或分析,也能从中感受到统计是关于数据的科学与艺术,统计方法没有简单意义上的对和错,只有"好"和"坏"。

强调数据的随机性。《标准》在对数据分析观念的解读中首次提出通过数据体验随机性。从数据分析观念的内涵中可以看到,数据的随机性包括两个方面的含义:一是对于同样的事情每次收集到的数据可能会是不同的;二是只要有足够的数据就有可能从中发现规律。因而,在第二学段,学生不仅需要通过具体实例感受简单的随机现象,还需要通过试验、游戏等活动,获得对数据随机性直观的感受。尽管随机现象的结果在发生之前不能确定,但随机现象结果的发生仍然是有规律的,只要有充分的数据,就能看出随机现象结果发生的规律,并从中学会客观全面地认识数据,初步认识到统计与概率之间的联系。

强调统计量实际意义的理解。《标准》在小学阶段仅保留了平均数这一统计量,并提出"体会平均数的作用","能用自己的语言解释其实际意义"。学生经历了收集、整理、描述、分析日常生活情境中的数据的过程,加深了对概念的理解,同时认识统计在日常生活、社会及各学科领域中的广泛应用。与学生日常生活联系紧密的数据信息也有利于学生对其分析、解释、理解、推理与判断。

1-2 小学数学第一学段"统计与概率"学习标准

学习标准[①]

(1) 能根据给定的标准或者自己选定的标准,对事物或数据进行分类,感受分类与分类标准的关系。

(2) 经历简单的数据收集和整理过程,了解调查、测量等收集数据的简单方法,并能用自己的方式(文字、图画、表格等)呈现整理数据的结果。

(3) 对数据的简单分析,认识运用数据进行表达与交流的作用,发现数据蕴含的信息。

学习标准解读

《标准》将"分类"放在了"统计与概率"领域,突出分类与统计的密切联系。"分类"作为收集、整理、描述数据的基础,是最基本、最常用的统计方法。第一学段强调学生"经历简单的数据收集和整理过程",这就需要学生认识分类的意义,初步学会根据适当的标准,选用适宜的方式进行简单的分类调查,并在对计数结果进行简单分析的同时,发现数据蕴含的信息。

《标准》突出了学生对数据分析的体验,鼓励学生用自己的方式去分析与表示数据。第一学段"统计与概率"鼓励学生在经历数据分析的过程中能够运用自己的方式(包括文字、图画、表格等)呈现整理数据的结果,这种早期的经验不仅能调动学生学习的积极性,同时可以为以后学习"正规"的统计图表和统计量奠定比较牢固的基础。

强调数据分析以及数据的表达与交流作用。数据统计的全过程包括对数据的收集、整理、表示、分析与解释等几个环节,而数据分析作为统计的核

---

① 中华人民共和国教育部. 义务教育数学课程标准(2011年版)[M]. 北京:北京师范大学出版社,2012:19.

心,是"数据分析观念"中所重点强调的内容。第一学段强调通过对数据的分析,发现数据所蕴含的信息,并在与同伴的交流中获得更为全面的信息,为合理推断打好基础。

▶具体学习标准

(1)知识与技能

内容专题	学习内容	学习标准
数据统计活动初步	分类	从解决问题的角度出发初步感知分类的含义,掌握简单的分类计数的方法。
		能按照给定的标准或自己选定的标准,对物品进行比较、排列和分类,在具体分类过程中做到不重复不遗漏,体会分类结果在单一标准下的一致性以及分类标准的多样性。
		能够用自己的方式(文字、画图、表格等)呈现分类的结果,会用简单的统计表呈现分类的结果,并感受到用统计表记录分类结果的优势。
数据的收集与整理	数据的收集与整理	在具体的情境中经历并体会简单的数据收集、整理与分析的过程,会用自己的方式记录数据。
		在具体的统计活动中,能对调查过程中获得的简单数据进行归类。
		了解用调查法收集数据的过程,并能掌握收集数据的一些方法,如可以用举手、投票、起立等进行调查。
		整理数据时,学会用简单的符号,如打"√"、画"○"以及写"正"进行记录的统计方法,并将数据整理后记录到表格中。
		能够根据统计结果回答问题、发现问题,进行简单的预测和较为合理的判断。
数据的表示和分析	统计表①	初步认识统计表,了解统计表栏目的含义、结构特点。
		会分段整理数据,并能用简单的统计表描述并呈现数据,将收集、整理的数据正确填写在统计表中。
	复式统计表	在具体的统计活动中认识简单的复式统计表以及构造,如理解表头的意义,了解复式统计表栏目的含义,结构特点、填写方法。
		了解单式统计表与复式统计表之间的关系,知道复式统计表是在单式统计表的基础上逐渐合并而成的。
		能根据收集、整理的数据填写复式统计表,并进行简单的分析。

---

① 说明:由于人教版与苏教版对与"复式统计表"内容的编排上差距较大,前者放在了第一学段,后者放在了第二学段,而《标准(2011年版)》的课程内容中也没有明确的对此内容进行归类,因此编者对于此处的划分更多考虑了时间的先后顺序,从而采用人教版的编排,将"统计表"与"复式统计表"放在了第一学段。

(2)数学思考

维度	学习标准
认识统计方法的意义	经历分类活动,认识到单一标准下,统计方法虽然形式多样,但分类结果具有一致性;同时认识到分类标准不同,分类的结果也不同,体会不同分类标准下分类结果的多样性。
	尝试运用自己的方式把分类的结果记录下来,并感受到用统计表记录分类结果的优势。
	体验数据收集、整理、描述和分析的过程,从中了解统计的意义,学会用简单的方法收集和整理数据,并认识到调查方式的多样化。
	把统计表与用自己方式对所收集数据进行的表示(画图、写数字等)作比较,认识统计表的优势,了解统计表是呈现数据的重要方式,能够简便、清晰地呈现数据,方便人们的交流。
	认识、填写、分析复式统计表,体验收集信息、整理、分析数据的必要性,并进一步理解统计分析方法的多样性,认识到复式统计表的优点以及制作复式统计表的必要性。
发展数据分析观念	能够通过对调查数据进行归类,发现数据中蕴含的信息。
体会数学的思想方法	在分类活动中,理解分类的思想,认识到分类在生活中的目的和作用。
独立思考与表达想法的能力	能够对数据整理的结果进行独立思考与分析,发现蕴含在数据中的信息。
	整理和分析数据,发现统计表中的数据所蕴含的信息,并作出简单的判断和预测,学会有条理地思考与表达。

(3)问题解决

维度	学习标准
发现、提出、分析、解决问题	能运用分类的方法,解决生活中相关的实际问题,并在初步经历统计全过程中增强应用意识。
	能够依据分类的思想,从一些日常生活的现象中发现和提出简单的数学问题,并尝试解决。
	能够根据实际需要自主选择标准对问题进行分类。
	能从统计的角度,根据统计表和复式统计表中的数据提出问题并进行解决。
	能够根据统计表和复式统计表中隐含的信息解决一些简单的实际问题,提高数据解读的能力和解决问题的能力。
问题解决的方法	在整理学习用品和生活用品的过程中掌握整理与分类的方法。
	在实际问题中,按照不同表征分类整理数据,认识到统计结果在不同分类标准下的多样性。
	参与具体问题的解决,获得调查、测量等数据收集的简单方法,并在收集和整理过程中认识到用"正"字记录数据的优点,使用多种方式对数据的整理结果进行呈现。
	初步利用数据进行描述、交流,了解数据能够反映或说明情况,统计活动能够获得需要的数据,它是解决实际问题的一种有效方法。

续表

维度	学习标准
合作与交流的意识	经历与同伴分工合作、交流解决方法的过程，体验与同伴合作的喜悦感，并积累有关解决问题的经验。
	在对事物或数据进行分类的过程中，能够通过与同学交流，认识到分类与分类标准有关。
	在收集与记录数据过程中，进一步学会与同学合作，通过交流体会记录方法的多样性。
	在调查活动中学会与他人交流，认识到不同数据整理结果的呈现方式（文字、图画、表格等）。
	在对所收集数据或所提供的数据进行分析后，能够与同伴交换自己的想法，从而更全面的感知数据中所蕴含的信息。
评价与反思的意识	能够借助已有的知识经验，初步判断分类方法和标准的合理性。
	能够尝试回顾收集、整理、分析数据的过程，结合他人的意见，对收集、记录和呈现方法进行比较与反思，选择适合有效的方法，初步养成评价与反思的意识。
	在对数据进行分析与交流的过程中，逐步学会表达思考的大致过程与结果，学会在表达前整理、在倾听时思考，进一步感受反思性学习环节的意义和价值。

(4)情感态度

维度	学习标准
对数学科学的认识	对实际生活中一些现象进行分类，认识到生活中处处有数学，进而认识到分类在解决现实问题中的作用，能够使得问题解决变得快捷与准确。
	对现实生活中相关事例进行调查，形成收集和整理数据的意识，认识到数学与生活的联系，从而体现数学的价值。
	结合具体情境，对不同数据整理结果呈现方式进行比较，认识到统计表是日常生活工作中呈现数据的重要方式，能够简便、清晰地呈现数据，方便人们的交流。
数学学习的态度	结合对熟悉的生活问题进行调查，积极参与数据分类、收集、整理等活动，具有数学学习的积极情感。
	通过熟悉而又现实的分类活动，认识到分类结果的多样性，进而感受到数学学习的趣味性，不断增强对数学的好奇心和求知欲。
	在运用数据进行解决实际问题时，意识到自己在数学知识和方法等方面的收获与进步，获得一些成功的体验，逐步增强克服困难的意志，树立学好数学的信心。
	在教师的指导下，积极主动地参与各种调查活动，增强对数学的好奇心与求知欲，树立学好数学的信心。

维度	学习标准
数学学习的习惯	结合生活实际问题,在操作中掌握分类的方法以及标准,进一步养成有条理地思考问题、整理物品的习惯。
	在对数据收集以及整理结果进行呈现过程中,将自己的方式与他人方法进行比较,逐步养成合作交流、反思质疑、表达和倾听他人意见等学习习惯。
	主动克服数学学习中遇到的困难,逐步养成积极思考、自觉检验等良好的学习习惯。

1-3 小学数学第二学段"统计与概率"学习标准

学习标准[①]

1-3-1 简单数据统计过程

(1)经历简单的数据收集、整理、描述和分析数据的过程(可使用计算器)。

(2)会根据实际问题设计简单的调查表,能选择恰当的方法(如调查、试验、测量)收集数据。

(3)认识条形统计图、扇形统计图、折线统计图;能用条形统计图、折线统计图直观且有效地表示数据。

(4)体会平均数的作用,能计算平均数,能用自己的语言解释其实际意义。

(5)能从报纸杂志、电视等媒体中,有意识地获得一些数据信息,并能读懂简单的统计图表。

(6)能解释统计结果,根据结果作出简单的判断和预测,并能进行交流。

1-3-2 随机现象发生的可能性

(1)在具体情境中,通过实例感受简单的随机现象;能列出简单的随机现象中所有可能发生的结果。

---

① 中华人民共和国教育部.义务教育数学课程标准(2011年版)[M].北京:北京师范大学出版社,2012:25~26.

(2)通过试验、游戏等活动，认识到随机现象结果发生的可能性是有大小的，能对一些简单的随机现象发生的可能性大小作出定性描述，并能进行交流。

学习标准解读

进一步强调经历统计的全过程。在第一学段要求经历简单的数据收集和整理过程基础之上，第二学段继续强调了对于数据描述和分析需要经历的过程。同时随着学生的年龄增长，学生所能理解的问题会更加复杂，所涉及的数字也会越来越大，因而在第二学段，教师要鼓励学生尽可能使用计算器解决统计学习中与计算有关的问题，促使现代信息技术与数学学习的结合，使现代信息技术成为学生学习数学和解决问题的有力工具。

重视数据收集的方法。在第一学段"了解调查、测量等收集数据的简单方法"基础上，第二学段进一步强调了调查这一收集数据的方法，要求学生根据实际问题设计简单的调查表。调查表作为调查的前提，其好坏将影响所收集数据材料价值的大小。因此，在收集数据过程中如何指导学生设计简单的调查表是重要的学习目标之一。

强调对于数据的表示。第一学段要求"能用自己的方式呈现整理数据的结果"，随着学生年龄的增长，第二学段在此基础上进一步强调使用简单的统计图表对数据分类进行表示。统计图不仅能直观的描述数据中的信息，也体现出同样的数据可以有多种分析的方法，对三种统计图特点进行比较可以得出，问题不同，统计方法也会不同，学生要学会根据问题选择合适的统计方法。

注重对平均数统计意义的理解。《标准》在统计量部分有较大的变化，只保留了平均数这一统计量，并且将其放在第二学段。《标准》对于"平均数"概念更强调其所包含的现实统计意义，让学生感悟平均数反映了一组数整体水平这一特征。

强调有意识的获得数据信息的能力。在当今大数据时代，学会从报刊、电视等媒体中获得数据信息是学生终身学习的基本能力。第二学段强调培养学生有意识地从媒体中获得有关数据信息，这不仅有助于学生了解社会生活中与数学有关的信息，同时能让他们在运用数学知识和方法对数据进行分析的过程中,体会到数据中蕴含着大量信息。

强调对于数据的判断和预测。解释统计结果是分析数据的一种能力,也是对统计结果进行判断的基础。开展收集数据、整理数据等活动,目的就是在对数据分析的基础上进行判断和预测。学生通过对分析结果的交流,不仅能扩展思考的角度,更全面的认识数据,也能提高表达能力。

注重体会数据的随机性。在以前的学习中,学生主要是依靠概率来体会随机思想的,《标准》在对"数据分析观念"的解读中提出"通过数据分析体验随机性"。

注重了解随机现象,并能对随机现象发生的可能性作定性描述。在现实世界中,不确定现象大量存在,因而教师需要通过结合具体的情境和丰富的实例,让学生联系实际事例亲身感受简单的随机现象,预测事件发生的可能性,并用自己的语言来表述活动中自己的感受。

▶**具体学习标准**

(1)知识与技能

内容专题	学习内容	学习标准
数据的表示和分析	条形统计图	能认识简单的条形统计图,了解条形统计图的结构特征,认识到1格表示一个或多个单位。
		了解条形统计图的特点,知道条形统计图的意义和用途。
		了解条形统计图表示数量的方法,会绘制简单条形统计图,能根据数据大小准确地画出长短合适的条形统计图。认识到1格表示多个单位的必要性,当碰到要表示的数量不能用整格表示时,会用不足一格来表示,并能根据要求在方格纸上补充绘制条形统计图。
		能读出条形统计图所表示的信息,并对数据进行简单的分析。
		能认识两种复式条形统计图(纵向、横向复式条形统计图),了解复式条形统计图的特点,并能根据收集的数据绘制完成复式条形统计图。
		能读出复式统计图所表示的信息,并根据复式统计图回答简单的问题。
	折线统计图	在条形统计图的基础上认识折线统计图,了解单式折线统计图的特点。
		对单式折线统计图与复式折线统计图进行比较,了解复式折线统计图的特点以及单式折线统计图的局限性。
		能根据统计数据或统计表,在提供的方格纸上绘制单式折线统计图表示一组数据以及绘制复式折线统计图同时表示两组数据。
		能够看懂折线统计图中的数据内容,并利用折线统计图的特点对数据进行简单的分析。

续表

内容专题	教学内容	学习标准
数据的表示和分析	扇形统计图	初步认识扇形统计图,知道扇形统计图中整个圆以及各个部分扇形的面积所表示的意义。
		能联系百分数知识,知道扇形统计图可以清楚地表示各部分数量和总量之间的关系。
		能看懂扇形统计图所呈现的数据信息,从中获取有用的信息,并能根据数据对扇形统计图进行补充。
		能够根据绘制出的扇形统计图所给出的百分数解决实际问题,并进行简单的数据分析。
统计量	平均数	了解平均数产生的必要性。
		结合具体情境理解平均数的含义与统计意义,初步学会求平均数的方法。
		知道平均数与最大值、最小值以及每个具体数量之间存在关系。
		能用平均数来比较两组数据的总体情况。
概率	可能性	在具体情境中,通过实例感受简单的随机现象,体验事件发生的确定性和不确定性。
		能用"一定""不可能""可能"等词语描述事件发生的可能性,并能进行简单说明。
		知道事件发生的可能性是有大小的。能对一些简单的随机现象发生的可能性大小作出定性描述。
		能够列出简单的随机现象中所有可能发生的结果。
		体验随机事件和事件发生的可能性。

(2)数学思考

维度	学习标准
体会统计方法的意义	在经历收集、整理和分析数据的过程中体验描述数据的不同方式,认识到条形统计图的特点和作用,并进一步体会统计的意义。
	通过对条形统计图和折线统计图的比较,认识到折线统计图的特点和优势,明白折线统计图能更清晰地反映数据增减变化的情况。
	通过对条形图、折线图、扇形图三种统计图的比较、分析或应用,认识到三种统计图的不同以及在使用上的优越性与局限性,认识到根据数据内容合理选择统计图的必要性。
	通过实际问题的解决,认识到数据收集方法的多样化,并能根据情境选择恰当的收集方法。

续表

维度	学习标准
发展数据分析观念	在条形统计图、折线统计图、扇形统计图学习中,学会从不同角度提取统计图中的有用信息,充分解读统计图中蕴含的信息,培养数学分析观念。
	在对复式条形统计图或复式折线统计图的学习中,通过与单式统计图的比较,体会复式统计图的优势、特点、实际应用价值和呈现方式的多样性,培养数据分析观念。
	通过对几种统计图的比较与应用,认识到对于同样的数据可以有多种分析方法,并能够根据需要选择合适的统计图从而直观、有效地描述数据。
	经历用平均数知识解决简单生活问题的过程,积累分析和处理数据方法,认识到统计对于事物发展趋势的判断作用,进一步增强数据分析观念。
	经历事件发生的可能性大小的探索过程,能根据试验的统计结果进行判断和推测,知道事件发生的可能性的大小与物体的数量有关,进一步体会随机现象的统计规律性,具备数据分析观念。
发展合情推理和逻辑推理的能力	结合具体实例,在对数据进行收集、整理、分析,并作出推断和决策的全过程中,提高合情推理的能力。
	对条形统计图、扇形统计图进行分析,获得已有数据以外的信息,作出一个合理、可能性高的推断。
	能根据折线统计图对数据进行分析,在运用折线统计图的特点对数据变化作出合理推测过程中,发展合情推理的能力。
	在摸球等数学活动中,通过试验、收集、猜想、分析、交流试验数据与结果,发展合情推理的能力。
	在对随机现象可能发生的结果以及可能性大小的描述中,形成逻辑思维能力。
体会数学的基本思想	通过平均数的学习,初步感知"移多补少"数学思想。
表达想法的能力	通过数据的整理和分析,能认识到条形统计图、折线统计图、扇形统计图中数据所蕴含的信息,并作出简单的判断和预测,学会有条理地思考与表达。
	通过试验、游戏等活动,能比较清楚地说明统计的结果,并能表达自己的猜想以及理由,同时能对随机现象发生可能性大小作出判断,能够较为清晰地表达自己的想法。
感受随机现象	结合生活现象、游戏活动等,初步认识到随机现象发生的统计规律性。
	在收集分析试验数据和归纳中,认识到事件发生可能性的大小与事物出现的数量有关。

(3) 解决问题

维度	学习标准
发现、提出、分析、解决问题	根据条形统计图、折线统计图、扇形统计图所呈现的数据能够发现问题、提出问题并进行解决。
	能够找到身边中出现在报纸、网页等媒体中的一些简单条形统计图、折线统计图和扇形统计图,并能发现信息以及进行简单的数据分析。
	能运用平均数的知识解释简单的生活现象,并能够用自己的语言来解释其实际意义。
	能够运用随机现象发生的可能性预测生活中一些简单事件发生的概率。
问题解决的方法	在对生活问题解决的过程中,掌握多种数据收集的方法,并能依据问题设计简单的调查表,选择恰当的方法。
	结合生活实例,经历统计图的比较、分析、应用等活动过程,认识到表示数据方法的多样性,并能够根据不同的统计目的和数据特点,科学合理地使用各种统计图。
	利用数据进行描述、交流,认识到数据能够反映或说明的情况,认识到统计活动能够获得需要的数据,是解决实际问题的一种有效方法。
合作与交流的意识	经历与同伴分工合作、交流解决方法的过程,体验与同伴合作的喜悦感,并积累有关解决问题的经验。
	在解读分析统计图中的数据时,能够与同伴交换自己的想法,更全面地感知统计图中所蕴含的信息。
	在收集、记录、表示数据过程中,进一步学会与同学合作,认识到数据呈现方式的多样化。
	在对报纸杂志、电视等媒体中的数据信息或统计图表进行分析时,能够与同伴相互交流,多角度地感知数据中所蕴含的信息,并依据数据作出合理的判断。
	在探索求平均数的方法时,与同伴交流,多角度地理解求平均数的方法。
	在与他人合作交流有关摸球、抛硬币、装球等问题时能够解释自己的思考过程,初步认识到随机事件发生的统计规律性,并知道事件发生的可能性是有大小的。
评价与反思的意识	在运用平均数实际问题解决过程中体会平均数的优点与不足,进一步丰富对平均数特点的全面认识。
	尝试回顾收集、整理、表示、分析数据的过程,结合他人的意见,对收集、记录和呈现方法进行比较与反思,选择适合有效的方法,初步形成评价与反思的意识。
	在对数据进行分析与交流的过程中,逐步学会表达思考的大致过程与结果,学会在表达前整理、在倾听时思考,进一步认识到反思性学习环节的意义和价值。

(4)情感态度

维度	学习标准
对数学科学的认识	通过对身边事物进行调查对报刊资料中条形统计图进行查阅等活动,体会到统计在生活中的应用,认识数学在生活中的价值,并认识到许多实际问题都可以借助统计图来表述和交流。
	认识条形统计图、折线统计图、扇形统计图所呈现出的丰富多彩的现实数据,意识到数学与生活的联系,增强数学应用的意识。
	结合生活实例感受平均数在生活中的应用价值,了解数学的价值,体验运用数学知识解决问题的乐趣。
	对确定现象和不确定现象进行体验,进一步体会数学和日常生活的紧密联系。
数学学习的态度	对熟悉的生活问题进行调查,积极参与数据分类、收集、整理等活动,具有数学学习的积极情感。
	选择恰当的统计图能对几种统计图进行比较、分析与应用,进一步形成观察、比较、概括的能力和有条理的语言表达能力,并从中体会成功的喜悦。
	通过现实生活中的有关实例,或是摸球、抛硬币等数学活动,感知生活中的随机现象,产生对数学的好奇心和求知欲,积极参与到数学活动中来。
	在运用数据进行解决实际问题时,意识到自己在数学知识和方法等方面的收获与进步,获得一些成功的体验,逐步增强克服困难的意志,树立学好数学的信心。
	在教师的指导下,积极主动地参与各种调查活动,意识到自己在数学知识和方法等方面的收获与进步,增强对数学的好奇心与求知欲,树立学好数学的信心。
数学学习的习惯	通过对平均数特点以及求法的探索学习,形成善于观察、勤于思考且正确、全面地看待问题的良好学习习惯。
	在摸球、抛硬币等试验活动中养成善于观察、合作交流、独立思考等学习习惯,并认识到只有根据试验中获得的数据去进行判断才是有科学依据的,具有求实的态度和科学的精神。
	结合实际问题在绘制、观察、分析折线统计图的过程中,形成细心观察的良好品质与科学态度以及合作意识和实践能力。
	主动克服数学学习中遇到的困难,逐步养成积极思考、自觉检验等良好的学习习惯。

2 小学数学"统计与概率"的学习关键问题及指导

2-1 如何引导学生体会分类的意义

 问题呈现

分类思想是一种重要的数学思想。在学习数学的过程中经常会遇到分类问题,如数的分类、图形的分类等,分类是数学学习的基础知识之一。分类的过程即是对事物共性的抽象过程,这使得分类不仅有助于学生对数学问题的分析和解决,也成为发展儿童思维能力的重要途径之一。分类这一基本活动对于数据分析来说十分重要,如何在教学中引导学生体会分类的意义并从中认识到分类与统计之间的密切联系,是培养学生数据分析观念的基本问题之一。

 学习指导策略

所谓"分类",是把一个整体,按某一种确定的标准,分成若干部分。分类以后,就能对各个部分分别进行细致、深入的研究,从而实现对整体的全面把握。对于分类的学习,课程中无论是《标准(实验稿)》还是《标准(2011年版)》都将其放入"统计与概率"领域中,均在"课程内容"的第一学段明确提出,"能根据给定的标准或者自己选定的标准,对事物或数据进行分类,感受分类与分类标准的关系",从而凸显出分类与统计的密切关系。因此,在对"分类"的教学时,重点不仅要放在掌握分类的含义、分类计数的方法上,还需要突出对分类意义的理解,引导学生在解决熟悉的生活问题中完整体验统计的全过程,认识到分类是收集、整理、描述数据的基础,是最基本、最常用的统计方法,继而体现出分类与统计之间的联系。

基于学生在低年级段就对分类进行学习的情况,教师一开始可以将学生带入熟悉的生活场景,引导学生认识到分类就在我们的身边,如展示超市里奶品柜台的情境图,并提出"从图中你能知道些什么"的问题,鼓励学生在看过情境图之后提出一些问题。这不仅能培养学生发现问题、提出问题的意识与能力,还能引发学生为了更进一步了解情境图而产生的统计动机。与学生所提问题进行交流,选择那些与数据有关,需要用数据回答的问题。如,有的同学提出了超市一共有几个品牌的牛奶,每个品牌有多少瓶,哪个品牌的牛奶最多等问题。还有的同学提出超市有多少种口味的牛奶,每个口味的牛奶有多少瓶,哪个口味的牛奶最多等问题。教师通过对问题的梳理,可以引导学生初步体会分类的标准可能是多样化的。

为了更好地帮助学生理解分类标准数据的收集和整理中的意义和作用,进一步感受分类标准与分类结果之间的联系,教师可以鼓励学生分组完成所提问题。这不仅能激发学习兴趣,更能够促使学生为了回答问题,仔细收集其中的数据。通过分一分、数一数的活动,学生不仅能体验什么是"分",并能从中感受分类的目的在于计数。学生们在随后使用自己方式呈现分类结果,根据计数结果对问题进行分析解答。这不仅能让学生认识到数据中蕴含信息,更能初步感知到分类是统计活动中最为基础与重要的环节。在与同组其他同学进行交流时,学生能够逐步认识到虽然呈现的形式是多样的,但计数结果却相同,即分类结果在单一标准下的一致性。另外教师可以组织学生与其他小组进行交流,这不仅体现了《标准》所提出的让学生自选标准进行分类的要求,也渗透出不同标准下分类结果的多样性。最后,为了促使学生学会反思,教师可以引导学生对整个分类活动进行回顾,谈一谈他们是如何提出问题的?为什么提出了不同的问题?问题是如何解决的?在与同组成员以及其他小组进行结果交流中你有什么感受?这些体会不仅能为后续的统计学习积累基本的数学知识和数学活动经验,还能激发积极的情感,促使学生积极参与到数学学习活动中去。

2-2 如何帮助学生体会统计表的作用

 问题呈现

统计图表是人们日常工作、生活和报刊、网络等媒体传达信息经常使用的一种交流工具。但是，与统计图相比，不论是数学课程内容还是教学研究文献，对统计表的教学与研究都远不如对统计图的丰富。然而，就数据呈现方式来看，统计表与统计图都是重要的呈现方式，统计年鉴中更是大量地以各种形式的统计表来呈现数据，统计表也是构造统计图的一个必要准备。因而帮助学生形成对统计表数据信息进行正确解读，并恰当利用统计表对信息进行表达是统计教学中需要引起重视的基本任务。

 学习指导策略

不同于《标准（试验稿）》所给出的"通过实例，认识统计表和象形统计图、条形统计图（1格代表1个单位），并完成相应的图表"具体目标。《标准（2001年版）》在"课程内容"中并没有明确提出"统计表"的具体内容，只是在第一学段中提出了"经历简单的数据收集和整理过程，了解调查、测量等收集数据的简单方法，并能用自己的方式（文字、画图、表格等）呈现整理数据的结果"以及在第二学段中给出了"能从报纸杂志、电视等媒体中，有意识地获得一些数据信息，并能读懂简单的统计图表"。可见，为了突出数据分析的意义，《标准（2001年版）》加强了对统计表的分析解读，淡化了对统计表的制作。这就需要教师在教学统计表相关知识时，认识到统计表作为整个统计活动的中间环节，是作为工具为最终的判断、预测或决策等服务的。

根据《标准（2001年版）》中的有关表述，我们可以发现第一学段里鼓励学生用自己的方式表示数据（画图、文字、表格等），而不是学习正规的统计表。这一点与以往不同。当学生开始学习"数据的收集与整理"时，他们在进行收集数据的过程中，会自然地发现收集来的数据往往看起来是较为杂乱的,需要对数据进行分类与整理。此时,教师不能急于对统计表进行教学,而是要鼓励学生用自己的方式呈现整理数据的结果,这是因为用自己的方式表达,有利于学生挖掘数据里蕴含的信息,认识到数据信息可以表达、可以交流的特点。然而当学生们在经历了用自己的方式呈现数据结果之后,教师需要适时的引导学生思考:怎样才能把收集上来的数据表示得更清楚呢?通过对各种呈现方式的比较,学生在交流中初步体会学习统计表(虽然开始只是非常规的统计表)的必要性,逐步认识到统计表是人们呈现数据的重要方式,它的作用在于帮助人们把看起来杂乱无章的数据直观地表示出来。

《标准(2001年版)》在第二学段中继续提出:"能用条形图、折线图直观且有效地表示数据。"从各版本教材的编写设计来看,对于统计图表的学习都放置在一个完整的统计活动中,大多呈现出"调查记录——简单统计表——统计图"的教学线索。这种将统计表和统计图编制在一起的设计,不仅体现了数据有多种呈现方式,也为引导学生进一步体会统计表的作用提供了学习机会。因而教学时,教师要在数据描述阶段组织学生讨论:从统计表里能知道些什么?从统计图里能知道些什么?统计表和统计图各有什么特点?教师引导学生在思考、对比、交流的过程中感受统计表和统计图各自的优势所在,逐步体会在呈现怎样的数据时用统计表表示结果会更好。

2-3 如何从统计学的角度理解平均数

 问题呈现

蔡金法教授曾在对中美学生数学学习的系列研究中比较了中美两国六年级学生对平均数算法的理解。结果表明,两国学生在简单计算问题上正确率都很高,而且中国学生的总体表现好于美国学生,但对于某些复杂问题,两国学生都遭遇相似的认知困难。这说明两国学生并非缺乏算法的程序性知识,而是缺乏对算法的概念性理解①。

学习指导策略

平均数是中小学数学知识中的一个基本概念。它在日常生活和统计分析中的重要性引起了人们的普遍关注。若仅从数学计算来看,平均数只是一个包含了加法和除法的算式,但就统计学领域而言,它却是一个非常重要的概念。陈希孺就曾指出:"如果我们从理论的角度走一点极端,则可以说,一部数理统计学的历史,就是从纵横两个方向对算术平均数进行不断深入研究的历史。"②

关于平均数的学习,《标准》在"课程内容"的"第二学段"中指出:"体会平均数的作用,能计算平均数,能用自己的语言解释其实际意义。"其中"能计算平均数"比较容易达成,"体会平均数的作用"和"能用自己的语言解释其实际意义"则对于学生具有一定的难度,而这两项恰恰是课程标准要求的重心所在。因而在引导学生进行学习时,重点不仅在于怎样求这一统计量,更在于用平均数描述、分析一组数据的状况和特点,或者对两组数据进行比较,强调从统计学的角度来理解平均数,即理解为什么学习平均数,平均数是什么,它有什么用,怎么计算平均数,它有什么性质,如何运用平均数解释生活中的一些现象与实际问题,等等。

平均数的统计学意义在于代表一组数据的整体水平。为了更好地帮助学生从统计学的角度理解平均数,教师首先需要激发学生的学习需求,引导学生认识为什么要学习平均数,它在统计中的作用是怎样的。因而教师可以从学生熟悉的现实生活情境出发,创设具有一定挑战性、开放性的问题情境,引导学生经历平均数的产生过程,体验平均数的"代表性",感受平均数的作用。这一点在不同版本教材的设计中都有所体现,例如,"苏教版"所创设的"套圈比赛"情境,通过条形统计图给出男女两队(人数不同)套圈成绩的数据

---

① 蔡金法.中美学生数学学习的系列实证研究——他山之石,何以攻玉[M].北京:教育科学出版社,2007:99~107.

② 陈希孺.数理统计学简史[M].长沙:湖南教育出版社,2000:73.

后,问谁套得准一些。教材的设计意图是引导学生认识到由于参加套圈的人数不一样多,若用男女生套中的总个数来进行比较是不尽合理的;若是用某个学生套中的个数(最多)来代表男生或女生的整体水平,则没有反映出在这其中还有套中个数较少的情况,反之亦然,即原始数据中的单个数据都不能很好地表示男生或女生的整体套中情况。因而,在教学中为了促使学生能够较为深刻地感受表示男、女生套中情况的代表性数据——平均数的意义,教师可以组织学生对此进行充分的交流与争论,激发学生的认知冲突,学生在尝试多种其他办法无法解决问题时想到分别求出男生和女生平均每人套中的个数再进行比较的方法。学生通过经历解决实际问题并参与讨论这一过程,初步感知平均数的"代表性",即表示一组数据的一般情况。

虽然有关研究表明,学生在有关平均数简单计算问题上正确率很高,但要正确、深入地理解和运用平均数概念并不容易。[①] 因而,在学习平均数的计算时,仍需强化对平均数意义的理解,而不仅仅集中在计算所得的结果上。教师要把平均数的意义、求法融为一体,引导学生在对平均数含义思考的同时探寻计算平均数的方法,并能联系求平均数的方法进一步感受平均数的含义。因此,教师首先可以利用教材中呈现的直观形象的象形统计图(或条形统计图),通过"移多补少"的过程,强化学生对于平均数意义而非算法的理解。因为这一过程将平均数刻画成一组数据整体水平,学生认识到这一平均数是表示一组数据的整体水平,并不表示一个实际存在的数量。从这一点来看,平均数概念对于小学生是较为抽象的,因为只有中学生才能在稍微复杂的背景中运用平均数解决问题。因此,为了帮助学生更好地理解平均数的统计意义,教师可以为学生提供熟悉的、现实的生活情境,利用平均数的统计含义解释现象并解决问题,进一步帮助学生强化平均数的作用与意义,并用他们的语言解释其实际意义。例如,一个池塘平均水深1.1米,小明的身高是1.4米,他游泳有危险吗?或是《2015年世界卫生报告》显示,目前中国男性

---

① 吴骏.小学四年级学生对平均数概念理解的发展过程[J].数学教育学报,2011(3):39~41.

的平均寿命是74岁,总体来看,全世界人口的寿命都较以往有所增加,但是,一位70岁的老爷爷看了这则资料后,不但高兴不起来,反而还有点难过。这是为什么呢?你生活中有大于74岁的老爷爷吗?教师引导学生经历这些问题的解决过程,不仅有助于他们理解平均数的意义,认识平均数的特点,同时能帮助他们认识到平均数在现实问题情境中具体应用的统计意义。

2-4 如何结合"选择恰当的统计图"内容突出数据分析方法的灵活性

《不列颠百科全书》对统计学下的定义是统计是关于数据的科学和艺术。史宁中教授在访谈中解释道:"科学是指在同样的前提下每个人得到的结论都是一样的;艺术这不是,随着个人鉴赏力的不同,得到的结论也不一样。统计学有其他科学的一方面,但是也有艺术的一方面,就是说每个人的目的不一样、每个人的鉴赏力不一样,他就可以选择不同的方法,得到不同的结论。"[①]可见,统计的方法没有简单意义上的对和错,只有"好"和"不好"。

《标准》提出在数学课程中,应当注重发展学生的数据分析观念。学生能够通过收集数据、绘制统计图表、计算统计量,对统计数据进行分析。因而对于统计图的学习,学生不仅需要认识条形统计图、扇形统计图、折线统计图,而且要能用条形统计图、折线统计图直观且有效地表示数据。可见,统计图作为统计活动的中间环节,是直观的表述工具,能使数据的信息能够一目了然,从而为人们最终的判断、预测进行服务。若从信息表述的功能来看,三种统计图均有着自己的特点与优势:条形统计图更有利于表述数量的多少;折

---

① 史宁中,张丹,赵迪."数据分析观念"的内涵及教学建议[J]. 课程·教材·教法,2008(6):44.

线统计图更有利于表述数量的变化；而扇形统计图更有利于表述数量所占的比例。我们从中可以发现在用统计知识解决问题的过程中，往往要根据数据的特点和解决问题的需要选择合适的统计图，从而准确、有效地表示数据。因而在学完各种统计图之后，教师需要帮助学生进一步认识各种统计图的特点和作用，认识选择统计图描述数据的过程与方法，增强数据分析观念，突出数据分析方法的灵活性。

由于三种统计图是分开学习的，因此对于小学生而言，很难形成较为完整、相互联系的知识结构。教师首先需要唤起学生对三种统计图的已有知识经验，为选择合理的统计图打好知识基础。因而教师可以引导学生明确统计内容，分析数据信息的特点，根据统计表中的数据尝试给出统计图并对数据进行描述。但在此过程中，部分学生可能在开始阶段会产生一定的思维定式，认为一张统计表的数据只能用一种统计图来表示。如何帮助学生克服这种思维定式，全面、整体地认识用统计图表示统计表中的数据的优势与不足，这需要教师在教学时通过具体实例不断地进行对比辨析，引导学生在辨析中逐步体会与感受。例如，人教版六年级上册教学例2第(1)题中给出的有关校园内树木总量变化情况统计表，由于受到"变化"一词思维定式的影响，部分学生可能会认为只能用折线统计图表示。此时，教师可以追问，还可以用其他统计图表示吗？这一问题能够引发学生的思考，并逐步认识到其他统计图也能够表示变化趋势，如条形统计图，虽然它在表示变化趋势时不如折线统计图那么直观，但通过条形的起伏也能看出变化的大致趋势，同时可以表示每年的树木总量。这不仅能避免学生的思维固化，帮助他们初步认识到同一组数据信息往往可以用不同的统计图表示，同时能帮助他们认识到有时不能简单地以"对"或"错"来比较不同的统计方法，只能说某种方法相对好一些，而某种方法可能具有一定的局限性。

在此基础之上，教师可以继续引导学生认真分析，不断比较，在深刻理解不同统计图的特点的基础上，科学合理地作出选择。例如，苏教版六年级下册教学例2，分别用一幅扇形图、一幅折线图和一幅条形图来表示六年级一班同学阅读课外书的一组数据，教师可以通过适时提问"三幅统计图分别表示什么"来引导学生比较分析各个统计图的特点。学生在读图并说出每一幅统计图里的数据信息过程中,不仅能够认识到它们既有各自的特点,也有共性的因素,初步认识到三种统计图之间的区别与联系。此时,教师要适时引导学生对统计图进行对比,不断提升学生对统计图的认识与理解,对于同一事件,由于问题背景或数据特点的不同,可以选用不同的统计图。当确认学生对各统计图内容已有了解后,可以启发学生对比思考:为什么都是统计六年级一班同学阅读课外书情况统计图,却绘制了三个不同的统计图?这三个统计图中的数据不同在哪儿?如果只用其中一幅统计图来说明好不好,为什么?教师引导学生在对比、讨论、辨析中理解由于统计目的或统计数据的特点不同,需要科学合理地选择不同的统计图,在对比中促使学生认识到只有对不同统计图进行分析,所获得的信息才会更全面、更准确,从而帮助他们从整体上深刻认识各种统计图的特点和适用条件。这些活动将学生学习的重点聚焦于学会选择更合适的方法,这恰好体现了"数据分析观念"所包含的一层内涵——"能够了解对于同样的数据可以有多种分析的方法,需要根据问题的背景选择合适的方法"。

 2-5 如何通过活动引导学生体会数据的随机性

问题呈现

许多统计学家将随机作为统计学最重要的特征,诚如 Moore 所说:"变异是统计的基础,没有它统计学将不会存在。"[①]"数据的随机性"是在《标准》中首次提出的。GAISE(Pre-K-12)在阐述统计解决问题过程的四个组成部分(形成问题、收集数据、分析数据、解释结果)的基础上,提出了在每个部分中随机的作用:在形成问题中能预见随机,在收集数据中能确认随机,在分

---

① Moore D S. Uncertainty [M]// Steen L A. On the shoulders of Giants. Washington D. C: National Academy Press,1990:95~173.

析数据中能解释随机,在解释结果中能考虑随机①。因而如何通过活动引导学生体会数据的随机性是培养学生数据分析观念的核心所在。

学习指导策略

在义务教育阶段,学生学习统计与概率的核心目标是发展"数据分析观念"。"数据分析观念"是十大核心概念之一,《标准》对它的解释包括三个主要方面,其中"通过数据分析体验随机性"是它的内涵之一。这一提法与以往教学中采用概率来让学生体验事件发生的随机性有着明显的不同,这也使得利用数据分析随机现象成为了教与学的核心。因为学生在数据分析过程运用数据自然地体验随机性,不仅符合学生的认知规律,同时有助于他们数据分析观念的形成。例如,在对一个交通路口每小时的车流量进行调查统计过程中,学生不仅能经历收集、整理、描述、分析数据的全过程,还可以对数据进行分析,虽然较短时间内的车流量是不确定的,但较长时间内通过该路口的车流量是具有一定规律的。但是从一些对中小学学生随机性认识的相关研究结果表明,虽然大多数小学生对于随机事件的结果能作出正确的判断,但他们对于随机性的认识与体会还远远不够②。因而教师需要更多地帮助学生体验随机事件的不确定性以及随机事件存在着统计规律性。

由于数据分析是统计的核心,且运用数据分析体会随机性是教学的重点。因此,史宁中教授在访谈中建议通过统计的思想设计试验、游戏等活动,引导学生不仅要能认识随机现象,还能意识到关于随机事件的数据中蕴含着信息③。例如,《标准》附录 2 中所提供的例 40 就是一个非常好的例子,借助学生感兴趣的摸球游戏,引导学生体会数据的随机性。袋中放有 4 个红球、1 个白球,只告诉袋中球的颜色为红色和白色,不告诉红球数目与白球数目。

---

① Franklin C, Kader G, Mewborn D, et al. Guidelines for assessment and instruction in statistics education (GAISE) Report: A pre－K－12 curriculum framework [EB/OL]. American Statistical Association, 2007.
② 蒋秋. 小学生统计素养测评研究[D]. 西南大学硕士学位论文,2015:47.
③ 史宁中,孔凡哲,秦德生,杨述春. 中小学统计及其课程教学设计——数学教育热点问题系列访谈之二[J]. 课程·教材·教法,2005(6):45～50.

此时教师可以鼓励学生思考,如何在不打开袋子的前提下估计袋中两种球的数量,启发学生想到可以摸球得到数据,并由数据进行估计。在组织摸球活动时,学生每人进行三次有放回的摸球(每次只摸1个球),统计摸出红球和白球的数量,并在组内记录。全班交流后可以发现,对于同样的实验,每次收集到的数据可能是不同的,即每位同学每次摸出的球的颜色是不确定的;同时根据全班同学摸球的数据发现,摸到红球的次数明显要大于摸到白球的次数,从而进一步估计出红球比白球多。在不确定的基础上,初步体会只要有足够的数据就能从中找出规律。而这正好反映出数据随机性的两个方面。通过摸球实验,学生在游戏中收集信息、整理数据,并根据数据作出判断,认识到数据里蕴含着规律,并能学会用数据进行推断,提升归纳能力。学生在动手的过程中也获得了对数据随机性直观的感受——尽管随机现象的结果在发生之前不能确定,但随机现象结果的发生仍然是有规律的,只要有充分的数据,就能看出随机现象结果发生的规律,并从中学会客观全面地认识数据,初步认识到统计与概率之间的联系。

  需要提醒的一点就是,运用数据分析体会随机性,这需要运用统计的思想来设计摸球实验。统计是通过数据获取一些信息,帮助人们运用数据作出简单的判断和预测。因此如果学生事先知道摸球实验中袋子球的颜色与数量,那么试验则变成了一个验证而非统计的过程,不但所蕴含的随机思想不强,而且学生在知道了概率后再进行实验也缺乏了学习的兴趣。

2-6 如何整合信息技术激发学生乐意投入统计学习中

问题呈现

  《标准》在课程基本理念中提出:"信息技术的发展对数学教育的价值、目标、内容以及教学方式产生了很大的影响";"要充分考虑信息技术与课程内容的整合";"要充分考虑信息技术对数学学习内容和方式的影响,开发并向学生提供丰富的学习资源,把现代信息技术作为学生学习数学和解决问题的有力工具,有效地改进教与学的方式,使学生乐意并有可能投入现实、探索性的数学活动中去"。然而,在大多数的研究以及教学过程中,很多学者、教师都注重信息技术与"空间与图形""数与代数"的整合,往往忽略了统计课程内容与信息技术的整合①。其实,在"统计与概率"领域,计算器、计算机不仅能处理复杂的数据并整理、显示数据,还能对一些随机现象进行模拟,是学生学习统计知识的有力工具。

学习指导策略

数据分析观念是义务教育阶段小学统计课程内容的核心,这种观念的培养,需要依附于对数据进行收集、整理、描述与分析的实践活动中。因而,创设学生熟悉的生活情境以及组织有关活动便成为了小学统计教与学的主要的方式与方法。这不仅能吸引学生对所学内容的兴趣,而且能为学生经历统计的全过程搭建很好的平台。但是,许多现实情境却很难在课堂中再现。因此教师可以利用信息技术进行情境教学,创设出较为真实的情境,如利用信息媒体播放一段交通路况的情境录像,引发学生思考,在这段时间内,各种机动车各有多少量通过。这样,学生能感受到数学就在他们的生活中,从而激发他们的探究兴趣,积极主动地融入数据收集、整理、描述、分析的活动中。

传统的统计教学中,统计图表制作的学习占据了课程的大部分时间,学生数据分析与预测等能力的培养成为了附属品,产生了避重就轻的现象。统计分析作为统计的核心,统计图表只是为了让学生更好地分析数据做准备,不再是学习的重点。因而,我们可以利用计算机中的Excel、Word、PowerPoint软件快速地绘制出不同形式的、色彩缤纷的统计图,这样不仅能提高教师的教学效益,还能让学生眼前一亮,调动学生学习统计的积极性。在第二学段教师还可以引导学生对此进行操作,并鼓励学生在课外统计调查活动的汇报中采用此操作。如在调查本组同学家里的最近一次的水费、电费、电话费以及燃料费等缴费情况时,在对数据进行收集、整理之后,可以运

---

① 赵迪. 小学统计课程内容与信息技术的整合[J]. 中小学电教,2008(5):57.

用计算机软件绘制统计表与统计图,并根据统计图表向全班同学进行汇报与分析。这样的活动,不仅让学生主动经历统计的全过程,还能在交流中积极对生活中的数据进行解释,并根据结果作出简单的判断和预测。除了以上三种软件外,诸如几何画板、FLASH等软件还可以使得图形动起来,帮助学生在动态的过程中加深对一些统计知识的理解。诸如"平均数"概念,教科书中都设计了"移多补少"的图示帮助学生理解平均数的算法,但是教科书中静态的图片缺少了生动性和形象感。因而我们可以利用几何画板软件或FLASH软件,使其形成动态、连贯的动画过程,这不仅能激发学生的学习兴趣,更能帮助学生清楚地认识到如何从条形统计图上进行移多补少,更好地促进学生对平均数统计意义的理解与认识。

《标准》在第二学段中提出:"能从报纸杂志、电视媒体中,有意识地获得一些数据信息,并能读懂简单的统计图表。"这体现出统计与生活的密切联系,也反映出信息社会对公民统计素养的需要。在当今这个大数据的时代,小学生作为未来的公民需要具备在资讯泛滥的年代中,有足够的能力去理解有关统计资讯,并能基于所得到的信息作出批判性的思考和良好判断。为了帮助学生形成这样的能力,在统计学习中教师可以利用网络提供一些真实的数据信息与统计图表,也可以要求学生自己到网站上搜集自己感兴趣的数据信息,如世界人口的分布、世界平均寿命、NBA比赛中球员的命中率、各种品牌汽车的销售数据信息等,引导学生对此进行分析并交流。富有时代感且能激发学生兴趣的现实数据,不仅能提高学生的参与意识,还能让学生体会到生活中存在着大量的数据,这些数据与他们的生活息息相关。学生认识到通过网络等媒体可以收集到很多自己需要的数据,并在主动探索的过程中逐步形成初步的数据分析观念,将统计知识应用到生活中去。

3 小学数学"统计与概率"课例研究

 3-1 "数据收集整理"课例与评析

课例展示

(1)创设情境,引入新课。

师:同学们,新学期开始,学校要给我们同学们订一套新校服,可是碰到了一个难题,大家愿意帮忙解决吗?

生:愿意。

师:(多媒体出示问题)学校要给同学们订做校服,有几种颜色备选,分别是粉红色、黄色、蓝色和白色(课件出示四种颜色的校服)。选哪种颜色合适呢?

生1:我选粉色。

生2:我选粉红色。

生3:我最喜欢蓝色。

生4:我也选蓝色。

生5:我选白色。

生6:我喜欢黄色。

师:看来每一种颜色都有同学喜欢,是不是?那如果我们班要订校服,可不可能你喜欢粉红色的就订粉红色的,喜欢白色的就订白色?

生:不可能。

师:为什么呢?

生7:因为要统一。

师:对,校服肯定是要统一颜色的。那就是说全班同学只能订一种颜色。那怎么办?那如果我们全班选一种颜色,选哪一种颜色最合适呢?

(学生在底下纷纷说出各种颜色。)

师:有人说蓝色,有人说白色,有人说粉红色。你们能够以你们个人的喜好来决定这个班级的颜色吗?

生:不能。

师:那怎么办?

生 8:投票。

生 9:调查。

师:调查。对,我们可以对全班同学进行调查。(师板书:调查)大家想一想我们要调查什么呢?

生 10:哪种颜色衣服学生最喜欢。

师:哪一种颜色的衣服喜欢的人最多。少数服从多数,是不是?哪一种颜色的衣服喜欢的最多就订这个颜色为我们班校服的颜色。

生:是。

【评析】教师从学生的生活经验出发,创设校服情境,并针对学生好奇心提问"你愿意帮忙吗"。学生主动参与到"选哪种颜色合适"的活动中来,从而激发了学习兴趣与探究欲望。教师给学生畅所欲言的机会,并注意引导学生思考每个同学如果选择自己喜欢的颜色和校服的要求是否一致,促使学生明确校服的颜色选择不能以个人的观点,需要统筹大家的意见,从而引出用统计解决问题的方法,体现出统计的必要性。

(2)亲历活动,开展新课。

①收集数据。

师:既然要调查哪一种颜色喜欢的人最多,我们可以怎样进行调查呢?

生 11:粉红色,黄色,蓝色,白色,如果有一个人选择蓝色,就画一个圈圈。

师:哦,用一个圈圈来把选择的结果记录下来。好,还有没有?我们有没有最快的方法,最便捷的方法,马上就知道喜欢粉红色的有多少人,喜欢蓝色的有多少人,喜欢黄色的有多少人,喜欢各种颜色分别有多少人?

生 12:写一个"正"字。

师:还可以用"正"字还记录。真棒!怎么才能知道喜欢各种颜色的人有多少个呢?

生 13:举手。

生 14:让喜欢什么颜色的人举手。

师:说得真好,我们可以让喜欢各种颜色的同学举手,接着再数数看有多少人,是不是?

生:对。

师:那行,下面我们就用举手的方式来进行调查。那我请一个同学当我的助手来帮忙,你来问。然后我再请一个同学来帮我数。

（全班同学都举起手来。师选了生15来问,生16来数。）

师：李老师有一个建议,什么建议呢,就是你在举手之前一定要想好每个人最喜欢的只能是一种颜色。你不能说粉红色我也举手,等会蓝色我也举手,这几种颜色我都喜欢。行不行？

生：不行。

师：我们一定要注意,我们只能选择最喜欢的颜色,那么你最喜欢的这种颜色它是唯一的,明白了吗？

生：明白了。

生15：喜欢粉红色的请举手。

（生16对举手的同学进行数数,同时有一些同学也在底下自己数）。

师：数好了吗？

生16：一共是17个。

师：好,我们这里调查的是喜欢粉红色的同学人数。为了方便比较,老师把它记录下来了。（板书：粉红色17人。）

生15：喜欢黄色的请举手。

生16：1人。

师：喜欢黄色的有1人。老师把它记下来。（板书：黄色1人。）

生15：喜欢蓝色的请举手。

生16：19人。

师：喜欢蓝色的有19人。老师把它记下来。（板书：蓝色19人。）

生15：喜欢白色的请举手。

生16：15人。

师：喜欢白色的同学有15个。老师也把它记下来。（板书：白色15人。）

粉红色	黄色	蓝色	白色
17人	1人	19人	15人

师：到底有没有数错,或者有重复举手的,我们有没有什么办法进行验证？

生17：有。可以把它们加起来。

师：我们班今天有一位同学请假。那今天我们班上有多少人？

生：54人。

师：那我们加加看。

生：只有52人。

师：只有52人,差两个人。他们是没举手呢,还是刚才数错了呢？

大家考虑会是什么原因造成的吗?

生18:有的同学可能手没有举好,就数漏了。大家可以站起来,这样看得更清楚些。

师:可能是有的同学手没举好,所以数得就没那么准确了。那我们再来调查一次。你刚才选什么颜色,现在还选什么颜色,能不能变化?

生:不能。

师:现在我们再来一遍。

生15:喜欢粉红色的请起立。

生16:16人。(当生16在数时,其他一些学生也私下数着。)

师:16人。看来刚才可能就是没数对。好,我们把它记录下来。(板书,将原来的17改为16。)

生15:喜欢黄色的请起立。

生16:1人。

师:人少的这个肯定没有数错。这个记录就不需要改了。

生15:喜欢蓝色的请起立。

生16:22人。

师:喜欢蓝色的有22人。看来人多的话就容易数错了。我们把它记录下来。(板书,将原来的19改为22。)请坐。

生15:喜欢白色的起立。

生16:15人。

师:喜欢白色的有15人。这和上一次数的是一样的。请坐。

粉红色	黄色	蓝色	白色
16人	1人	22人	15人

师:那我们根据所记录的人数,再来算一算,这一次数的对不对。

生:对了,是54人。

师:我们刚才通过举手或是起立之后数一数的方法调查了我们班喜欢这4种颜色的同学分别有多少人,那么这个过程就是数据收集的过程。(板书:数据收集。)

【评析】教师通过让全体学生亲历调查的整个过程,经历收集数据的过程,结合学生所收集的数据,提出问题"有什么方法能验证我们数的对不对",引发学生思考数据之间的关系,让学生认识到在对数据收集之后需要验证数据的正确性。结合第一次学生数错的情况,教师有目地地引发学生提出站起来数会更清楚的想法,有助于学生对数据收集方法的认识。通过举手与起立两种方式对这一问题进行调查,学生也体会到调查方式的多样化。

②根据统计表解决问题。

师:我们把刚才调查到的数据画成表格。

粉红色	黄色	蓝色	白色
16人	1人	22人	15人

师:我们来看表格上面一行表示什么?

生:颜色。

师:上面一行表示的是颜色(在表格上板书颜色),那下面一行表示的是什么呢?

生:人数。

师:人数(在表格上板书人数)。那么你们能从这张表格中看出什么呢?

生19:喜欢蓝色的人最多,喜欢黄色的人最少。

师:你发现了喜欢蓝色的人最多,喜欢黄色的人最少。还有没有?

生20:我们班一共有多少人。

师:你可以从中知道我们班一共有多少人,也就是我们班有多少人参与了这次调查。

生21:我们班有多少人没参加这次调查。

师:你知道我们班有55人,你从这个表格中还知道了我们班少了1个人,没有参加调查。

生22:最多和最少相差多少人。

师:你还知道最多和最少相差多少人。大家说得都很棒。接下来李老师也有一些问题,看看你们能不能回答啊。

(PPT展示问题:全班共有( )人。喜欢( )色的人数最多。如果这个班订校服,选择( )色合适。全校选这个颜色为校服颜色合适吗?为什么?)

师:全班共有多少人参加了调查。

生:54人。

师:54是怎么算出来的?

生:16+1+22+15,加起来的。

师:很好,把这几个数字相加,我们得到的就是全班参加调查的总人数。所以这个括号就可以填什么?

生:54。

师:喜欢什么颜色的人数最多呢?

生:蓝色。

师:我们发现喜欢蓝色的人数是最多的。

师:如果我们这个班要订校服,那么选择哪一个颜色最合适?

生:蓝色。

师:为什么选蓝色?你们不是好多人要粉红色,要白色吗?为什么现在说要统一订蓝色?

生23:因为大多数人都喜欢。

师:因为大多数人都喜欢蓝色。

生24:因为有一半人喜欢蓝色。

师:因为有一半人,22人是接近一半,都喜欢蓝色。很好。

生25:因为喜欢蓝色的人最多。

师:嗯,因为喜欢蓝色的人最多,所以选蓝色最合适。现在还有一个问题,我们班上同学喜欢的颜色人数最多的是蓝色,那么我们学校也选这个颜色来作为校服颜色合适吗?

生:不合适。

师:刚才不是说喜欢蓝色的人最多吗?那我们全校订校服也订蓝色。

生:别的班不一定啊。

师:我们班刚才通过调查发现喜欢蓝色的人最多,那如果是我们班订肯定是订蓝色,但是也有可能其他班的同学不一定喜欢蓝色,是吧?那就以我们学校为例,现在要统一订校服,一个班统一只能说是班服而已,是不是?现在是要订校服,全校要统一,那现在该怎么办?你有什么办法,怎样才能确定全校人最喜欢的颜色呢?

生26:把每个班集合起来再进行调查。

师:你的意思是说就对全校同学进行一次调查。把全校同学集中在操场上就像我们刚才一样的调查,看看全校同学喜欢什么颜色的人最多。你是不是这个意思?(生26点头。)那你们觉得这样做好不好?就是对全校同学进行调查,然后去统计全校里面喜欢什么颜色的人最多。

生:不好算。

师:为什么不好算?

生27:全校人数偏多。

师:是的,全校有1000多人呢。调查会比较麻烦。

生28:1000多个人站在操场上不好数。

师:我们刚才一个班都数了两遍。一开始还数错了,是不是?有没有更好的方法?

生28:每个班自己调查再把它们加起来。

师:太厉害了!你们听明白了吗?每个班都像我们班刚才这样进行调查,是不是啊?每个班为单位像这样调查,调查好之后,像这样把调查结果全部统计起来,这个表叫作统计表(板书:统计表)。把我们的调查结果填入统计表,每个班只要把统计表汇总,然后通过计算器进行计算,算出喜欢什么颜色的人数最多。这是不是一个好办法?真棒!我们把掌声送给她。还有什么办法?

师:李老师又有一个问题,我们全班多少人呢?

生:55人。

师:55人,但我们今天参加调查的是多少人。

生:54人。

师:冯其今天请假了。我们不知道他的意愿,不知道他喜欢什么颜色。

生:可以去他家或打电话问。

师:可以去他家或打电话问,这是一种方法。那如果我们不问,能不能决定我们班最喜欢颜色人数哪个最多?

生:还是蓝色。

师:还是蓝色?如果他不喜欢蓝色呢?

生:还是蓝色。

师:为什么?

生29:假设他喜欢粉红色,那么16+1=17,17小于22。

师:哦,可以假设他喜欢各种颜色。假设他喜欢粉红色,那么粉红色也才17人,那喜欢黄色的人也还是喜欢蓝色的人最多。假设他喜欢黄色,那也就几人?

生:2人。

师:也小于22。假设他喜欢白色,那也就多少人?

生:16人。

师:也不能超过喜欢蓝色的人数。看来无论他喜欢什么颜色,我们喜欢蓝色的人数依然是最多的,不能影响我们最终的结果。所以说如果我们班选的话,肯定选的是什么颜色?

生:蓝色。

师:刚才我们把收集完的数据记录在统计表里,就能很清楚地看到喜欢哪种颜色的人数最多,喜欢哪种颜色的人数最少,其实这个过程也就是数据整理的过程。通过对数据的收集和整理,我们解决了一些问题,看来这是一个很好的方法。

【评析】教师通过提出问题"你能从表中看出什么信息吗",引导学生观察统计表,并从中体会数据中蕴含着信息。教材通过呈现三个问题,帮助学生对所调查的数据进行分析,并结合第三小题中由全班到全校的扩展问题,进而判断所收集数据是否能解决问题,引发如何对全校学生进行调查的思考。同时结合本班有人请假这一情况,教师提出了"如果他要素选,结果会改变吗"这一问题,引发学生在思考与交流中认识到,当各类数据结果相差较大时,少数数据的缺失并不太能影响统计结果,使学生体会到统计数据的意义。

（3）应用挑战，巩固练习。

师：刚才我们已经学到了如何通过调查进行收集数据，整理数据，那么下面老师请你们用刚才学到的知识解决书上第4页练习一的问题。你们敢挑战吗？

生：敢。

师：好，我们来看题目的要求是什么？

图 4-1 例题

生：调查本班同学最喜欢参加哪个课外小组。

师：我们看到下面有一个表格，课外小组这一栏分别有什么呢？

生：计算机小组，篮球小组，舞蹈小组，乒乓球小组。

师：最后一栏是空的，是什么意思？

生：可以填其他的课外小组。

师：那大家准备填什么小组啊？

（一些学生们在底下给出很多不同的课外小组。）

师：看来大家喜欢的课外小组很不一样，那我们就统一将它们都归为一个词"其他"。也许这几个课外小组你都不喜欢，那我们可以说你是喜欢其他的兴趣小组的，是不是？我们可以在最后一个空格里填上其他。那我们调查时，如果你喜欢的是这四个小组之外的其他兴趣小组，那么你就选择其他。那好，我们该怎么调查呢？

生30：还可以和刚才一样站起来数。

师：好的，那我再请两个同学来进行调查，一个同学问，一个同学数。其他同学可以在底下帮着数，看看她数错了没有啊。

（全班同学都举起手来，师选了生31问，生32数。）

生31:喜欢计算机兴趣小组的请起立。

生32:7人。(其他学生在底下数并核对是否数错。)

师:喜欢计算机的有7个。要不要把它记录下来?

生:要。

师:这个调查收集到的数据,大家要及时地把它记录下来,不然一会就忘了。那我们在表格中计算机的下面填上7。

生31:喜欢篮球兴趣小组的请起立。

生32:15人。(其他学生在底下数并核对是否数错。)

师:喜欢篮球小组的有15人。我们需要干什么?

生:记录下来。

生31:喜欢舞蹈小组的请起立。

生32:18人。(其他学生在底下数并核对是否数错。)

师:喜欢舞蹈小组的有18人。我们把它记录下来。

生31:喜欢乒乓球小组的请起立。

生32:4人。(其他学生在底下数并核对是否数错。)

师:喜欢乒乓球的有4人。那好,喜欢其他小组的人数,大家想一想如果我们不数,能不能算出来?怎么算?

生33:能,可以用"54—7—15—18—4"。

师:用我们参加调查的总人数54减去前面的几个数字,可不可以?

生:可以。

师:大家拿出草稿纸,在草稿纸上算一算。

生:10人。

师:那大家把它记录下来以后,观察我们所收集到的数据,看看你能从表中发现哪些有用的信息呢?

生34:我知道喜欢舞蹈小组的同学最多,有18人。喜欢乒乓球小组的人最少,只有4个人。

生35:如果今天冯其没请假,喜欢舞蹈小组的同学也是最多的。

师:说得真棒。假如他没请假,他也选了篮球小组,篮球小组也就最多16人,还是小于喜欢舞蹈小组的人数,对不对?

生:对。

师:那接下来大家先自己完成书上的问题,给大家3分钟时间,一会请同学起来汇报。

(学生独立完成,教师巡视后组织汇报。)

生36:参加舞蹈小组的人数最多,参加乒乓球小组的人数最少。

生37:我们班参加计算机小组的有7人。

生38:我喜欢篮球小组,喜欢这个小组的有15人。

师:大家都说得都很好,看来大家都能根据调查收集到的数据发现一些有用的信息,也可以独立解决一些问题。

【评析】在本环节一开始,教师针对学生好胜心强的特点,提出"你敢挑战吗"。这有助于调动学生的学习积极性。练习环节不仅让学生再次亲历统计的全过程,巩固所学知识,还通过提出"你能从统计表中获得什么有用的信息吗"等问题,使得学生在不断解决问题过程中体会数据中蕴含着信息,在学会对统计结果进行分析的同时,更深一步感受到统计的必要性与价值。

(4)交流归纳,课堂总结。

师:同学们,通过今天的学习,你有什么收获吗?

生39:我知道了可以通过举手、起立的方法来收集数据。

生40:收集数据后要把它们加起来看看和总数是不是一样的。

生41:调查数据的数据的时候要及时把它记下来。

师:大家说得都非常好。今天这节课我们学习有关数据收集和整理的相关内容,当我们在生活中做一些决定时,比如选校服,我们需要先进行调查,然后收集有关数据。那我们通过学习,已经了解到举手、起立这样的收集方式,但无论是哪种方式都要做到不重复、不遗漏,也就是刚刚同学说到了要收集数据后要把它们加起来看看和总数是不是一致的。同学们也说到了收集完数据后要及时记录下数据,也就是将数据进行整理记录填入统计表中。通过学习,我们发现统计表不仅可以告诉我们很多信息,而且能帮助我们分析和解决生活中的实际问题。希望同学们也能将这种方法应用到生活中去,解决我们生活中的问题,好吗?

生:好。

师:那我们今天的课到此结束。

【评析】:教师通过引导学生对整节课的学习作整理、小结、反思,不仅使得学生在收获中总结巩固新知识,还培养了学生的表达和交流能力。同时教师结合学生的体会,进一步进行总结,有助于学生认识到统计与生活之间的联系,认识到统计的作用、统计的目的、统计的方法,并从中初步形成统计的意识。

(黄山市实验小学 李莉)

课例透析

"数据收集整理"是学生正式接触统计的起始内容。《标准》在第一学段"课程内容"中就明确指出:"经历简单的数据收集和整理过程,了解调查、测量等收集数据的简单方法,并能用自己的方式(文字、图画、表格等)呈现整理数据的结果。"因此,教师在教学中要结合具体的问题情境,引发学生思考并逐步认识可以用统计进行解决问题的方法。学生亲历调查、收集、记录、呈现数据的全过程,在体验认知的基础上认识到统计的价值所在,在感知的基础上初步学会对数据进行分类、收集、整理的方法。

(1)创设矛盾冲突的情境,感受统计的必要性。

本节课结合教材中所提供的选择校服颜色的情境入手,学生通过思考"选哪种颜色合适"这一问题,自觉地参与到活动中来。同时学生通过交流发现自己个人的喜好与选校服颜色这一决定之间有着一定的矛盾和冲突,激发了积极探究的欲望,并产生了用统计解决问题的需求,从而能在思考与解决问题的过程中体会到统计的必要性,培养了把生活问题转化为数学问题,并用统计方法解决问题的意识。

(2)亲历统计全过程,体现学生主体地位。

课程标准强调让学生经历收集、整理、描述和分析数据的过程。从本节课的设计上,我们可以看到教师在新课和练习两个环节都让学生亲历统计的全过程,通过采用"举手数一数""站起来数一数"等方法收集数据,不仅让全班学生参与到调查中,激发了学生们的学习兴趣,还使得他们在调查活动中学习到了举手、起立等收集数据的简单方法,认识到数据收集方法的多样化,较好地体现出《标准》所提出的"经历简单的数据收集和整理过程,了解调查、测量等收集数据的简单方法"。同时在对数据分析并解决问题的教学中,教师放手让学生对统计表进行观察与分析,通过提出问题"你能发现其中有什么信息吗",引发学生独立思考,不仅能帮助学生认识到数据中蕴含着大量的信息,还能培养学生问题意识与对统计的初步分析、比较能力。学生通过亲历这些自己所熟悉问题的调查活动,经历数据分析的过程,提升了运用数据分析方法解决实际问题的能力,建立数据分析观念。

3-2 "可能性"课例与评析

课例展示

(1)教学准备。

师:1个布袋,内有1个黄球3个红球;1个透明袋;彩球若干个;课件(U盘);2块手写小黑板、大黑板画表格;道具(标题可能性、打印的口袋3个、1个红圆片、1个黄圆片)。

每个小组:1个布袋;1个红球1个黄球;1块磁铁,红色黄色圆片各10个。

学具:信封,红色黄色圆片各10个。分7组,每组6~7人。

(2)教学过程。

①游戏导入。

活动1:摸球比赛——引出可能性问题。

师:同学们,你们喜欢玩球吗?

生:喜欢!

师:那就让我们来玩摸球游戏吧。

师:老师这里有一个口袋,里面装了一些球,请看游戏规则(课件显示):每次任意摸一个,然后放回口袋摇一摇,摸到红球的次数多,算女生赢;摸到黄球的次数多,算男生赢。(不计摸球次数。)

师:明白游戏规则了吗?

生:明白了。

师:谁上来摸球呢?

(几乎全班的同学都举起手来。师指明了第三组的学生,让这组的男生和女生作为代表进行摸球。)

师:好,比赛正式开始。先请女同学摸球。

(第1名女生摸到1个红球,女生们非常开心。)

师:女生们得1分,请男同学摸球。

(第1名男生摸到了1个红球,很多男生们发出了"哎"的叹息。)

师:男生出师不利啊,没有摸到黄球。女生继续摸球。

(第2名女生又摸到1个红球。)

师:女同学再得1分。男同学要加油啊!

(第2名男生摸到了1个黄球。男生一片欢呼。)

师:女同学现在是2比1暂时领先。

(第3名女生仍摸到1个红球。)

师:女生又得1分。男同学要加油。

(第3名男生仍摸到了1个红球。此时很多男生都显得情绪低落。一些学生都说到这袋子里的球肯定有问题。)

师:大家还愿意摸下去吗?为什么?

生1:不想再摸了,袋子里肯定红球多。

师:是不是有这种可能?

生:是。

生2:今天女生运气好,男生运气不好。

师:也有这种可能。那到底是同学说的哪种情况呢?我们打开袋子来看看好不好?

(老师打开布袋,同学们发现袋中有3个红球,1个黄球。)

师:对于这样的比赛,你们觉得怎么样?

生:不公平。

师:为什么?

生:两种颜色球的个数不一样。

师:如何去解释这种现象,就需要用到新的知识"可能性"(板书课题),这就是我们今天要学习的内容。

【评析】创设游戏情境,让学生在轻松愉悦的环境中开始学习,将学生的注意力吸引到课堂中来。教师利用"男、女生谁摸到各自颜色的球多"这一活动,让学生初步感知可能性。由于进行的是一场不公平的摸球比赛,在比赛进行中学生通过观察主动质疑,此时教师适时提出"游戏是否公平,如何对其进行解释"引入课题,有助于激发学生的学习兴趣与探究欲望。

活动 2:摸球活动——感知"可能"。

师:现在老师拿出 2 个红球(透明袋里装 1 个红球 1 个黄球)。现在如果让你任意地摸 1 个,你们猜猜结果会怎样呢?

生 3:有可能摸到红球,有可能摸到黄球。

生 4:两种球都有可能被摸到。

师:两位同学都用到了一个词——可能。(师板书:可能。)

师:那摸球的情况到底是不是这样呢?你们的猜想对不对呢?我们可以亲自摸一摸来体会体会。老师给每个小组都准备了袋子,里面装有 1 个红球和 1 个黄球,我们首先来看要求。

任务:摸球活动。

组长拿口袋,组内成员按顺序每人摸 1 次,一共摸 10 次;摸好后用圆片表示球的颜色记录在小黑板上,并把球重新放回口袋;摸到红球就在磁铁上贴红色圆片,摸到黄球就贴黄色圆片。师边说摸球要求边示范记录。每次摸之前,要把口袋抖一抖。

师:给大家 5 分钟时间,每个小组分别进行摸球。一会结束后每个小组展示出你们的摸球结果。

(5 分钟之后,每个小组都展示出本组的摸球结果。)

师:同学们在摸球的过程中,一定有许多体会吧?谁来说一说。

生 5:我们小组是有的同学摸出了红球,有的摸出黄球。

师:在摸球之前,大家能确定摸到哪个球吗?

生:不能。

生 6:我们小组一开始 3 个同学摸出的都是黄球,但后面就有摸出了红球,有的摸出了黄球。

师:开始摸到的都是黄球,但是多摸几次,有可能摸出红球也可能是黄球了。看来大家在摸球中都发现每个小组里都有一部分同学摸出的是红球,一部分同学摸出的黄球。那是不是说这两个球都有可能摸到呢?

生:是。

师:那大家觉得如果我摸的话,有可能会摸出红球吗?

生:有可能摸出红球。

师:为什么?

生:因为袋子里有红色的球,也有黄色的球。

师:谁能完整地说一说?

生7:因为袋子里有红色的球,也有黄色的球,所以可能摸出红色的球,也可能摸出黄色的球。

师:说得太好了。因为袋子里的球颜色不同,既有红色的球,也有黄色的球,所以我们任意摸一个,摸到的可能摸出红色的球,也可能摸出黄色的球。

师:我们看第四组的结果,他们最后3个同学连续3次都摸到了黄球,那如果再摸一次一定是红球吗?

生8:不一定,下一次可能是红球,也可能是黄球。

师:为什么?

生9:因为每次摸球都有两种可能。

师:那我在把袋子中再放1个粉色球,1个蓝色球。再任意摸出1个球,结果会怎么样呢?

生10:可能摸出的是红球,可能摸出的黄球,可能摸出的是粉色球,还可能摸出的是蓝球。

师:那继续放1个白色球进去呢?

生:可能摸出的是红球,可能摸出的黄球,可能摸出的是粉色球,可能摸出的是蓝球,还可能是白球。

【评析】全班学生通过简单的摸球游戏亲历随机事件的发生过程,获得对"可能摸到红球""可能摸到黄球"的直观感受。在活动中,教师设计了"猜想——实践——交流"的教学线索,游戏活动不仅有助于学生理解"可能性"的内涵,学会用"可能"进行简单描述,同时能调动学生的学习积极性,培养学生的思维和语言表达能力。

活动3:试一试——感知"一定""不可能"。

师:如果两个都是红球,放在这样的口袋里摸球,任意摸一个,大家觉得结果会怎样?说说你的想法?

生11:肯定摸到是红球。

师:还可以用什么词表示肯定。

生:一定。

师:真的一定吗?有没有同学想上来摸摸看,验证一下?

生：不用验证了，袋里反正装的都是红球，一定摸到红球。（师板书：一定。）

师：我们请一个同学上来在透明的塑料袋中闭眼试一试，大家仔细观察他所摸的结果是不是同学们所说的。

（一名同学上台闭眼摸球，其他同学观察。）

师：他摸出的都是什么球？

生：红球。

师：看来，大家的想法是正确的。袋里装的都是红球，任意摸1个球一定是红球，因为我们不是摸到这个红球，就是摸到了那个红球。

师：那如果口袋里装的是两个黄球呢，任意摸出1个，结果会怎样？可能摸出红球吗？说说理由。

生：不可能。因为袋子里没有红球。（师板书：不可能。）

师：通过刚才的活动，我们又知道了"一定"与"不可能"。那回顾一下，刚才大家都参与的摸球实验，大家能不能说一说这3个摸球活动，当我们准备任意摸1个球的话，会有什么情况？

生12：在第1个装有红球和黄球的口袋里摸球，任意摸1个球，有可能摸到红球，也有可能摸到黄球。而在装有2个红球的口袋里摸球，一定摸到红球，在装有两个黄球的口袋里摸球，不可能摸到红球。

师：那大家能不能思考一下这三种情况摸球的结果会在什么时候发生呢？也就是什么情况下一定摸到红球？什么情况不可能摸到红球？什么情况下可能摸到红球？它们之间有什么不同吗？给大家3分钟，小组讨论一下。

师：这三种情况的摸球结果会在什么时候发生呢？

生13：我们发现当袋子中球的颜色相同时，我们任意摸出1个球，就一定摸出这个颜色。

师：哦，在装有两个红球的口袋里摸球，就一定摸出红球，也就是结果一定是红球。对不对？能不能说这个结果就确定的？

生：能。

师：还有谁继续来说说其他两个摸球结果会在什么时候发生？

生14：我们发现当袋子中没有这个球的颜色时，我们任意摸出一个球，就不可能摸出这个颜色的球。

师：也就是我们刚才说的，在装有两个黄球的口袋里摸球，因为没有红球，所以不可能摸红球。这个结果确定吗？

生：确定。

师：那什么时候结果会可能出现红球,可能出现黄球呢?

生：当袋子中既有红球又有黄球的时候。

师：在装有红黄球的口袋里摸球,我们任意摸一个球,这个结果会是确定的吗?

生：不确定。结果可能是摸到红球,可能摸到黄球。

师：的确,它的结果是不确定的。

【评析】虽然"可能""一定""不可能"在数学概念上是对立的,但在教学中董老师并没有孤立地对它们进行教学。首先结合教科书中"试一试"的摸球活动,教师让学生初步认识"一定"和"不可能",之后便引导学生比较例题与"试一试"中的三种摸球结果和思考"三种摸球结果会在什么情况发生",这样不仅能培养学生的归纳与交流能力,同时帮助他们进一步感受例题里的摸球(结果可能……也可能……)是随机现象,"试一试"里的摸球(结果一定……或者不可能……)是确定性现象,并从中认识到随机现象的本质特点,更好地理解"一定""可能""不可能"这三个较为抽象的概念。

②装球游戏——巩固提高。

师：刚才的摸球活动大家表现得非常好。还想继续玩游戏吗?

生：想。

师：不过下面这个装球游戏更具有挑战性。敢接受我的挑战吗?

生：敢。

师：好的,我们首先来看看游戏规则。每个同学的学具袋中有代表彩球的圆纸片,分别是红色、黄色,请同桌两位同学根据要求给袋子进行装球。为了方便操作,大家只要把纸片贴在信封上就好。清楚了吗?

生：清楚了。

师：那听好了,第一个要求是装好的袋子摸出的一定是黄球。大家可以结合我们刚才思考的问题想一想怎么装?

(生操作,师巡视。)

师：做好的请举手。我们请一些同学来汇报一下。

生15：我们组装了2个黄球。并将信封在黑板上。

师：摸到的一定是黄球吗?

生：一定。

生16：我们组装了5个黄球。并将信封在黑板上。

师：那摸到的一定是黄球吗?

生：一定。

师:我们可以发现他们两组的装球结果有什么相同点?
生:装的都是黄球。
师:为什么呢?
生:因为要去袋子中摸出的一定是黄球,所以都要装黄色的。
师:那他们两组有什么区别吗?
生:第1组装的球少,第2组装的球多。
师:装的多或装的少可以吗?
生:可以。装的球只要颜色相同就可以了。
师:那就是说装球的数量没有关系,只要颜色相同就可以了。那我们任意摸一个球,一定摸出的是黄色的球。那接着我们来看下一个要求。请每组装袋子不可能摸到黄球。
(生操作,师巡视。师拿了5组学生的装球结果贴在黑板上。)
师:大家观察一下这5个信封,他们这样装球可以吗?摸出的球不可能是黄色的吗?
生:可以。
师:为什么?
生:因为他们都装了红色的球,没有黄色的球,就不可能摸出黄色球了。
师:也就是说只要不装黄色的球,任意摸一个球,就不可能摸出黄色的了。那和装球的数量有关吗?
生:没有关系。
师:好的。这个结果确定吗?
生:确定。
师:好的。最后还有一个要求,就是请装出可能摸出黄色球的袋子。
(生操作,师巡视。)
师:我们请几组同学来说一说你们装的情况。
生17:我们组装了3个红球,1个黄球。并把信封贴在黑板上。
生18:我们组装了1个红球,1个黄球。并把信封贴在黑板上。
生19:我们组装了2个红球,2个黄球。并把信封贴在黑板上。
师:我们来看看他们装的结果有什么相同的地方吗?
生:既有红球,又有黄球。
师:那有什么不同吗?
生:每种球的颜色不同。
师:那能摸到黄球吗?

生20：只要袋子里有黄球就能摸到。

师：那只有黄球行不行？

生20：嗯。不行。

师：这里要求是可能摸到黄球，而如果袋子里只有黄球的话，我们摸到的结果是一定的，就成了肯定摸到黄球。所以我们这里还需要补充一句话，大家想想是什么？

生21：袋子中只要有黄色的球，但不能只有黄色的，摸出的就可能是黄色的球。

师：说得很好。袋子中既有黄色的球又有其他颜色的球时，任意摸一个球，可能摸出的就是黄色的球，也可能是其他颜色的球。那在这个条件下，我们还可能摸到什么球？

生：红球。

师：那摸出的结果确定吗？

生：不确定。

【评析】练习阶段教师在学生掌握可能性知识的基础上设置了装球游戏，不仅让学生巩固了所学内容，也训练了学生的思维能力。因为在装球活动中，学生需要考虑如何装才能符合要求，这需要学生进行逆向思考。同时教师组织学生对每个条件下学生装球的结果进行比较，引导学生寻找相同点与差异点，培养了学生的归纳能力和发散思维。教师适时有效地追问，引发学生思考，使其进一步认识到摸球的结果与球的数量无关，而与球的颜色有关，加深对可能性的理性理解。

③课堂小结。

师：今天我们学习了数学中的"一定""可能"和"不可能"。其实在我们的生活中也有许多事情可以用今天所学的"一定""可能"和"不可能"来描述，比如说大家都知道硬币有正反两面，一面是"字"，一面是"花"。现在我抛一个硬币，当它落下来时的结果会是怎样的呢？

生：有可能是正面，也有可能是反面。

师：说得很好。结果是不确定的。那大家想想：太阳是一定、可能还是不可能从东边升起？

生：太阳一定从东边升起。

师：那太阳是一定、可能还是不可能从西边升起？

生：太阳不可能从西边升起。

师：原来生活中有这么多的现象可以用我们今天用的"一定""可能"和"不可能"来描述。那请大家课后用你善于发现的眼睛找一找吧。

【评析】在小结环节,教师提供了一些生活中的实例让学生进行分析,这不仅有助于学生认识到数学与生活之间的联系,同时加深了学生对确定现象和随机现象的理解,使他们学会根据已有的知识和生活经验判断事件发生的确定性和不确定性,形成初步的随机意识。

(南京市建邺实验小学　董宁青)

课例透析

在小学阶段,"概率"是本次课程新纳入的内容。但在小学数学教材中没有出现"概率"的定义,而是用"可能性"来初步学习"概率"的知识。《标准》明确指出关于"概率"的教学重点是让学生感受随机性。我们知道,随着技术、经济的发展,人们可以选择的机会越来越多,风险也越来越大。人们越来越需要了解"随机"思想,以便运用自己的头脑来分析判断、作出决策。所以,基础教育阶段应该尽早地让学生接触简单的随机现象,尽可能地帮助学生建立起初步的随机思想。而本次内容作为"概率"教学的第一次课,且"一定""可能""不可能"是三个较为抽象的概念。对于初次认识概率的小学生们,如何启发他们的随机思想,如何帮助他们更好地理解这三个概念,本节课创设了多个游戏情境,激发学生学习数学的兴趣,让学生在游戏活动中亲身体验什么是"可能",什么是"一定",什么是"不可能",并通过解决实际问题加深对三个概念的认识,最后将数学学习置于生活的背景中,培养学生对知识的应用意识。

(1)在游戏情境中感受可能性。

数学来源于生活。学生有体验、有感受,才愿意走进概念、理解概念。当概念本身抽象且难以理解时,若把它放到学生感兴趣的情境中去,就会变得亲切自然。本节课教师将游戏情境贯穿始终,通过设置摸球游戏和装球游戏,使得学生不仅获得对可能性的感性认识,更逐步上升到理性层面。在本节课的开始,教师根据学生的年龄特点,选择了有竞争且不公平的摸球游戏,不仅吸引了学生的注意力,激发了他们的学习兴趣,同时促使学生在活动体验中初步了解可能性,并主动地对比赛的结果进行思考并产生质疑。在随后的摸球环节中,学生们经历了由教师所设计的"猜测—猜想—交流"的数学学习过程,获得对"可能摸到红球""可能摸到黄球""一定摸到红球""不可能摸到黄球"的直观感受。在最后的练习环节,教师组织学生根据条件自主装球,在需要逆向思考的装球的过程中学生加深对三个概念的理解与认识。这使得学生在充满乐趣的游戏情境中,充分感受事件发生的可能性。

(2)在追问中剖析概念的本质。

数学是关于思维的科学,数学课堂教学离不开提问,提问离不开追问。数学课堂追问也是一种重要的教学方式,它不仅能够加深学生对于概念的理解,还对提高数学教学效率有着积极的作用。本节课,教师在摸球活动和装球活动中结合学生的回答设计了连环的追问,将学生的思维逼到了"绝境"。如在摸球活动的开始时,为了帮助学生不局限于摸球活动的表层现象,根据学生体会,教师连续提出了"在摸球之前,大家能确定摸到哪个球吗""那是不是说这两个球都有可能摸到呢""那大家觉得如果我这里摸一次,有可能会摸出红球吗""为什么"四个问题。一连串的追问让学生在思考与辨析中深化了对摸球结果不确定性的认识,从而逐步获得了对于摸球活动中所蕴含"随机思想"的内在感受。之后在装球活动中,根据学生所给出的不同装球结果,教师也进行了有效的追问,"那摸到的一定是黄球吗""我们可以发现他们两组的装球结果有什么相同点""为什么呢""那他们两组有什么区别吗""装的多或装的少可以吗",引导学生在回答问题的同时进行比较,并渐渐发现规律。虽然大家装球的结果不同,但只要袋子里的颜色是相同的,且都是红色,就一定能摸到红球。教师促使学生透过现象看本质,帮助学生的思维向更深处延伸。

(3)通过生活现象发展应用意识。

为了帮助学生更好地理解并体会"学有所学"的思想,在教学的结束,教师选择了一些学生熟知的生活现象让学生对其进行分析。这不仅能巩固所学的知识,还有助于学生体会到数学就在我们身边。当学生将所学知识很好地在生活中应用时,自然会产生成就感,从而激发对数学的兴趣。同时语言是思维的外壳,学生通过语言准确地表达出各种事件发生的结果,不仅发散了思维,也加深了对概念的理解。最后,教师鼓励学生收集生活中可能性的问题,帮助学生在课后巩固新知识的同时,自然地将数学学习活动从课内引入课外,在收集活动中逐步积累运用数学解决问题的经验。

3-3 "折线统计图"课例与评析

课例展示

(1)复习引入。

师:这几天老师发现同学们都脱下了厚厚的羽绒服,看来大家都感受到最近几天南京的气温是有所回升的。大家是不是每天也都关注天气预报节目呢?

生:是的。

师:老师这里收集了南京昨天各时段气温的有关数据。通过之前的学习,你打算怎样整理这些数据使得它们看起来更清楚呢?

(课件出示数据。8点:6℃;11点:10℃;14点:11℃;15点:12℃;20点:9℃;23点:6℃;2点:5℃;5点:4℃。)

生1:可以用统计表对它们进行整理。

生2:还可以用前面学过的条形统计图进行整理。

师:我们可以用前面大家学过的统计表和条形统计图对数据进行整理。(课件出示已经绘制好的统计表和条形统计图。)我们来观察这三组数据,从一开始所使用的文字叙述到大家所提出的统计表与条形统计图,我们可以发现,用统计表或统计图表示的数据会比用文字更为的简洁,对不对?

生:对。

师:那好,大家能说说用统计表或条形图来呈现数据有什么不一样的地方吗?

生3:统计表能让人更清楚地看出数据;条形统计图看起来更形象直观。

生4:条形统计图能很容易地看出哪组比较多,哪组比较少。

师:大家说得都很棒。统计表和条形统计图都能很清楚地看出统计的结果,同时条形统计图用直条的高低表示数量的多少,不仅直观形象,而且便于比较。刚刚大家给出了自己的想法,那么在我们的日常生活中,气象部门的工作人员是用什么方式来表示气温变化的情况呢?我们到"中国天气网"去看一看吧!

(打开网址,搜索南京的天气。)

师:大家发现网站上使用了什么图来呈现这一天的温度数据的?是不是大家刚才所想的条形统计图?

生:不是。

师:这是什么图?有同学认识它吗?

生5:折线统计图。

师:通过我们的查询,我们发现气象部门的工作人员使用了折线统计图来表示各个时段的天气。那为什么他们没有使用我们学过的条形统计图呢?那我们通过今天的学习来一同解决这个问题。(揭示课题:折线统计图。)

【评析】教师利用学生非常熟悉的天气问题,引发学生思考如何整理老师所提供的真实数据,激活学生已有的知识经验——使用统计表和条形统计图对数据进行整理,使其成为学习新知识的"生长点"。同时通过网络查询,学生学会使用信息技术进行数据收集。当他们看到网页中所显示的并不是他们所想到的条形统计图或统计表时,这种认知冲突能有效激发学生探寻其中奥妙的热情,从而更好地投入新课学习中。

(2)感知折线统计图。

①了解折线统计图中点的意义。

师:大家来观察一下老师从网页上所截取的折线统计图。大家发现这个图它有什么特点吗?

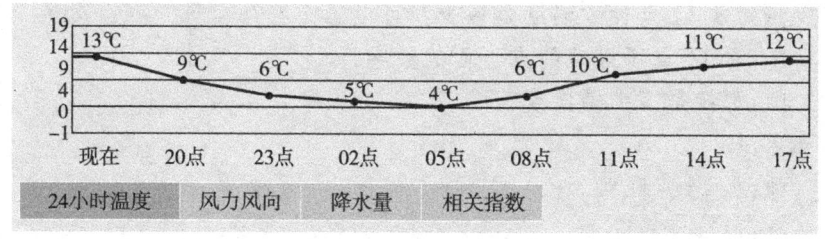

图 4-2 气象统计图

生6:可以看到图中有一些点,且点的上方都标有温度。

生7:可以看到下面标的是各个时间,图中的那些点刚好对着下面的时间点。

生8:图中的点之间都用线段连在一起了。

生9:我看到图中有很多横线,有些点在这横线上,并且上面的数字和边上数字是一样的。有的不通过横线的,上面的数字就在点上面那横线和下面那横线数字之间。

师:大家观察得很仔细,首先我们看到折线统计图中有很多点。那老师想问问大家,这些点上面的数字有什么用呢?

生10:这些点表示的是各个时间点的温度,上面的数字就是这个时间点所表示的温度。

师:为了验证这位同学说的对不对,我们把之前的条形统计图和这张折线统计图合二为一。大家有什么发现吗?

生11:折线统计图中各个点刚好在条形统计图中直条最高那里。

师:所以,折线统计图上的点表示了什么?

生:表示了某个时间点的温度。

师:那好,我们现在一起来看第一个点。它表示什么?

生12:13℃。

师:是否回答完整了?谁来补充?

生13:现在的温度是13℃。

师:也就是昨天老师在复制这个图时的温度是13℃。那你是怎么看的?

生13:这个点向下对着现在,而点上所显示的是13℃。

师:我们可以看到这个点其实刚好是图中这条竖线和这条横线的交点(在图上指出)。这条竖线在横轴上对准的数字表示的时间,这条横线在纵轴上对准的数字指的就是温度多少,也就是点上面所标示的数字。那我想知道11点钟的温度是多少?可以怎么看?

生:看11点所对着的点上面的数字。

师:那就是多少摄氏度?

生:10℃。

师:那14点呢?

生:11℃。

【评析】教师结合网络中真实的统计图,引发学生观察思考,帮助学生体会数学与生活之间的联系,激发学生的学习兴趣。同时教师利用多媒体动态演示的功能帮助学生认识折线统计图中点所表示的意义,有助于学生加深对此知识内容的理解。

②认识折线统计图中连接点的线段。

师:看来,大家已经了解了折线统计图中点的含义。那我们来看11

点所对着的点和 14 点所对着点,这两个点之间用了什么把它们连起来了?

生:线段。

师:我们再来看看 20 点和 23 点所对着两个点,它们之间也用了线段连起来了。那大家观察下,这两条线段有什么特点吗?

生 14:一个是向上斜的,一个是向下斜的。

师:那大家思考一下向上斜说明了什么呢?

生 15:表示温度向上升。

师:什么时间到什么时间温度向上升呢?

生 16:11 点到 14 点的温度是向上升的。

师:嗯,我们刚才已经看出来 11 点的温度是 10℃,14 点的温度是 11℃,因为从 11 点到 14 点温度是向上升的。那向下斜的表示什么呢?

生 17:从 20 点到 23 点,温度是向下降的。

师:说得很完整,我们可以看到 20 点和 23 点的温度分别是多少摄氏度?

生:9℃和 6℃。

师:所以,从 20 点到 23 点,温度是向下降的。那图中哪些时间段是向上升的?哪些是向下降的呢?

生:5 点到 8 点,8 点到 11 点,11 点 14 点,14 点到 17 点是向上升的。17 点到 20 点,20 点到 23 点,23 点到 2 点,2 点到 5 点是向下降的。

师:那再请同学们再仔细观察一下,在上升的这些线段中,它们又有什么不同呢?

生 18:我发现有的线段要陡一点,有的线段要平一些。

师:观察得真仔细,有的线段看起来更陡一些,而有的线段就看起来要平缓一些。这又是为什么呢?

生 19:陡一点的线段表示变化的幅度大一些,而平缓一些的线段表示变化的幅度要小一些。

师:你是怎么看出来的呢?

生 19:8 点到 11 点的温度是从 6℃上升到 10℃,而 11 点到 14 点只增加了 1℃。所以前面那条线段看起来陡一些,而后面这条看起来要平一些。

师:说得非常好。那大家看看哪几个时间段的变化幅度最小呢?

生:11 点到 14 点的变化幅度最小。

师:可有补充的?

生20：还有23点到2点，2点到5点也是。

师：对了，大家要注意向下降的这部分。看来折线统计图中的这些线段还真有很大的用处，有谁可以来总结一下。

生21：可以表示温度的变化情况。

师：我们通过观察线段是向上斜还向下顷，可以看出某段时间的温度是上升了还是下降了，还可以通过线段是陡还是缓，说明这段时间的变化幅度是大还是小。这说明折线统计图能够表示出一个时间段温度的变化情况。那现在大家再想一想，为什么气象部门的工作人员选了折线统计图来表示每天的温度数据呢？

生22：能够让人容易看出一天各个时间温度的变化情况。

生23：不仅能让人看出某个时间的温度多少，还能让人看出温度的变化情况。

师：说得太好了！在这里折线统计图不仅能让人看出某个时间的温度是多少，还能让人看出气温的变化趋势。也就是说折线统计图不仅能表示数量的多少，还能表示数量的变化情况。那大家回顾一下，条形统计图有什么特点呢？

生：直观地表示出数量的多少。

师：那折线统计图和条形统计图相比有什么优势呢？

生：能表示数量的变化情况。

师：折线统计图不仅可以通过点上面的数字表示数量的多少，还能表示数量增减的变化情况。因而，气象部门的工作人员选择了折线统计图。虽然条形图也可以通过直条的长短让人看出变化情况，但和折线统计图相比，它不够直观形象。

师：同学们，你们还在哪儿见过这样折线统计图呢？

生24：电视里分析股票的时候看过。

生25：体检时看过。

师：我们体检时的心电图就是折线统计图，还有父母在炒股的同学也知道，股票走势图也是折线统计图。（出示搜集到的生活中的折线统计图。）我们可以看到这些图都反映了一段时间内的变化情况。

【评析】教师通过引导学生观察折线统计图中不同线段的特点，促使学生在思考中体会折线统计图中线段上升或下降的变化情况以及变化幅度，并结合情境中提出"为什么气象部门工作人员没有选择条形统计图"这一问题，帮助学生观察、思考、概括出折线统计图的特点以及图中线段所表示的意义。最后在组织学生寻找生活中的统计图过程中，教师促使学生感知统计与生活之间的联系,进一步了解折线统计图的特点。

③动手制作制图。

师:认识了这么多折线统计图,大家想不想自己绘制一个折线统计图呢?

生:想!

师:大家可以想一想,如果让你制作一个折线统计图,该如何完成呢?需要注意哪些问题?同桌可以相互交流讨论。

(学生讨论交流。)

生26:要把点描好,并用线段把点连起来。

生27:在描点时,需要把各个点都描准了。

生28:还要在点的上面写上数字。

师:大家想得真周到。大家可以观察我们刚才的折线统计图,它与我们之前所学的条形统计图相比,横轴与纵轴相同吗?

生:相同。

师:那我们只需要根据给出的数据,分清横轴、纵轴表示的各是什么就可以了。比如说,刚刚我们看到的一天的温度变化情况统计图,横轴表示的是什么啊?

生:时间。

师:横轴表示的是时间,那么纵轴表示的就是温度。那比如说要描出5点钟4℃所对应的点,根据前面所说,先在横轴上找到5点所在的竖线,然后在纵轴上找到4℃所在的横线,并找到它们的交点,描黑后在边上标上此时的温度数据即可。同样,我们还可以把其他的点按照这个办法描出来,最后用尺子把这些点用线段依次连接起来。大家可以把老师上课前发的学习指导单拿出来,根据刚才的方法把南京昨天一天的天气情况用折线统计图绘制出来。

(学生画图,教师巡视,并找了几份学生画的作品。)

师:我们来看看几位同学所画的折线统计图,大家说需不需要改进。第一幅,大家觉得他画得怎么样?

生:线段没有用尺子画,是弯的。

师:看来要想图美观,必须用尺子将各个点进行连线。那第二幅呢?

生:点上没有标数字。

师:为什么要标呢?

生29:可以让人一眼就看出这个点的数据是多少。

师:说得真棒!大家还要注意的是,在用线段把点连起来时,能不能把第一个点和第三个或第四个点直接连起来啊?

生:不能,要依次连接。

师:所以我们在画折线统计图时,首先要正确地描点,然后在点边上标上数据,最后依次进行连接。

【评析】绘制统计图是本课的重点内容,教师作为教学的组织者和引导者,要在组织学生讨论画法的基础上,讲授基本的画图要点,使学生初步感知折线统计图的形成过程。同时教师让学生独立绘制折线图,通过学生作品的展示、互评,引导学生学会在观察、比较中总结出折线统计图绘制过程中容易出错的问题,并逐步掌握绘制折线统计图的步骤和方法,在有效发挥教师主导作用的同时真正体现学生的主体地位。

(3)巩固提升。

师:我们来看教材中的例1,张小楠把自己6岁~12岁每年生日测得的身高数据制成了折线统计图。大家可以看图思考一下书上的几个问题。第一个问题,随着年龄的增长,她的身高是怎样变化的?从6岁到12岁,她一共长高了多少厘米?

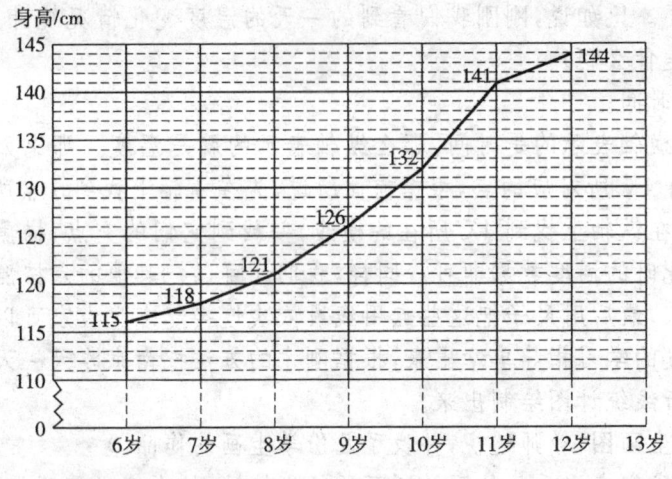

图4-3 张小楠身高变化图

生30:她的身高是不断上升的。6岁到12岁一共长高了28厘米。

师:你是怎么看出来的呢?

生30:因为这些线段都是向上斜的。她6岁时是116厘米,12岁已经长到144厘米。我用144厘米减去116厘米就得到了一共长高28厘米。

师:哦,说得真不错。我们可以通过线段的上升还是下降来判断数量的增减变化情况。那大家看看哪一年她的身高增长得最快呢?

生:10岁到11岁。

师:谁能告诉我怎么看出来的?

生31:这条线段最陡。

师:我们可以看到,在上升的这些线段中这个时间段的线段是最陡的,也就表示变化的幅度最大。我们刚才说变化的幅度大小可以通过观察线段是陡还是平缓看出来。其实,大家再仔细观察这个图,我们发现这些上升线段的长度有什么不同吗?

生32:增长最快的这条线段长度最长。

师:观察真仔细。我们可以看到变化幅度越大的线段,也就是这条最陡的线段它的长度最长。那么我们又多了一种判断变化幅度的方法了。我们既可以通过线段的陡度也可以通过线段的长度来判断。那大家估计一下,这里张小楠是12岁,等13岁生日时她的身高会是多少厘米呢?

生33:我觉得她能达到148厘米。

师:你是怎么想的?

生34:因为她的身高是不断上升的,每年她都要长好几厘米,所以我觉得她可能会有148厘米。

师:我们可以看整幅图,她的身高整体变化情况是怎样的啊?

生:上升的。

师:我们看到她的身高是呈上升的趋势的,因而我们可以猜测张小楠13岁时的身高肯定是比12岁要高的。那会不会长到160厘米啊?

生:不会。

师:为什么不会呢?

生35:因为她这几年里一年最多就长了9厘米。

师:她一年最多才长了9厘米。所以再让她长9厘米的话,也不会达到160厘米对吧?那大家算算其他几年每年长了几厘米呢?

生36:第一年长了2厘米,第二年长了3厘米,第三年长了4厘米,第四年长了9厘米,第五年长了3厘米。

师:也就是说,那几年张小楠每年长3厘米左右,除了10到11岁长的速度较快,其他都是较为平缓的。因此我们要估计张小楠13岁时的身高,既要看看她以往每年身高大致增加多少厘米,也要看看近几年身高增加的情况,这样才能作出比较合理的预测。所以刚才同学预测她能达到148厘米是合理的。我们看到张小楠把自己的身高数据都收集起来了，我们同学也要善于在生活中将与自己有关的数据收集起来，比如说身高、体重、鞋子的尺码等。给大家留一份作业，回去查查你们的体检报告，把近五年身高的情况绘制成统计图，提出三个问题并进行解答。

师：最近南京的天气有些反复，聪聪和明明都感冒发烧了，这是根据他妈妈前天和昨天给他们量体温时绘制出的折线统计图。假如你是小医生，能不能帮忙分析一下聪聪和明明的体温变化情况呢？

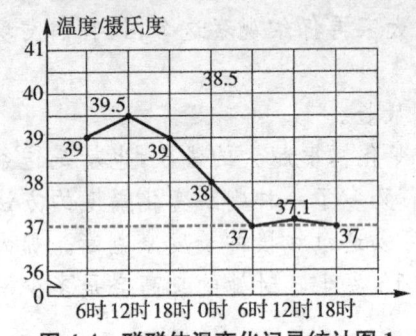

图 4-4 聪聪体温变化记录统计图 1　　图 4-5 明明体温变化记录统计图 2

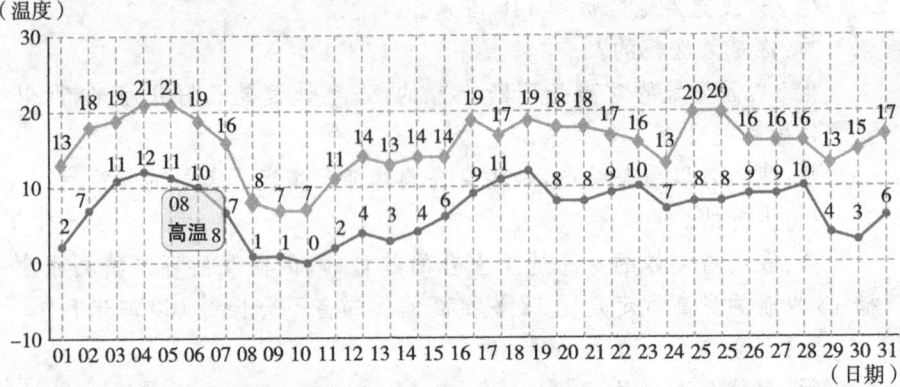

图 4-6 南京三月气温变化图

生 37：聪聪的体温从前一天 6 点的 39℃上升到 12 点的 39.5℃之后就开始下降了，虽然昨天早晨 6 点到中午 12 点有一点上升，但幅度很小，只上升了 0.1℃，之后到昨天晚上 6 点又下降为 37℃。

生 38：明明的体温前一天的逐渐下降，到了昨天凌晨又开始上升到 39℃，之后又下降到 38.7℃，到昨天晚上 6 点又上升到 39.2℃。

生 39：我能看出来他们是每隔 6 个小时测一次体温的。

师：大家都很棒，能把今天我们所学到的折线统计图的知识很好地应用。大家观察地都很仔细，也从图中获得了很多有用信息。老师这里收集了南京去年 3 月的天气数据，发现南京的春天气温变化还是比较大的。所以我们同学需要注意了，平时注意保暖并经常锻炼身体，增强体质，这样才会减少感冒的次数。有的同学已经发现了，老师这里收集到的去年南京3月气温变化统计图中有两条折线，那我们该如何进行分析呢？这个问题我们留在下一次课继续学习。

【评析】在巩固练习环节，教师选用了学生熟悉的身高和发烧这两个现实情境，鼓励学生在生活中积极主动地应用所学知识。通过提出第一个问题，教师引导学生利用折线统计图的特点对简单的问题进行预测，让学生认识到要善于收集身边的数据，根据数据提出问题，培养学生的数据意识。教师通过展示网络所收集的南京天气历史数据，再次引导学生学会利用媒体网络收集数据这一方法，为下节课讲解复式折线统计图埋下伏笔，巧妙地将内容建立联系。

(南京市建邺实验小学 吕程)

课例透析

折线统计图在生活中的运用非常普遍，在报纸、网络等媒体中都能看到它的身影。在大数据的时代，透过阅读图表或数据，从而进行判断或推理一些现象的能力显得越来越重要。《标准(2011年版)》在"课程内容"第二学段中明确提出："能从报纸杂志、电视等媒体中，有意识地获得一些数据信息，并能读懂简单的统计图表。"对小学生来说，有意义的统计素材应该是他们生活中相对熟悉的或感兴趣的现象或事实。教师在整个教学设计中巧妙地选择学生熟悉且感兴趣的生活现实素材，有效地利用信息技术、社会媒体等课程资源，在组织学生进行问题解决的过程中，注重新旧知识的对比与联系，在突出折线统计图特点这一重点基础上，培养学生的数据分析观念。

(1) 以生活现实为主线，巧妙利用各种课程资源。

数学课程资源是指应用于数学教与学活动中的各种资源。在数学教学活动中恰当地使用数学课程资源，将在很大程度上提高学生从事数学活动的水平和教师从事教学活动的质量。本节课教师通过学生非常熟悉的天气问题和网络媒体等手段呈现出真实可靠的数据，引发学生思考"为什么气象部门的工作人员没有使用条形统计图"这一问题，不仅让学生感受到所学的知识与生活之间的关系，同时也认识到网络等信息技术能成为收集数据的有效手段。教师在本节课的教学设计过程中充分利用了信息技术资源和媒体等社会教育资源，充分挖掘其中贴近生活且适合学生学习的素材，通过设计有趣的问题，组织学生对此进行思考、交流，不仅激发了学生的学习兴趣，在此过程中也培养了学生运用数学解决问题的能力。

(2)注重新旧知识对比与联系，突出折线统计图特点。

教师在引入阶段通过建立现实情境，为学生呈现较为凌乱的现实数据，引发学生思考，让学生有效地积累了对数据组织整理的已有知识经验，使之成为新知识学习的有效"生长点"。同时在对折线统计图中"点的意义"学习过程中，教师巧妙利用多媒体的演示功能，将条形统计图和折线统计图放在同一个图中，引导学生观察思考，使得学生能够直观地发现折线统计图点的位置，并从中认识到折线统计图点的意义，对折线统计图与条形统计图进行比较，通过寻找异同点进一步认识并归纳出折线统计图的特征。这不仅有助于学生根据折线统计图的特征解决问题，形成良好的数据分析习惯，同时也促使学生将已有绘制条形统计图的知识经验迁移到折线统计图的绘制上，认识到数学知识的整体性。

第 5 部分

小学数学"综合与实践"的课堂学习与课例研究

1 小学数学"综合与实践"的学习标准要求

 1-1 小学数学"综合与实践"总体学习标准

学习标准

▶知识技能

综合应用所学的知识和方法解决实际问题,加深对所学数学方法的理解,体会数学知识之间的联系和综合,获得运用数学知识解决问题的方法。

▶数学思考

在综合实践活动中,经历观察与比较、分析与综合、抽象与概括、类比与归纳等思维活动过程,进一步培养数感,增强空间观念,认识到数学符号的作用,发展形象思维与抽象思维,提高合情推理和演绎推理能力,培养思维的灵活性、深刻性和创造性。

在实践活动中,积累丰富的数学活动经验,获得关于分类、对应、转化、数形结合、方程、函数等数学思想方法的体验与感悟,提高数学素养。

▶问题解决

结合实际情境,体验发现和提出问题、分析和解决问题的过程,进一步认识数学知识和方法在解决实际问题中的作用,提高动手实践、自主探索、合作交流的能力,培养创新意识和创新精神。

根据具体问题,综合运用所学知识,提出设计思路、制订方案,解决实际问题,体会不同数学知识之间、数学与生活之间、数学与其他学科之间的联系,进一步提高发现问题、提出问题、分析问题的能力,从而提高从不同角度、用不同方式探索解决问题的意识和能力。

通过有目的、有设计、有步骤、有合作的实践活动,积累思考问题的经验,初步发展合作交流的能力,初步发展概况能力,能用合适的方式进行数学表述;学会合理地评价活动过程和解决方法,发展自我反思能力。

▶情感态度

在解决实际问题的过程中,体会数学与日常生活的密切联系,初步形成探索数学问题的兴趣,不断增强学数学、用数学的自觉性,获得积极的情感体验。

在实践环节,利用各种资源进行开放性学习活动,进一步感受数学的文化价值,体会数学是人类文明的重要成果之一。

进一步养成良好的学习习惯,锻炼克服困难的意志,体验获取知识以及与同学合作交流的乐趣,增进对数学学习的积极情感,树立学好数学的信心。

学习标准解读

《标准》把实验稿中第一学段的"实践活动"和第二学段的"综合应用"统一改为"综合与实践",目的在于让学生在生活中学习各种知识,在接触各种知识的过程中,认识到数学同自己的生活经验之间的联系、数学与其他学科之间的联系以及数学知识内在的联系。

《标准》在"综合与实践"教学的总要求中指出,"综合与实践"是一类以问题为载体、师生共同参与的学习活动,是帮助学生积累数学活动经验、培养学生应用意识与创新意识的重要途径。针对问题情境,学生综合所学的知识和生活经验,独立思考或与他人合作,经历发现和提出问题、分析和解决问题的全过程,感悟数学各部分内容之间、数学与生活实际之间、数学与其他学科之间的联系、加深对所学数学内容的理解。总要求包含了几个方面:一是积累数学活动经验,培养应用意识和创新意识;二是培养解决问题的能力;三是加深数学以及数学与各领域知识之间的联系。"综合与实践"领域的设置,对提高课程的应用性、实践性,对于转变学生的学习方式、落实数学教育的基本目标,具有重要的意义。

与此同时,"综合与实践"这种新的学习形式,能促进学生进行自主探索和合作交流,使学生能综合运用自己所学过的知识解决生活中的问题,提升他们探索数学规律的能力,逐步发展他们对数学的整体认识,认识数学在人类文明发展与进步过程中的作用。

《标准》要求"综合与实践"的教学活动应当保证每学期至少一次,可以在课堂上完成,也可以课内与课外相结合完成。《标准》中"综合与实践"的要求不够具体,内容的选择有很大的弹性,这给各地结合学生的学习实际和地域的差异进行设计留下了空间。

1-2 小学数学第一学段"综合与实践"学习标准

  学习标准

(1)通过实践活动,认识数学在日常生活中的作用,能运用所学的知识和方法解决简单问题,获得初步的数学活动经验。

(2)在实践活动中,了解要解决的问题和解决问题的办法。

(3)经历实践操作的过程,进一步理解所学的内容。①

---

① 中华人民共和国教育部. 义务教育数学课程标准(2011年版)[M]. 北京:北京师范大学出版社,2012:12.

学习标准解读

在本学段中,学生通过实践活动,初步获得一些数学活动的经验,了解数学在日常生活中的简单应用;初步学会与他人合作交流,获得积极的数学学习情感。

修改稿中对"综合与实践"第一学段的综合性内容学习提高了要求,教师通过开展综合实践活动,鼓励1~3年级的学生用已有的数学知识和生活经验去解决问题,让学生充分感受到数学在实际生活中特有的价值及其作用,引领学生运用所学知识与方法解决日常生活中的问题的过程,从而积累相应的基本数学活动经验。在解决问题的活动中,学生也增强了对所学知识与方法的理解。

"综合与实践"这种学习形式应当体现在日常教学活动中。教学时,教师应关注学生参与活动的情况,引导学生积极思考,主动与他人合作,积极与他人交流,增强学生运用数学知识解决简单实际问题的信心,同时意识到自己在集体中的作用。教师要保证每学期至少有一到两次的实践活动。活动形式要灵活多样,可以穿插在课内,也可以课内外结合,并落实到教学活动之中。

1-3 小学数学第二学段"综合与实践"学习标准

 学习标准

(1)参与有目的、有设计、有步骤、有合作的实践活动。

(2)结合实际情境,体验发现和提出问题、分析和解决问题的过程。

(3)在给定目标下,感受针对具体问题提出设计思路、制订简单的方案解决问题的过程。

(4)通过应用和反思,进一步理解所用的知识和方法,了解所学知识之间的联系,获得数学活动经验。①

学习标准解读

在本学段中,学生将通过数学活动了解数学与生活的广泛联系;学会综合运用所学的知识和方法解决简单的实际问题;加深对所学知识的理解,获得运用数学知识解决问题的思考方法,并能与他人进行合作交流。

在第二学段中,2001版《数学课标》在综合与实践部分规定了"综合运算用数与代数、空间与图形、统计与概率等相关知识解决一些简单实际问题"。而2011版《数学课标》对用哪些知识来解决问题并没有任何提示和规定。也就是说,如果一个学生用数学学科以外的知识解决了同样的问题或结合其他学科知识和生活实际顺利解决问题也是值得鼓励的。解决问题的知识范围不再受局限,这有助于发展学生独立思考的能力和创新能力;同时,对4~6年级课堂的实践性有了要求。这里提醒小学数学教师在教学过程中,应引导学生从不同角度发现实际问题中所包含的丰富的数学信息,探索各种解决问题的方法,并鼓励学生尝试独立地解决某些简单的实际问题,始终兼顾数学课堂的综合性和实践性。

2 小学数学"综合与实践"的学习关键问题及指导

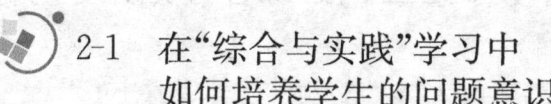

2-1 在"综合与实践"学习中如何培养学生的问题意识

问题呈现

心理学研究表明,意识到问题的存在是思维的起点。没有问题的思维是肤浅的思维、被动的思维。当个体活动时感到自己需要问个"为什么""是什

---

① 中华人民共和国教育部. 义务教育数学课程标准(2011年版)[M]. 北京:北京师范大学出版社,2012:16.

么""怎么办"的时候,这就有强烈问题意识的思维,体现了个体思维品质的活跃性和深刻性。而强烈的问题意识,又可作为思维的动力,促使人们去发现问题、解决问题,直至进行新的发现。小学数学综合与实践课程中,学生将综合运用"数与代数""图形与几何""统计与概率"等知识与方法解决生活中的问题。"问题"是综合与实践课中的"牛鼻子",牵引着教学的方向。因此,综合与实践课程将会是培养学生"问题意识"的重要阵地。

学习指导策略

《标准》指出,"综合与实践"是指一类以问题为载体、以学生自主参与为主的学习活动。所谓"以问题为载体",横向看是解决学生容易理解的现实生活中的问题,有时也可能是具有综合性和挑战性的数学问题;纵向看是引导学生综合运用已有的知识经验,经历发现、提出问题、分析和解决问题的过程。如果让没有有意义的问题作支撑,可能就不是真正的"综合与实践"活动。教师如何在"综合与实践"活动中培养学生的"问题意识"呢?

2-1-1 提供贴近"学生现实"的内容素材

要使学生能充分、自主地参与"综合与实践"活动,选择恰当的问题是关键。新课标对此有明确的规定。第一学段,可以由教师给出问题,学生尝试解决问题。第二学段除了要求由教师或教科书提供问题之外,学生还应自己尝试发现和提出简单情境中的问题。爱因斯坦指出:"提出一个问题往往比解决一个问题更重要。因为解决一个问题也许仅是一个数学上的或是实验上的技能而已。而提出新的问题、新的可能性,从新的角度去看旧的问题,却需要有创造性的想象力,而且标志着科学的真正进步。"但如何引导学生提出一个有意义的问题?教师在内容上应该为学生提供贴近"学生现实"的素材。这里,学生的现实包含他们的生活现实、数学现实和其他学科现实。生活现实包括学生在生活中经常遇到的现象、问题,常常随着学生年龄、经历的变化而变化,存在差异性。数学现实主要包括学生已经具备的数学知识、技能以及活动经验与方法,将成为学生进一步学习数学的基础和素材。其他学科现实主要指与特定的数学课程内容相关的其他学科知识。无论以什么类型的学生现实作为数学学习的素材都要能够引发学生的学习欲望,帮助学生引出或提出学习对象,从而发展的抽象和概括能力。

在苏教版五年级上册综合实践课《钉子板上的多边形》一课中,课程的开始没有像以往教学一样,从学生的生活现实中开始,因为这样的"生活现实"很少学生不易理解,怎么办?教师可以从学生的"数学现实"入手,以学生学习过的多边形的计算为素材呈现出来——在钉子板上围出一个五角星的多边形,有什么办法可以知道它的面积?学生非常踊跃且快速地提出可以用数方格的方法,也可以用"转化成学过的多边形"的方法,这时教师并没有让学生去计算,而是继续追问"还有其他方法"吗?学生一下子愣住了,想一想,老师这样问我们,也许真有不同的方法。于是孩子们通过观察,发现以往多边形都是画出来的,今天这个五角星是在钉子板上围出来的,有可能和钉子板上的钉子有关,于是大胆提出了自己的猜想"可能与钉子板上的钉子数有关"。老师发现孩子们看问题的角度发生了变化,于是面带微笑的追问"猜猜看,你们觉得有着怎样的关系"。孩子们大多凭借自己的生活经验,认为钉子数越大多边形的面积就越大。于是老师就很自然地对孩子们所提的问题进行整合,提出了课堂需要研究的问题"多边形的面积有没有可能和钉子数有关呢""能不能用钉子数来计算多边形的面积呢"。学生能够提出如此有意义的问题就是因为教师从学生已有的数学知识和方法出发,也就是从"数学现实"出发,经过简单引导,从另外一个角度出发解决问题。这样,问题的研究才可能让学生全身心地投入,因为这是学生所需要的。

2-1-2 提供充足的时间

小学数学"综合与实践"不仅在内容上表现为数学内部各分支之间的综合、数学与其他学科的综合、数学与学生日常生活实际的综合,而且解决问题的过程要能反映学生对各种能力、各种方法、各种工具的综合运用。因此学生在提出和解决问题时,不应局限于一个具体知识点的直接应用,也不是对已有数学知识和方法反射式的套用,而是综合应用以往积累的各种知识和方法,甚至是跨学科的知识。这样的思维过程是复杂的,是有智慧的。有人认为,培养学生的问题意识,只要多问几个"为什么"就能达到目的,这实质上仍然是"填鸭式"的满堂灌,毫无意义。教师只有放慢教学的节奏,"等一等"学生,给他们时间,使他们进入适宜的学习状态,让他们自己反思、质疑,这样才能提出有意义的问题。

在《运用多边形的面积解决实际问题》综合实践课总结阶段中,老师问学生:"孩子们,你们还有什么疑问吗?"在很多同学回答完之后,由于还有3分钟才下课,教师没有就此停止教学,而是继续追问:"还有吗?"这时突然有一个学生站起来,提了一个非常有价值的问题:"这么多图形的面积计算公式都不一样,记忆起来太麻烦,有没有一个统一的面积计算公式来计算我们学过的正方形、长方形、平行四边形、三角形和梯形呢?"教师听了以后,非常惊讶,觉得这个问题非常有意义,于是立刻组织学生讨论交流。学生经过努力,得出梯形的面积计算公式可以用来计算其他几个图形的面积。长方形的两条长相当于梯形的上下底,宽相当于梯形的高;正方形的边长相当于梯形的上下底和高;平行四边形的两条底相当于梯形的上下底,高相当于梯形的高;三角形的底相当于梯形的下底,上底为"0",高相当于梯形的高。虽然课堂延迟了5分钟,但孩子们对解决自己提出的问题是如此的热烈和投入,完全出乎教师的意料。这时候教师需要做的就是给予学生充足的时间,耐心等待。

耐心等待可以让学生更加清楚地认识到自己收获到了什么以及还有哪些困惑,而这样的困惑将继续推动学生投入后面的研究。因此在课堂教学中,教师要学会等待,要有足够的耐心。你给学生一点时间,学生肯定会还你一份精彩。

2-1-3 搭建展示的平台

问题意识的培养不仅需要学生主动提出问题,更需要学生经历解决问题的过程,从而形成对问题解决或活动过程的独特认识和体验,因此教师要给学生提供交流和展示的平台,分享学生的群体智慧。由于学生认知水平存在差异,交流、展示一定要具有层次性,在有层次的交流中,学生发现问题解决的主要思路,就像上楼梯一样,一步一步循序渐进,绝不能"一步登天",否则这样的平台就是少数优等生表现自己的舞台,虽然热热闹闹,但把很多孩子排除在数学大门之外了。

在人教版五年级下册数学综合应用《打电话》一课中,学生在交流"老师给1位同学打电话需要1分钟,他给7位同学打完电话至少需要多少时间"时,教师没有直接让"打电话花时间最少"方案的同学进行交流,而是根据学生在课堂研究的真实情况表现(课堂巡视与孩子们一起研究时发现的),将交流、分享的过程分为几个有递进关系的环节进行展示。

①让设计出需要7分钟方案的同学进行交流,并让全班同学进行点评——怎么样才能让时间再少一些。

②让设计出需要5分钟方案的同学进行交流,并引导学生发现时间少的原因在哪里?(知道消息的同学和老师一起打电话。)

③让设计出需要3分钟方案的同学进行交流,并引导学生发现时间少的原因在哪里?

④有没有更少时间的方案呢?师生共同分析为什么3分钟方案是最少的?

⑤最后得出结论——要想时间最少,知道消息的同学和老师要一起打电话,不能"闲着"。

这样具有层次性的交流既让学生完整经历了问题解决的全过程,又能够了解别人的思维。学生对于"问题意识"积累了极为丰富的经验,为主动提出问题增加了自信心。

2-1-4 注重反思,教给学生解决问题的思想与方法

在解决问题之后,教师应该有意识地引导学生对问题解决的活动过程进行回顾和反思,思考活动过程中可以借鉴的经验和需要改进的问题等,有意识地引导学生积累解决问题的思想和方法,从"授人以鱼"到"授人以渔",从而帮助学生将具体感性的活动经历上升为理性的活动经验,形成积极的情感态度,促进学生"问题意识"的形成。

在苏教版五年级上册综合实践课《钉子板上的多边形》一课中,教师在两个环节有意识地培养了学生数学的思想和方法。第一个环节,学生通过表格中的数据发现了用长方形边上的钉子数除以2再减去1就能算出长方形的面积时,教师开始追问"回过头再次观察4个长方形,想一想为什么可以用边

上的钉子数除以2再减去1就能算出长方形的面积数"。学生通过小组合作发现了原来"n÷2"是长方形上面一行的钉子数,减去1得到了长方形的长,再乘以宽就是长方形的面积。由于宽是1,因此面积数和长的长度数是一样的。因此可以用"n÷2－1"求出长方形的面积数。这样的思考是以"数形结合"的思想作为支撑的。

第二个环节就是当学生终于发现多边形的面积既要考虑边上的钉子数,也要考虑内部的钉子数,公式"S＝n÷2－1＋a"可以计算所有钉子班上的多边形时,教师没有结束教学,而是带领学生回顾了解决问题的过程,引导学生发现探索规律的一般过程和方法——观察、猜测、验证、结论。不但如此,学生再次提出问题"为什么在n÷2－1的后面加上内部的钉子数a就能算出所有多边形的面积",教师也坚信学生肯定会在研究中使用课堂中共同使用的思想和方法解决问题。这不就是培养学生"问题意识"最好的例证吗?

《新课程标准(2011)版》旗帜鲜明地提出在"综合与实践"学习中发展学生的问题意识和创新意识。教师在教学时,一定要以学生的现实为背景提供合适的素材,引导学生敢于提出问题、善于提出问题。在解决问题时,教师一定要耐心等待,努力帮助学生在有层次的交流中完整经历解决问题的全过程,并在反思中积累解决问题的思想和方法,真正帮助学生实现从"要我学"到"我要学"的转变。也只有这样,教师才能有效培养学生的"问题意识",发挥学生的主体作用,激发学生的学习兴趣和动机,从而提升学生的学习能力,提高学生的学习效果。

2-2 在"综合与实践"学习中如何培养学生的应用意识

 问题呈现

关于应用意识,《义务教育数学课程标准》(2011年版)指出它有两方面的含义:一方面,有意识地利用数学概念、原理和方法解释现实世界中的现象,解决现实世界中的问题;另一方面,认识到现实生活中蕴涵着大量与数量

和图形有关的问题,这些问题都可以抽象成数学问题,用数学的方法予以解决。在整个数学教育的过程中教师都应该培养学生的应用意识,而综合实践活动将现实世界中的数学与课堂上的数学进行了联系,它是培养应用意识很好的载体。

学习指导策略

"综合与实践"部分的内容设置,目的在于培养学生综合运用"数与代数""图形与几何""统计与概率"等知识与方法解决实际问题的能力,培养学生的问题意识、应用意识和创新意识,帮助学生积累活动经验,提高解决现实问题的能力。然而如何在"综合与实践"学习中培养学生的应用意识,我们认为应从以下四个方面入手。

2-2-1 引导学生"看",拓宽应用视野

现实生活是孕育数学的沃土,学生周围的现实世界应成为探索的源泉,数学知识的学习应当源于学生的现实生活。教学中,教师要着力于研究学生的生活背景,致力于捕捉生活背景与学习材料之间的内在联系,帮助学生主动寻求新知识的生活原型,提供新知识的生活背景,使学生借助生活中的实际情境来学习数学、理解数学、感受数学,为新知识的应用找到生长点,增强学生的实践意识,让学生获得数学应用的深刻体验。

例如,苏教版六年级上册《树叶中的比》,呈现了多种树叶,有柳树叶、桃树叶、桑树叶等,它们的形状和大小各异。教师首先让学生仔细观察呈现的各种树叶,说说自己的想法;再要求学生讨论"怎样比较这些树叶的形状",引导他们用数学的方式、方法表示树叶之间的相同与不同,逐渐形成想法,即通过测量树叶的长、宽,算出各种树叶长与宽的比,既对同一种树叶进行比较,也对不同种类树叶进行比较。学生在小组交流中,还会有许多发现。如,不同树的树叶,如果形状明显不同,则长和宽的比值也明显不同;如果形状相似,则长与宽的比值接近。又如,如果树叶的长和宽的比值越大,树叶的形状则越狭长;长和宽的比值接近1,树叶则越阔……通过观察与研究,这些现实的体验能让学生感受到比值是描述树叶形状的一种数据。学生在实践活动

中充分感受数学与生活的密切联系。

在实际教学过程中,教师既可以自己搜集有关资料并介绍给学生,也可以鼓励学生自己通过多种渠道搜集数学知识应用的具体案例并互相交流。例如,了解附近市场或超市的销售情况并提出进货建议,这就需要学生了解市场的货物种类、每天的销量、商品的销售额等,在此基础上给出进货建议。又如测算粉刷房屋涂料价格,学生必须确定选用哪种涂料、粉刷的工钱,明确了这些因素以后学生才能对粉刷房屋的费用作初步估计。无论哪种实践活动,学生都需要首先从事物中明确需要研究哪些内容,然后对这些信息加以分析,找出解决问题的具体方法,提出建议;得出基本结论或建议以后,学生开始付诸实践,在实践中检验并修正自己的结论或建议。

2-2-2 鼓励学生"说",提升应用水平

《义务教育数学课程标准》(2011年版)中明确规定:学生经历观察、实验、猜想、证明等教学活动过程,发展合理的推理能力和初步的演绎推理能力,有条理地、清晰地阐述自己的观点。现实世界的存在形式千姿百态,我们无法直接看到或读出它的数学表现或描述,因此我们需要自己去发现世界,从数学角度描述客观事物与现象,寻找其中与数学有关的因素,主动运用数学知识和方法解决实际问题。

例如,教师可以鼓励学生从数学的角度描述与出租车有关的数学事实,诸如,车费与行驶的路程、等候时间、起步价有关,油耗与行驶路程有关等。除了鼓励学生从数学的角度描述现实生活中的事物与现象以外,教师还应努力在数学教学过程中为学生提供原始数学材料,交由学生去抽象出其中的数学问题,并用数学语言加以描述。

教学中,教师要鼓励、引导学生在感性材料的基础上理解数学概念,或通过数量关系进行简单的判断、推理,从而掌握最基础的知识。对于这个思维过程,教师要求学生能用语言表达出来,这样有利于及时纠正学生思维的不足,具有指导意义。

例如,人教版四年级上册《数字编码》,学生通过收集身份证号码、邮政编码、手机号码、机动车的车牌号、门牌号等信息,让这些广泛存在于生活、为学

生所熟悉而常被忽略的"数学"集中体现在学生的眼前,使"数学与编码"这一看似很抽象的数学问题变得直观、有趣。课程为学生创造了一个自主探究、合作交流的广阔空间。学生在小组内通过观察比较、合作交流,探究到身份证的秘密;在师生互动交流中,学生能从身份证号码的具体实例中初步了解其中蕴含的一些简单信息和编码含义,探索出用数字编码的简单方法。最后,学生还能用所学的数学编码知识给全班同学编学号。学生经历运用所学知识解决实际问题的过程,就是学生树立应用意识和提升创新能力的过程。

2-2-3 提倡学生"做",经历应用过程

经历数学活动过程本身已经成为数学教学不可或缺的重要目标。综合与实践活动有别于具体知识的探索活动,教师要特别注重活动过程的展开,重视学生在过程中的体验和感受。过程生发体验,过程激发灵感,过程引发创新。

学生有效经历综合与实践活动需要注意以下几个方面的问题:一是教师要放手让学生自主参与实践活动。学生在问题的驱动下一般愿意积极投身实践的过程。教师要注意给学生提供更多的参与机会,让学生完整地经历实践活动过程。二是教师要关注每个学生参与的积极性和参与的程度。每个学生的知识基础不同,经验积累有别,实践与活动能力参差不齐,在学生经历实践活动的过程中,教师要注意了解他们实际参与实践活动的情况,对不同的学生给予有针对性的指导。为此,教师要充分利用"综合与实践"教学活动的特点,让每位学生都能积极主动地参与活动的全过程,在发现问题、提出问题、解决问题的过程中加深对相关数学知识的理解和整体性的认识,发展数学基本素养,使其真正成为数学学习的主人。

例如,人教版四年级上册"抢数游戏",在明确抢数规则后,两名学生从1开始轮流报数,每人每次最少报1个数,最多报2个数,谁先报到指定的数,就判谁赢,主体的游戏环节从较简单、数字较小的"3"开始探究。学生达成共识:选择后报,就一定能抢到第三个数。然后教师小步推进,再抢"6"。学生能关注到数字间的内在联系,运用转化的思想,顺向思维,用抢"3"的方法来抢"6"。接下来教师趁热打铁,适时提出猜想:用这样的方法抢下去,还能抢

到几?学生合理类推,抢数字"9、12、15……"问题——迎刃而解。对于抢不是"3"的倍数,仍是从较小数开始研究,抢"4",抢"8",有了先前的游戏经验,这里抢数的过程教师应更多地放手,让学生通过比较、交流,明确方法,合理运用。整体的探究过程从学生的实际出发,小步推进,全体学生主动探究,经历游戏活动的全过程,丰富了数学活动经验,提升了应用数学的意识与能力。

再如,苏教版六年级下册组织"制订旅游计划",学生先在课堂上通过阅读、讨论和计算等活动,完成小芳一家去北京旅游的往返行程规划、游览日程设计、旅游费用预算等任务;再利用课余时间通过查阅资料、比较和分析,完成自己一家人外出的旅游计划;最后回到课堂上交流各自制订的旅游计划,完成有关数据的统计,解决"几家人结伴旅行能否节省旅游费用"的问题。这样的活动,既具有较强的现实性,又具有一定的开放性和挑战性,有利于培养学生获取信息的能力以及发现和提出问题、分析和解决问题的能力。

苏霍姆林斯基在《给教师的建议》中谈到:"儿童的智慧在他的手指尖上。"而培养学生应用意识的最有效办法是让学生有机会亲身实践。学生只有通过自己探究,概括的知识才能真正纳入他们已有的认识结构,获得深刻的理解,也更便于应用。把学生自己的自主探究、概括活动放到他们所熟悉的生活中,他们会更感兴趣,也易于更快地探究、理解到知识的实质。所以在教学中,面对学生自己收集的材料、学生提出的问题,教师要敢于放手,让学生自己去解决这些问题,把学生自觉纳入获取知识的过程中,只有这样学生的能力才能得以提高,学生才会成为学习的主人。

2-2-4 启发学生"想",内化应用意识

实践活动的教学不仅是为了开展活动,更要通过活动促进学生发展。教师应激发学生探索问题的兴趣和欲望,使他们不满足一般的观察结果,而勤于开动脑筋,专心地参与观察、猜测、实验、推理与交流等活动,并运用所学的知识灵活解决生活中的问题。因此,活动即将结束时,教师通常都会安排"回顾反思"栏目,让学生交流活动中的收获和体会。如果学生的话题很多,交流活跃,他们可以有什么就讲什么。如果学生一时还想不到说些什么,教师可以引导他们回忆这次实践活动的全过程,从做过的事情、碰到的情况、解决的

方法、想到的问题等方面逐渐说出自己的收获或体会。大量的事实说明,回顾反思能积累经验、总结教训,是个体长才干、长能力的重要渠道。善于回顾反思的人成长得快。数学教学应该经常组织学生进行这项活动,促进学生的发展。

北京师范大学严士健教授指出:"对于数学基础课,除了基本的知识、技能和基本训练外,应该定位在培养学生的数学应用意识,必须是学生学到必要的数学应用知识和受到必要的数学应用的实际训练,否则强调应用意识就会成为空洞的说教。"因此,教师可以利用综合实践活动课,鼓励学生通过动眼观察、动口交流、动手操作、动脑思考,把数学应用意识、数学基础、数学能力三者进行融合,使学生认识到数学在生活中的用处,并敢于尝试在生活中应用数学,在体验活动后乐于在生活中应用数学,善于应用数学解决生活问题。这样学生可以利用课本综合实践课的内容,有效地将应用数学意识贯穿在整个数学学习的过程中。

2-3 在"综合与实践"学习中如何积累数学活动经验

"综合与实践"是数学课程中的一个较新的内容,有助于学生的发展。《课程标准(2011年版)》指出,"综合与实践"是指以问题为载体、以学生自主参与为主的学习活动。在实际教学中,有些教师由于受传统教育观念的影响和习惯的束缚,对实践活动在认识上存在偏差,以为实践活动就是游戏和竞赛;有些教师受各方面条件的限制,疲于为活动准备材料,对实践活动望而生畏,不愿意开展;有些教师担心完不成教学任务,不愿意浪费课堂宝贵的时间去开展活动;有些教师担心学生实践活动的能力,缺乏足够的信心放手让学生开展活动……

《课程标准(2011年版)》指出:"积累数学活动经验、培养学生应用意识和创新意识是数学课程的重要目标,应贯穿整个数学课程之中。'综合与实践'是实现这些目标的重要和有效的载体。"在教学建议部分又指出:"'综合与实践'的教学,重在实践、重在综合。""重在实践"是指在活动中,注重学生自主参与、全过程参与,重视让学生积极动脑、动手、动口。在学生自主、积极、主动参与活动的过程中,发展学生的动手、动口能力,培养学生学习数学的兴趣,增强学生学习数学的信心。

什么是数学活动经验?首先,"活动经验"与"活动"密不可分,所说的"活动",当然要"动"——手动、脑动和口动。"活动"是一个过程,也是课程目标。其次,"活动经验"还与"经验"密不可分,当然就与"人"密不可分。学生要把自己在活动中的经历、体会总结上升为"经验"。这既可以是活动当时的经验,也可以是延时反思的经验;既可以是学生自己摸索出的经验,也可以是受别人启发得出的经验;既可以是从一次活动中得到的经验,也可以是从多次活动中相互比较得到的经验。

《课程标准(2011年版)》提出让学生获得"数学活动经验",就是让学生在活动中从数学的角度进行思考,直观地、合情地获得一些结果。数学活动经验不仅仅是实践的经验,也不仅仅是解题的经验,而是思维的经验以及在数学活动中思考的经验。思维方法是依靠长期活动经验积累获得的,并不是仅仅依靠教师的传授获得的。学生只有积极参与数学课程的教学过程,独立思考,探索实践,合作交流,才有可能积累数学活动经验。

那么,如何在"综合与实践"学习中帮助学生积累数学活动经验呢?我们认为应关注以下几个方面的研究。

2-3-1 丰富数学活动形式,积累数学活动经验

实践活动是数学活动经验积累和创新能力培养的重要途径之一,在"综合与实践"教学中,教师应十分重视通过猜想、实验、验证、概括、运用等活动,让学生从数学现实出发,在教师的帮助下自己动手、动脑"做"数学,结合教学内容以及自己的生活经验、认知水平,设计富有情趣而且有意义的实践活动,积极主动地参与数学活动。教师要关注学生经历活动的整个过程,关注学生在活动中的丰富的表现,有效促进学生数学活动经验的积累,进而培养学生

的应用意识和创新意识。

> **教学片断**
>
> 比如一年级下册《我们认识的数》可以这样设计活动。
> (1)说一说。
> ①"你能用100以内的数说一句话吗?"
> ②"你能说出自己家中每个人的年龄吗?"
> 这样的活动有利于学生了解数在不同情境中的现实意义,培养数的应用意识以及从数的角度观察和表示日常生活现象的能力。
> (2)猜一猜。
> ①抓一把蚕豆,数出这把蚕豆的粒数。
> ②猜一猜一把花生米大约有多少粒?然后,数一数,验证。思考为什么一把花生米的粒数比一把蚕豆多呢?
> ③猜一猜一把黄豆大约有多少粒?
> 先估计,再和同学交流,随后验证。
> (3)数一数。
> ①观察场景图,说说图中的小朋友分别在干什么?得到了怎样的结论?
> ②思考在我们的校园里,你还能数些什么?数的时候要注意些什么?
> ③到校园里看一看、找一找、数一数。
> ④和同学交流数数的结果。

这样的教学活动方式,符合学生的年龄特征和认知水平。学生在关注生活实践的真实问题中,积累了数学活动经验。学生用数学的眼光观察身边的现象,在平凡的事件中运用数学,体会到生活实践中数学无处不在。"数学活动经验"就是在"做"中积累起来的。

2-3-2 关注生活实践的真实问题,提炼数学活动经验

数学来源于生活,丰富的生活经验是形成数学活动经验的基础。很多数学知识需要在实践中学习体验,如测量活动、购物活动、调查活动等。教师应根据学生的认知规律和特点,从生活实例出发,创设问题情境,引导学生以

"问题"为中心进行自主探索,促进学生不断思考,让生活问题数学化,让数学问题生活化,实现知识的有效建构,从而提高学生对数学学习的兴趣,让学生体验学习数学的价值,总结数学活动经验。

如教师可以安排三年级学生关注"我的睡眠时间",围绕着问题"我每天睡眠几小时?是否合适?如果不合适,找到解决问题的办法"要求学生记录一周的睡眠时间,思考如果我每天的睡眠时间不一样,那么几小时更合适?对"睡眠时间是否合适"这个问题进行主客观分析、比较。睡眠不足的同学要进一步分析原因,并制订切实可行的办法,养成良好的作息习惯,把生命与健康放在重要位置。

2-3-3 加强合作交流,提升数学活动经验

"综合与实践活动"经常需要采用小组合作学习的形式。教师应提供宽松的教学环境,让每个学生有效参与,让学生掌握合作的方法和技巧,鼓励每个学生明确地表达自己的想法,倾听他人的意见,利用集体的智慧解决实际问题,让每个学生都经历探索的过程,体验合作的成功与乐趣。活动中的交流既是教师与学生的交流,也是学生与学生的交流,还是学生与社会的交流。教师适时组织,参与其中,营造民主和谐、互相尊重、互相学习的活动氛围。

如人教版五年级的综合实践《打电话》。

(1)巧设悬念,激发兴趣。

游戏导入——"传递消息"。题目要求只能用打电话的方式通知,而且假定传递消息给一个人需要1分钟时间,猜一猜,8分钟最多能通知到多少人?

设计意图:用简洁的游戏情境导入,迅速提出问题,设置悬念,引发探究的欲望。

(2)探究方案,发现问题的模式。

①延迟判断,解释不予评判的原因——方案太多,不知道什么样的方案就是"最多"的,提出从简单情况入手进行探究。

②思考:3分钟最多能通知多少人?

教师建议学生把自己的方法用适当的方式表示出来,最好能让人很容易明白你的思路。

③小组讨论,交流方案。确定通知人数最多的方案。

提出问题:这个方案为什么能使被通知的人数最多?

教师引导学生通过观察、比较,发现问题的关键,得出要使下一分钟被通知的人数最多,必须让所有知道信息的人都去通知其他人(不断打电话)的结论。

设计意图:让学生了解化归的方法,通过观察、比较、分析等活动发现最优方案的特点,积累解决问题的经验。

2-3-4 关注方法的综合运用,深化数学活动经验

方法要通过活动获得。学生在数学活动中综合运用方法,对方法有更好的把握。

以《打电话》为例,在学生发现问题的模式之后,教师及时追问:这个最优方案不但通知的人数最多,而且当中还隐藏着数学规律。你们能把它找出来吗?

(1)结合电脑动画模拟演示。

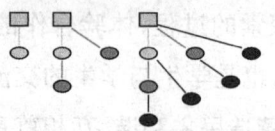

图 5-1 电脑动画模拟演示

教师引导学生观察发现:下一次知道信息的人数是上一次知道信息人数的 2 倍。

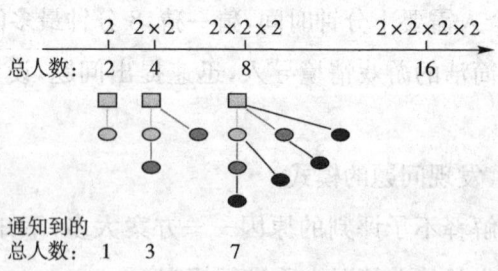

图 5-2 通知人数演示

(2)进一步探索时间与被通知人数间的关系。

学生先独立观察思考,在小组里讨论。全班再交流反馈。

学生可能发现：

①知道信息的人的总数是随着时间的增加而成倍增长的。

②第2分钟知道信息的人的总数为 $4=2\times2$，第3分钟知道信息的人的总数为 $8=2\times2\times2$……第几分钟知道信息的人的总数就是几个2相乘。

③通知到的人的总数比知道信息的人的总数少1。

在此基础上安排练习巩固，强化应用。

问题1：按上面的方式，5分钟最多可以通知多少人？8分钟最多可以通知多少人？

问题2：如果一个合唱团有50人，按照打电话的方式，由团长通知成员，每分钟可通知1人，那么最少花多少时间就能通知到每个人？

这样设计探索规律，分层次进行。先是通过图示，学生很容易直观感知，发现下一次知道信息的人数是上一次知道信息人数的2倍；接着教师利用数轴巧妙地将人数和时间串联起来，引导学生观察发现时间与总人数之间的关系。在老师的引导下，学生积极主动参与探索活动，在动脑、动手、动口的过程中，根据自己的体验，逐步领悟数学思想方法，提升归纳推理的思维能力。

应用规律环节中设计的两个问题，不只是简单的模拟练习，其中包含了逆向思维训练。问题2是问题1的逆问题，解决这个问题能加深学生对前面实际问题中数学模型的理解，进一步感受数学思考的魅力和价值。

课的最后环节，教师让学生主动参与回顾总结，加深了他们对数学知识、数学思想方法的认识。"传染病模型"的拓展延伸，让学生进一步认识了数学与生活的密切联系，形成应用意识。

建构主义学习理论认为"学习不是简单的知识由外到内的转移和传递，而是学生主动地建构自己知识经验的过程，即通过新经验和原有知识经验的反复的、双向的相互作用，来充实、丰富和改变自己的知识经验"。因此，学生在探索过程中不应只是被动的接受者，相反，应主动地建构知识的意义。这节课从让学生猜想打电话用8分钟时间最多能通知多少人的问题开始，激发了学生的探索欲望。继而，教师引导学生化繁为简，从用3分钟时间打电话入手，让学生在探索活动中观察、分析、归纳，从中发现规律，进而应用规律解决问题,最终将理论内化为学生自己的知识。打电话通知到最多人的最佳方案的形成、规律的发现,不是老师"给予"的,不是学生被动接受的,而是在老师的引导下,学生积极主动参与探索活动,通过动手、动口、动脑发现的,是学生自己悟出来的,是主动获得的。这正是新课程倡导的一种教学理念。

总之,数学活动经验在学生的数学学习中有着不可替代的作用,这种经验必须由学生经历大量的数学活动逐步获得,在"做"中获得。而在这个过程中,教师需要为学生提供有意义的数学活动,引导学生,让学生积累丰富而有效的数学活动经验。而充足的数学活动经验是学生学好数学、提高数学素养的重要基础,数学的基本知识和基本技能,也只有通过一定的数学活动经验才能内化成为学生自己的东西。

2-4 在"综合与实践"学习中如何培养学生的创新意识

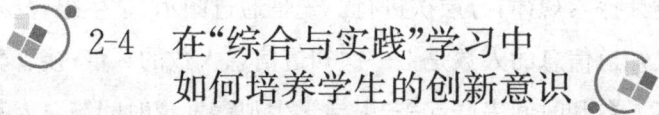

法国教育学家斯普朗格指出,教育的最终目的不是传授已有的东西,而是要把人的创造力诱导出来。《数学课程标准》(2011年版)特别对"综合与实践"内容设置的目的予以强调,指出其"在于培养学生综合运用有关的知识与方法解决实际问题,培养学生的问题意识、应用意识和创新意识,积累学生的活动经验,提高学生解决现实问题的能力"。"综合与实践"是一类以问题为载体、以学生自主参与为主的学习活动,它能诱导出学生的创造力,并使学生身心全面发展。

学习指导策略

"综合与实践"这一部分内容结合了数学各个领域中的知识,很好地沟通了生活中的数学与课堂上的数学之间的联系。教师要让"数与代数""图形与几何""统计与概率"等内容构成一个整体,充分利用学科资源,教学中让学生在合作、探索的情境中获取知识和思维方法,提高学生的创新意识,发展创新思维,提高学生解决现实问题的能力。

2-4-1 多实践搭建创新平台

《数学课程标准》提出:"数学综合实践活动的教学目的是培养学生的创新精神和实践能力。"综合实践活动课主要是在课堂以外的真实生活和社会实践中来进行的,强调学生亲历感兴趣的生活和社会实践过程。学生在"实践"中学,在"操作"中学,将所学知识加以运用,通过亲身体验获得直接经验,丰富感性认识,并在这个过程中提高分析问题和解决问题的实际能力,同时培养数学思维方法,培养创新意识。

例如,在认识人民币教学之后,教师可以设计超市购物这一实践活动。因为一年级学生年龄小,缺乏社会经验,购物的机会也少,对人民币只是初步的认识。超市购物可使孩子对人民币有基本的认识和简单的运用,培养其学习数学的兴趣,感受数学知识生活的联系。我们设计超市场景,教会孩子看商品标价,让孩子选择至少三种商品,记录单价,并学会简单的付钱、换钱、找钱。多个学生购买 6 角的尺子时,教师要求大家以不同的付钱法式,这时有人会付给 1 元钱,有人是拿 5 角和 1 角,也有人拿出 6 个 1 角付钱等。学生在看到别人与自己方法相同时,他会思考寻找另外的付款方法。在这样的付钱过程中,我们欣喜地发现只要充分地给予学生实践的机会,学生的思维不会受到限制,而是富有创新意识。由此证明在学生自主探索的实践活动中,教师要多为学生提供动手实践平台,激发学生的创造力,提高学生应用知识的能力。学生也能充分体验成功的喜悦,为后续学习提供源源不断的动力,从而达到数学综合实践活动课的目的,即发展学生的综合实践能力,培养学生的探索意识和创新能力。

2-4-2 多开放鼓励个性化学习

《数学课程标准》指出:"人人学有价值的数学,人人都通过数学学习得到不同的发展。"在数学实践活动中,教师要尽可能多给学生自由,多设计一些开放性的实践活动,丰富综合实践活动的内容和形式,课内外、校内外教学相结合。数学综合实践活动课重在"活动",与其他数学课程有着明显的差异。

综合实践活动的问题是开放性的，开放性的问题有利于培养学生的创新意识和实践能力。

例如，学生去公园春游，门票价格为大人每人20元，学生每人18元，10人团体票150元。有6名教师和43名学生，请设计几种购票方案，怎样买票最便宜？在这一过程中，学生必须先设计好不同的买票方案，通过计算和比较得到最佳方案，其中就有创新意识的激发和实践能力锻炼。再如在三年级学生认识1千米后，可以设计一些实践活动，让学生亲身体验1千米有多长。这样的设计可以让学生在实践中创新，在创新中实践，从而培养学生的创新精神和实践能力。学生在这样开放性实践活动中，不同的人就会有不同的设计方案，学习过程充分体现个性化。

"综合与实践"主要指以学生的生活经验和兴趣为基础，以学生日常生活学习和社会生活密切相关的各类综合性、生成性、开放性等问题为内容，以研究性学习为主导学习方式，以培养学生的实践能力、创新精神为目标的一类课型。要上好小学数学综合实践活动课，教师必须深刻理解小学数学综合实践课程具有整体性、实践性、开放性、生成性、自主性特点，综合实践活动对于学生全面发展的积极影响，在实践活动中提高学生的学习和生活能力，关注和培养学生的创造性。学生在开放的、自主探索的和合作交流的过程中会发生很大的变化，每个学生都能获得成功体验，得到不同发展。

总之，在学习"综合与实践"这一领域教学的过程中，教师一定要依托《数学课程标准》，不断研究、不断改进、逐步完善我们的教学方法，以其开放性、综合性、实践性等特点开阔学生的活动空间，使学生的思维得到拓展，动手能力得到增强，点燃学生智慧的火花，培养学生的创新意识和创造能力，使实践活动真正促进学生的发展，使学生真正在实践中学有价值的数学，人人都能掌握必需的数学知识，不同的人在数学上得到不同的发展。

2-5 在"综合与实践"学习中如何帮助学生感悟数学思想

问题呈现

"综合与实践"课程是《义务教育数学课程标准(2011年版)》(以下简称"课标2011年版")四领域之一的内容,所要求的课时数虽然不多,但设计并实施课程的意义重大,其在渗透数学思想方面承载着重要的教育价值。

学习指导策略

数学思想方法是学生认识事物、学习数学的基本依据,是学生数学素养的核心。数学思想方法是处理数学问题的指导思想和基本策略,是数学学习的灵魂。数学思想方法是伴随学生知识、思维的发展逐渐被理解的。数学思想方法的感悟是在学生数学活动中积累的。教学中渗透数学思想方法可以使学生自觉地将数学知识转化为数学能力,最终通过自身的学习将知识转化为创造能力。义务教育阶段数学课程总目标之一就是帮助学生感悟数学思想,而"综合与实践"是渗透数学思想的重要载体。如何让"数学思想"与"综合实践"精彩相遇,帮助学生感悟数学思想呢?

2-5-1 创设好情境好问题:让数学思想孕育其中

综观整个小学数学教材,数学实践活动是由生活引发的,因此要用所学知识解决生活中的问题,说明生活中的现象。课标2011年版给出了"综合与实践"的一些案例:图形分类问题、生活中的轴对称图形、绘制校园平面图、制订旅游计划等。教学中,教师可以以这些案例为素材,进一步开发、设计出好活动、好问题,让数学思想和方法孕育其中。如《制订旅游计划》一课,教师通过创设学生熟悉的外出旅游的情境,让学生谈谈在旅游之前要考虑哪些事情,由此提出问题,引发学生兴趣,使他们在不知不觉中展开对旅游过程的相关思考,巧妙地为探索活动埋下伏笔。学生通过交流,明确可以从行程安排、旅游路线、住宿和生活费等方面去收集信息,体会有序思考和分类研究的数学思想。又如"秋游中的数学问题",教师组织学生以现实的秋游活动为题材,让学生综合运用时间与人民币等知识去解决秋游中一系列的实际问题,如租车问题、租船问题、购买食品问题等。学生既巩固了数学知识,又发展了能力,认识到生活处处有数学,而这些问题的设计无不蕴含着丰富的数学思想。

2-5-2 深度探索与研究:在解决问题中感悟数学思想

数学课程标准中对"综合与实践"的解释之一就是"学生综合运用所学的数学知识、思想、方法解决一些数学问题或现实问题的过程"。学生经历探索研究的过程,在活动过程中提升研究性学习能力,在解决问题的数学活动中感悟数学思想。

如苏教版六年级下册《大树有多高》一课,教师提出问题后,学生联系已有的知识和经验,从不同角度思考解决问题的方法,并通过交流发现:由于不能直接进行测量,通过估计等方法得到的结果都存在较大的误差,而这些方法又有一定的局限性。通过教师引导,学生把目光聚焦在测量大树影子的长度上——将大树有多高转化为影子有多长。转化是一种非常常见的、极其重要的数学思想和方法,感悟这种方法,对于学生形成分析和解决问题的能力以及发展数学思考,都具有非常重要的意义。再如,苏教版五年级数学上册《面积是多少》,如何计算复杂的图形面积,学生不仅需要综合长方形、正方形、平行四边形、梯形和三角形的面积计算方法,还要灵活选择分割、拼接、旋转等解决方法,在不规则的面积问题上将精算与估算有机结合。实际教学时,教师要引导学生抓住图形的特征,灵活运用不同的方法将不规则图形转化为规则图形,化腐朽为神奇。

深度探索与研究是"综合与实践"的主旋律,有助于学生感悟数学思想。如《制订旅游计划》一课,学生在经历旅游景点费用及其他费用预算的过程中,着力发展解决问题的能力。首先是旅游景点费用的预算,学生根据已有的生活经验和知识基础,结合数学知识进行合理的分析和推理,选择合适的景点与路线,并在小组里说出选择的理由,认识数学的价值。其次是其他费用的预算,学生要思考旅游期间还有什么其他花费,这些费用是一个人的花费还是全家人的花费。最后根据前期一系列的计算结果，算出一家人旅游的全部花费。在这一费用预算的过程中，学生所用的数据是真实的，分析和推理是有依据的，因而整个预算过程变得很有现实意义。整个过程中，学生积极参与各项探究活动，成为探究活动的主体，对归纳推理和合理优化的数学思想均有了深刻的感悟。

2-5-3 综合应用，实践内化：在实践中感悟数学思想

"综合与实践"活动的过程就是研究性学习的过程。如果说综合是一种思维方式，那么实践就是一种探索精神。实际教学时，教师要引导学生广泛参与实践，数学思想的感悟既可以在"课内"，也可以在"课外"。例如，学生在学习了统计知识后，可以创设"小鬼当家"的活动内容，在课余时间利用表格记录一周里全家的日常开支，绘制成折线和扇形统计图。一方面学生亲身经历了收集、整理和分析数据的全过程并巩固了统计的知识，另一方面学生也了解了基本的理财常识，学会合理安排生活开支，从小培养理财意识。这与语文教科书中设置的"勤俭节约"主题单元教学相得益彰，更重要的是沟通了生活与数学的联系，体现了抽象的数学思想。

实践活动的形式是多样的，比如高年级学生可以分组进行社区小调查，动手制作小模型，撰写微型调研报告或数学日记等；而低年级学生由于识字量不多，写作能力有限，如果借助日记来表达自己的研究过程可能有些难度，那么教师可以开展有趣的绘画日记实践活动，让每一个学生都快乐地"卷进"数学学习的"漩涡"中，感悟数学思想的无穷魅力。

总之，"综合与实践"课程是渗透数学思想的重要载体。综合与实践只有完美结合，才能帮助学生更深刻的感悟数学思想，进而铺设出宽广的妙趣横生的数学学习大道！

2-6 在"综合与实践"学习中需要突出关注的几个问题

问题呈现

"综合与实践"是新课程改革之后出现的一个新领域,为学生提供了通过综合、实践的过程去做数学、学数学、理解数学的机会。教学实践中,"综合与实践"逐渐得到了一定程度的重视,但也出现了一些困惑和问题。如教材中"综合与实践"内容编排较少,"综合与实践"教学实施缺乏成功经验,如何把握活动难度,这些问题已成为当前数学课程改革的一块短板,直接影响了新课程改革的深入推进。

学习指导策略

《义务教育数学课程标准(2011年版)》指出,"综合与实践"是指一类以问题为载体、以学生自主参与为主的学习活动。在学习活动中,学生将综合运用"数与代数""图形与几何""统计与概率"等知识和方法解决问题。《义务教育数学课程标准(2011年版)》强调"综合与实践"首先要引导学生综合运用有关的知识与方法及各种能力解决实际问题,进而在这样的实践活动中培养学生的问题意识、应用意识和创新意识,积累数学活动经验,提高学生解决现实问题的能力。遵循《义务教育数学课程标准(2011年版)有关"综合与实践"的教学目标要求,"综合与实践"教学中要突出综合、经历过程、注重应用。

2-6-1 突出综合

"综合与实践"学习活动中,"综合"首先是"数与代数""图形与几何""统计与概率"等数学内部知识和方法的综合;其次是与其他学科以及学生日常生活实际的综合;再次综合运用学生的各种能力和各种工具去解决问题。

如教学苏教版六下"测量物体的体积",提出"如何测量一个土豆的体积"这一问题后,教师鼓励学生利用已有的知识和经验设计合适的测量方法,在交流讨论中明确运用"转化策略"测量土豆的体积。在此基础上,确定测量过程和步骤：①准备好土豆、圆柱形状容器，并测量容器的底面积；②在容器中放入一定量的水，并量出水面的高度；③把土豆完全放入水中，测量此时水面的高度；④根据水面上升的高度和容器的底面积计算出土豆的体积。之后，教师引导学生交流测量时要注意的问题，为下一步测量活动积累经验；接着，组织学生运用刚掌握的方法测量两块铁块的体积，启发学生根据体积大的铁块较重，体积小的铁块较轻，形成铁块的体积可能与它的质量有关的数学猜想；再称量铁块的质量，填入表格中，并计算出质量与体积的比值，验证猜想，同一种材料，质量与体积的比值是一定的，每块铁都是每立方厘米 7.8 克；最后引导学生根据得到的结论，直接称出第三块铁块的质量，除以"7.8"计算出这块铁块的体积。这样的解决问题过程中，学生既动手又动脑，运用等积变换的"转化策略"，由测量一个土豆的体积，到联系某种物质的比重，通过测量相应物质质量计算出体积，综合运用测量、圆柱、比、计算等有关数学知识解决问题，认识到数学知识之间的相互联系以及数学与生活的密切联系，增强了综合运用数学知识解决实际问题的信心。

2-6-2 经历过程

荷兰数学教育家弗赖登塔尔有句名言："数学学习是一种活动，这种活动与游泳、骑自行车一样，不经过亲身体验，仅仅从看书本、听讲解、观察他人的演示是学不会的。"因此，实施"综合与实践"时，教师不仅要关注结果，更要关注过程；要给学生提供足够的时间与空间，鼓励学生独立思考，让学生完整地经历观察、实验、猜测、计算、推理、验证等活动过程，领悟数学思想方法，积累基本的数学活动经验，提升数学能力和素养。

教学片断

如教学苏教版五下"数字与信息"时，一位教师引导学生研究研究身份证号码时，展开如下教学。

师：春游时晚上入住宾馆，需要登记什么号码吗？

生：身份证号码。

师：课前同学们搜集了家人的身份证号码。谁来报个号码，老师能马上猜出这个号码是哪个家庭成员。信不信？

（生报号码，教师准确猜出是哪个家庭成员。）

师：知道老师为什么能猜这么准吗？想知道其中的奥秘，就让我们一起来研究身份证号码。

（课件出示问题：你能从身份证号码中看出一个人的出生日期吗？不同的身份证号码里有相同的部分吗？这一部分包含什么信息？学生读问题，并拿出课前家庭成员身份证号码调查表，独立思考。然后交流自己的想法。）

师：有谁在身份证号码中看出了出生日期？

（投影显示学生的调查表，学生读出其中的出生日期。）

师：出生日期是身份证号码中的第几位到第几位？

生：第7~14位。

师：还有谁从不同的身份证号码中找出相同的部分？这一部分包含什么信息？

（投影学生的调查表。）

生："34"是安徽省的代码。

师：你是怎么知道这个信息的？

生：我是通过上网知道的。

师：真会学习！上网查找资料是个很好的学习方法。

师：你们还有什么发现吗？

生1：我发现身份证号码都是18位数字。

生2：后面的4个数字可能表示性别。

师：现在就以老师的身份证为例来研究上面的这些问题。

（课件出示教师的身份证号码。）

师：读出老师的出生日期。

生：1983年7月3日。

师：为什么不写成198373而写成19830703呢？

生：一年有12个月，是两位数，所以7前面要加个0。

生：每个月的天数也是两位数，所以3前面要加个0。

生：0是占位的。

结合学生交流，教师通过电脑小博士讲解的方式，归纳揭示身份证数字编码知识及规则，并板书地址码、出生日期码、顺序码、校验码。然后组织学生比一比自己和父母的地址码,看一看是否相同,再看一看和老师的地址码是否相同。

上述教学片断,教师将结论性知识还原为生成性知识,组织学生收集和探索日常生活中的数字编码现象,引导学生自主探索数字编码中的信息以及用数字编制一些简单的数字编码等。学生通过对众多身份证号码进行观察、比较、猜想和推理,获得充分的感性经验,再在交流思辨中相互启发,相互补充、验证、领悟编码规则,最后在活动过程中获得数学活动经验。

2-6-3 注重应用

《新课标》强调:"初步学会从数学的角度发现问题和提出问题,综合运用数学知识解决简单的实际问题,增强应用意识,提高实践能力。"这里的应用意识有两个方面的含义,一是有意识地利用数学的知识和方法解释现实世界中的现象,解决现实世界中的问题;二是现实生活中蕴涵着大量与数量和图形有关的问题,这些问题可以抽象成数学问题,用数学的方法予以解决。培养学生数学应用意识最有效的办法是让学生亲身参与"综合与实践"活动,在这样的活动中,学生需要收集信息、查找资料,经历实际问题"数学化"过程,进而运用有关数学知识设计或落实解决问题的方案,从中体验到数学在实际生活中的作用,品尝应用数学知识解决实际问题的成功喜悦,从而提高学习数学的兴趣。

如教学苏教版五年级下学期"数字与信息",拓展应用阶段教师引导学生运用编码设计学号。

教学片断

师:学习了这么多编码知识,想不想自己也当回编码师呢?

(课件出示问题:班级有20名同学参加春游,怎样编号才能让带队老师很清楚地看出你是哪个年级哪个班?第几号同学呢?)

师:把你的思考结果记录在练习本上。

(学生独立编号,教师巡视。)

师:谁来说说你编的号码?

生1:5320010403,我用"5"代表五年级,用"3"代表3班,后面是我的出生日期。

生2：如果咱们班有同年同月同日生的人呢？

师：看来这种编法有点问题。

生：我编的号码是53A01，用"53"代表五年级三班，A01表示A组1号同学。

师：你的想法不错，表达也很清晰，但有没有简洁的编法呢？

生：5304，04是我在班级的序号。

（师板书记录学生编的号码。）

师：看来5304这种编法简洁。咱们编码时要从需要出发，选择合适的信息。

上述教学片段中，教师引导学生运用刚掌握的数字编码知识给自己编号，学生得出多种个性化的编号，并在比较中编出简洁的编号，亲身经历运用知识与方法解决实际问题的过程，有效地促进了应用意识的发展，提升了灵活应用所学知识与方法的能力，进一步感受到数学应用的价值，激发了积极的数学学习情感。

3 小学数学"统计与概率"课例研究

 3-1 "钉子板上的多边形"课例与评析

课例展示

(1) 学习准备。

师：这是一块钉子板，每相邻两个钉子之间的距离为1厘米。这个正方形的面积是多少？

生：1平方厘米。

师：老师在钉子板上围了一个多边形，有什么办法可以知道它的面积？

生1：数方格的方法。满格算1平方厘米，不满1格的算0.5平方厘米。

师:用数方格的方法得到图形的面积,可以!

生2:把它分割成4个三角形和1个正方形,利用面积计算公式算出它们的面积,再把它们加起来。

师:把这个图形转化成我们学过的规则图形,再用图形面积公式算,也可以!

师:还有什么办法呢?同学们想一想,多边形是在钉子板上围成的,它的面积有没有可能和钉子数有关呢?能不能用钉子数来计算多边形的面积呢?我们这节课就来研究多边形的面积和钉子数之间的关系!

(生齐读课题:钉子板上的多边形。师板书课题。)

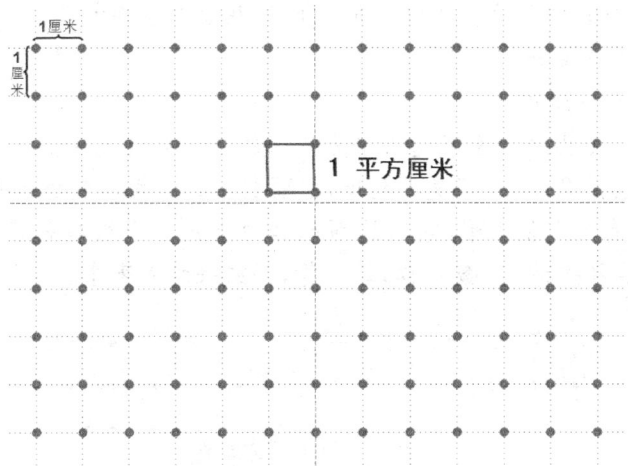

图5-3 图例

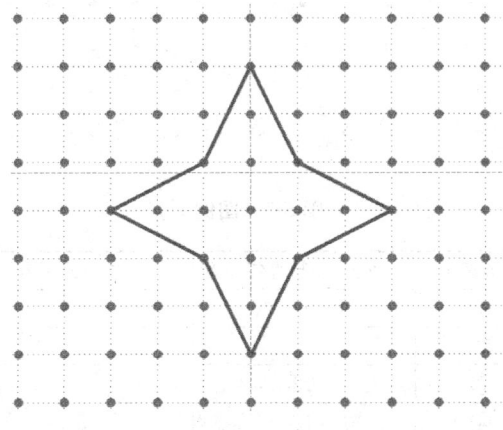

图5-4 图示1平方厘米

【评析】教师设计了"求不规则图形的面积"这一富有挑战性的数学问题,唤醒了学生已有的数学探究经验和知识储备,为新知的学习搭建了"脚手架";同时巧妙"设疑",制造了认知冲突,使学生对新知产生了浓厚的兴趣,从而更加愿意投入新知的探究学习活动中。

(2)探索和发现规律。

①探索内部钉子数是0的规律

例1,师:我们先从熟悉的多边形——长方形开始研究,看着这个长方形,数一数4条边上的钉子一共有多少枚(如图5-4)?

(学生一起数出有6枚钉子。)

师:这个长方形边上的钉子数为6,面积是多少呢?

生:2平方厘米。

师:怎么知道的?

生1:它是由2个面积是1平方厘米的小方格组成的。

生2:长是2厘米,宽是1厘米,用面积公式计算出就是2平方厘米。

师:还有3个长方形,它们的面积和边上的钉子数各是多少?请同学们打开学习材料1。数一数,算一算,将结果填入表中。

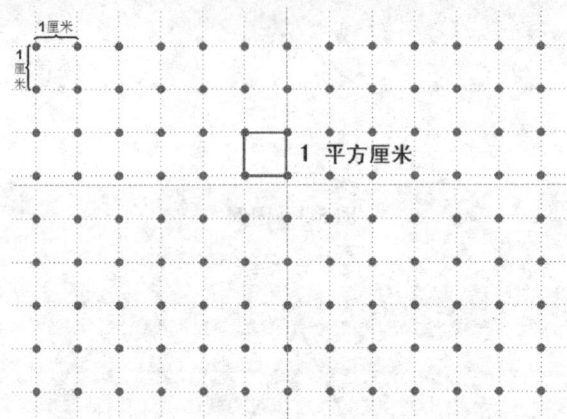

图 5-3 图例

图形编号	长方形边上的钉子数	长方形的面积
①	6	2
②	8	3
③	10	4
④	12	5

(师巡视,提醒学生观察表格中的数据,猜一猜如何根据图形边上的

钉子数算出长方形的面积。先想一想,再与同桌说一说。)

例2,师:我们一起交流,请汇报你表格中填的内容。

师:观察表中的数据,请说说你的猜想是什么?

生:第一个长方形,可以用"6÷2−1=2";第二个长方形,可以用"8÷2−1=3";第三个长方形,可以用"10÷2−1=4";第四个长方形,可以用"12÷2−1=5"。我猜想用边上的钉子数除以2再减去1就是长方形的面积。

师:这是他的猜想,听懂的同学掌声送给他。谁再来说一说?

生:用边上的钉子数除以2再减去1就是长方形的面积。例如第三个长方形的面积,边上的钉子数是10,用10除以2再减去1就可以算出面积是4平方厘米。

例3,师:如果用n表示长方形边上的钉子数,用S表示面积,那么长方形的面积怎么表示?你们能用含有字母的式子表示出刚才的猜想吗?(师板书:边上的钉子数和面积。)

生:$S = n \div 2 - 1$。

师:好的,我们把这个猜想记下来。(师板书:$S = n \div 2 - 1$。)

例4,师:这是我们的猜想。回过头再次观察4个长方形,想一想为什么可以用边上的钉子数除以2再减去1就能算出长方形的面积数呢?指着长方形,在小组内互相说一说。

例5,全班交流。

生1:这个长方形边上一共有6枚钉子,除以2就是3枚钉子,就是一行的钉子数,3个钉子之间有2个间隔,所以要减去1,就是长方形的长,再乘宽是1,得到面积是2平方厘米。

师:这位同学上台指着图形再说一说,好吗?

(学生指着图形再说一说。)

师:说得真好,掌声欢送它回到座位!换个图形谁能再说一说。

生2:第二个长方形边上一共有8枚钉子,除以2就是4枚钉子,就是上面一行的钉子数,再减去1就是长方形的长,再乘宽是1,得到面积是3平方厘米。

生3：第三个长方形边上一共有10枚钉子，除以2就是5枚钉子，就是上面一行的钉子数，再减去1就是长方形的长，再乘宽是1，得到面积是4平方厘米。

师：原来"n÷2"是长方形上面一行的钉子数，减去1得到了长方形的长，再乘宽就是长方形的面积。由于宽是1，因此面积数和长的长度数是一样的。因此可以用"n÷2－1"求出长方形的面积数。

【评析】在皮克定理中，多边形的面积涉及两个因素，即图形边上的钉子数和内部的钉子数，学生较难把握。皮克定理的基础是"S＝n÷2－1"。教师采取"特殊化"的教学策略，让学生从内部没有钉子的图形开始研究，符合学生的认知规律和数学自身发展的规律。由于小学生的认知能力有限，教师只能采用不完全归纳法，因此教师从学生最熟悉的长方形开始研究，从四个长方形中得到数据，通过观察比较，发现规律。在这一探究过程中，教师巧妙运用数形结合的思想，以数助形，以形辅数，充分利用图形理解用边上的钉子数计算出图形的面积的算理，从而巧妙化解了教学的"难点"，也为学生积累了更多的活动经验。

例6，师：从4个长方形的研究中我们得出了一个猜想，可以利用边上的钉子数算出长方形的面积，换个图形这个猜想还能不能正确算出它们的面积呢？一起试试看。老师在钉子板上围4个不同的多边形，请你们就用这个猜想来计算他们的面积，看看面积到底对不对？

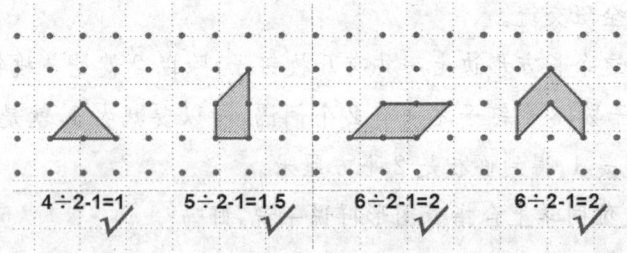

图 5-5　求证猜想面积

（师指名学生逐题回答验证后的结果。）

例7，师：算完以后，你们对这个猜想有什么想说的？

生1：这个猜想是正确的，并且很简便。可以计算三角形、梯形、平行四边形和一些不规则图形。

生2：这个猜想只适合高是1或者边长是1的图形，如果图形的高不是1或者边长不是1，那么它的长和面积就不一样了。

师：你说的哪些地方都是1？请上来指一指。

师：这个同学的观察非常认真！她发现这些地方（师在图形中分别指一指）都是1的时候，猜想是可以的。

生3：如果这些地方不是1的时候，猜想就不行了，如果是2，可能就会用"n÷2－2"了。

师：这位同学提出了自己的疑惑，猜想S＝n÷2－1可能不适合所有的钉子板上的多边形？看来我们的研究还要继续。

【评析】学生从他们熟悉的内部没有钉子数的长方形的研究中得到了猜想"S＝n÷2－1"，并通过第一次拓展，将其"一般化"，发现这个猜想适用于其他多边形，包括三角形、梯形、平行四边形、六边形等，内心充满了喜悦之情。但学生在运用猜想中同时又发现了猜想的局限性，从而再次产生认知冲突，其数学思维和探究欲望向更深处漫溯。

②探索内部钉子数不是"0"的规律。

师：老师又围了几个多边形，这次我们采取小组合作的方式共同研究学习。听清学习要求：先根据图形共同完成学习单，再判断猜想"S＝n÷2－1"在这里能不能正确算出它们的面积？

（小组合作完成研究，再全班交流。）

师：我们一起交流，猜想在这里行不行？

生：不行。

师：谁能用我们的研究数据说一说？

师指明1个研究小组的代表具体说一说。

师：每次猜想计算结果都和实际面积不一样，看来猜想在这里的确不能正确算出它们的面积。为什么计算第一行的多边形面积时猜想是行的，计算第二行的多边形面积时就不行了？

生1：第一行的多边形宽是1厘米，第二行的多边形宽不是1厘米，有的是 2 厘米,有的是 3 厘米。

生 2:第一行的内部没有钉子,第二行的内部有钉子。

师:我们一起来观察,数一数每个图形都有几枚钉子?(师生一起数一数内部的钉子数。)

师:原来图形内部出现了钉子,所以猜想不行了。观察图形和表格中的数据,想一想怎么算出 4 个图形的面积呢?

生:可以在猜想"n÷2-1"的后面加上内部的钉子数就能得到图形的面积数。

师:一起来验证。

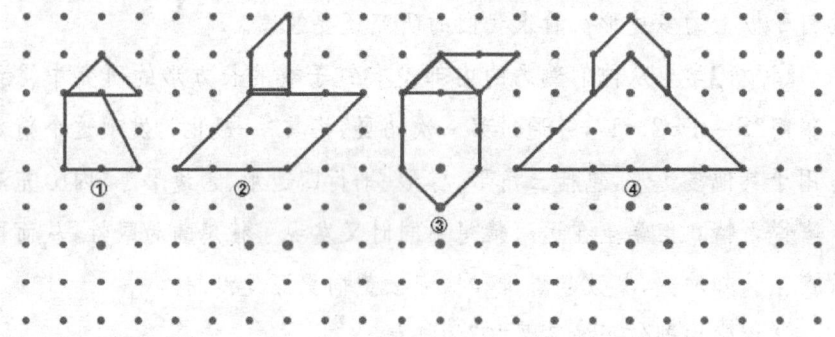

图 5-6 不规则多边形

编号	边上的钉子数	n÷2-1	实际面积数	相差数
①	6	2	3	1
②	10	4	6	2
③	8	3	6	3
④	12	5	9	4

第一个图形"n÷2-1"的结果是 2 加上内部的 1 枚钉子等于 3,就是面积数。正确!

第二个图形"n÷2-1"的结果是 4 加上内部的 2 枚钉子等于 6,就是面积数。正确!

第三个图形"n÷2-1"的结果是 3 加上内部的 3 枚钉子等于 6,就是面积数。正确!

第四个图形"n÷2－1"的结果是5加上内部的4枚钉子等于9,就是面积数。正确!

师:你们太棒了!掌声送给位同学。只要在猜想的后面加上内部的钉子数就可以了。看来多边形的面积既要考虑边上的钉子数,也要考虑内部的钉子数。(板书:内部的钉子数。)

师:当多边形内部有1枚、2枚、3枚、4枚钉子时时,面积是多少?

(师指名回答并且板书。)

师:第一行的多边形,图形内部没有钉子,也就是在n÷2－1的后面加上0。照这样研究,当内部有6枚钉子时,面积怎么计算呢?

生:S＝n÷2－1＋6。

师:20枚呢?

生:S＝n÷2－1＋20。

师:这样的规律还有很多很多……

【评析】第二次拓展,学生在自主研究中交流发现猜想"S＝n÷2－1"只适合内部没有钉子的多边形,对于内部有钉子的多边形是不行的。学生根据观察图形和研究得到的数据,再次提出自己的猜想:在"S＝n÷2－1"的后面加上内部的钉子数,并通过例题中的图形加以验证。在这一过程中,教师通过简约化的教学素材,实施结构化的教学,从而"牵一发而动全身",让学生逐渐触摸皮克定理的本质,也让学生大胆质疑、求真的数学精神得以彰显。

③小结内部钉子数是a的规律。

例1,师:当内部有a枚钉子时,多边形的面积怎样计算?

生:S＝n÷2－1＋a。

师:这是我们的推想,仍然需要大量图形的验证。有一个人帮我们解决了这个问题,他从许许多多的多边形的研究中发现了这个规律的真实性,并且第一个提出了这样的计算公式,他就是奥地利数学家皮克,因此这个规律被命名为"皮克定理"——人类有史以来"最重要100个的数学定理"之一。今天通过探索学习,我们也发现了。看来五(5)班的孩子们的确非常优秀,掌声送给最棒的自己!

【评析】学生的第二次猜想"S=n÷2-1+a"不能只通过4个图形就确定其正确性,不符合研究的规律。因此教师通过介绍"皮克",既拓展了学生的知识面,更为重要的是传递给孩子们探究新知识、新规律过程的真实性和科学性。

例2,师:我们一起回顾探索规律的过程,首先通过观察长方形和表中的数据,我们有了自己的想法,但不知道这个想法对不对,只能说是个猜想,接着用大量的多边形验证猜想,发现猜想是不对的,需要修改和完善,最后得到了正确的结论。这就是我们探索规律的一般过程和方法。

(师随机板书:观察、猜测、验证、结论。)

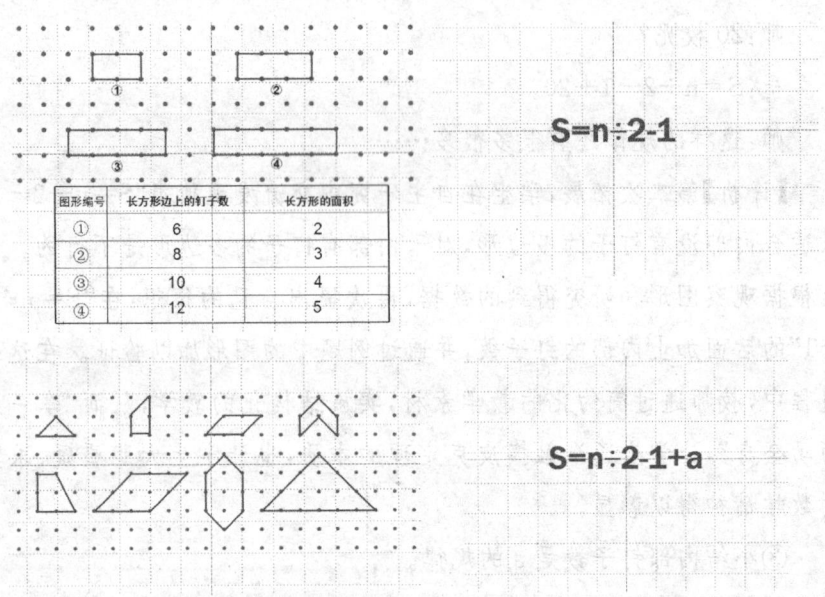

图5-7 求多边形面积

【评析】通过教师精心的设计和选择,学生从自己的学习中慢慢发现、理解探索规律的一般过程与方法,从而为后期的自主学习打下了坚实的学习基础。教师有意识地向学生进行渗透,给学生建造了一个巨大的"渔场"。

(3)课堂小结。

师:同学们通过这节课的学习,你有什么收获?

生:我知道了如何计算钉子板上的多边形的面积,可以用"n÷2－1＋a"的方法求出多边形的面积。

师:课前的那个面积现在是不是又多了一个方法啦!

生:我还知道可以采用观察、猜测、验证、结论的方法探索出新的规律。

师:看来同学们的收获真多!既了解了数学知识,又学会获取知识的方法。还有什么疑惑吗?

生:老师,为什么在n÷2－1的后面加上内部的钉子数a就能算出所有多边形的面积呢?

师:这是一个非常有价值的问题,你真是太了不起了!(教师带头鼓掌。)这样吧,时间紧,我给大家一点启发,有兴趣的同学课后研究。我们还是从熟悉的长方形开始,内部没有钉子时,可以用"10÷2－1＝4",当内部出现一枚钉子时,边上的钉子数仍然是10,面积增加了1平方厘米。请观察上图,谁能发现其中的秘密?

生1:增加一枚钉子,就突出一个三角形,面积正好是1平方厘米。

生2:换个位置加1枚钉子,可能也会是这样,就是要把长方形挤变形。

师:你这个"挤"字用得太形象了,让我们立马感受到增加内部钉子前后面积的变化和联系。这就是数形结合思考问题的魅力!(鼓掌。)如果内部的钉子数是2枚、3枚时,又会是怎样呢?有兴趣的同学可以画画图再观察,一定会有新发现!

【评析】教师让学生根据的板书谈体会,给予学生进行回忆的"抓手",这样给学生的印象会更深刻。学生回顾了整节课,既有收获知识和方法,又有质疑:为什么内部有几枚钉子,就要在"n÷2－1"的后面加几呢?这个问题学生自主研究很困难,教师利用有限的时间引导学生通过观察最简单的长方形,发现增加内部钉子前后面积的变化和联系,这是数形思想培养的好时机。有了这个直观的引导,尤其教师抓住了"挤"字进行评价,巧妙地给予学生研究方法上的指导,让学生感觉到探究永无止境,增加了数学学习的"宽度"和"深度",这正是打开数学大门的"金钥匙"。

课例透析

本节课是苏教版小学数学教材新增内容,属于综合实践领域中探索规律课型。本节课是在学生学习了多边形的面积计算、用字母表示数并具有一定探索规律学习经验的基础上,开展"钉子数与图形面积"规律研究活动的。本课用钉子板的钉子来表示格点,利用钉子数量求多边形面积,是"皮克定理"的另一种表现形式,其实也是"皮克定理"在小学数学教材中的"雏形"。如何让小学生用适切的方式来理解深奥艰深的数学定理?如何进行"大观点"背景下的小学数学教学?老师另辟蹊径,在读懂学生的基础上大胆改革教材,创造性地设计了富有思考性的数学教学过程,为我们打开了数学实践活动教学的一扇新"天窗",给我们带来了许多新的启示。

(1)采取"本真"性研究,让"教材"变成学生的适合"学材"。

教材安排分 4 个层次,首先给出内部钉子数是 1 的多边形,用数一数、算一算的方法填表,通过观察数据发现规律"$S=n\div 2$";接着让学生在钉子板上围出内部钉子数为 2 的多边形,用同样的方法找到规律"$S=n\div 2+1$",延伸探索活动;再次是猜想内部有 3 枚、4 枚甚至更多枚钉子数以及内部钉子数为 0 时,面积与边上钉子数之间的关系,再通过围一围、算一算进行验证;最后回顾探索和发现规律的过程,交流活动体会。

在新教材中我们发现学生的学习存在两个困难点:一是从内部钉子数为 1 开始研究,虽然容易发现 2 倍关系,但是内部钉子数为 0 的初始规律中"-1"到最后才出现,难以看清"皮克定理"模型,不利于知识之间的"衔接";二是多边形出现太多,难以在变化中建立形与形、数与形的联系。如何让学生更好地经历规律形成的过程,如何让探索路径更多元化,为此,老师在教材处理上作了大胆尝试,他利用直接触及"模型本质"的思想改编教材,将教学的难点分散,使教学更加顺畅。

由于"S=n÷2-1+a"这个猜想有两个变量,对于五年级的学生来说探究发现难度很大,皮克定理可以分解为一组规律,当一个量n不变时,另一个量a的变化会引起规律发生变化。这是学生第一次遇到,也是以往小学阶段没有出现过的内容。如果按教材采用多边形来研究难度会增加,况且猜想是采用不完全归纳法得到的,让学生真正认可更是困难,所以老师把研究分成两种情形,即"内部钉子数为0"和"内部钉子数不为0"进行教学。

在"内部钉子数为0"的教学中,教师"浓墨重彩",引导学生从简单的长方形中开始探究,巧妙利用"数形结合"的思想,让学生理解皮克定理的计算道理。比如:边上钉子数除以2就是长方形长边的钉子数,减1得到间隔数,而间隔数就是长方形的长,从而初步建立了规律与长方形面积公式的联系,让先前的猜想有了支撑,让学生真正从内心认定长方形存在这个规律。虽然例题只研究了4个长方形,但有了这样的探究经历,孩子们有能力说明长度任意增加只要宽为1的长方形这一规律都成立。接着,教师将长方形推广到一般的多边形。利用简单枚举法,给定4个图形(包括不规则图形),学生根据边上的钉子数算面积,发现所给图形都符合这一规律,这时教师引导学生进行回顾和比较,发现其内在的联系。有了这样的充足的探究活动经验,学生研究"内部钉子数不为0"的情形时,就会水到渠成了。

(2)采取"大问题"研究,给学生留足充足的思维空间。

课堂上只有克服琐碎问题干扰,呈现大问题,孩子才能在课堂上真正解放大脑,进行深入思考。本节课是"大问题"教学的一个典型范例。整节课以一个大问题"如何用钉子数算面积"贯穿全课,每个环节问题也是准确精当,始终围绕数学"核心知识"进行教学,真正跟着孩子的数学思维行走。孩子们在大问题探究过程中,经历了规律形成的过程,积累了丰富的数学活动经验。

在"大问题"教学中,教师要做到"大而不乱""有的放矢"。例如,教师给定表格填写长方形边上钉子数和面积,提醒学生观察数据,让学生猜出如何根据边上钉子数算出面积。这个问题指向明确,就是关注怎样从钉子数得到面积数?孩子不会乱猜,很容易达成共识,得到本质规律"S=n÷2-1";接着,教师提出"这是大家的猜想,结合这些长方形思考为什么可以用钉子数算出长方形的面积",这又是一个指向明确的问题,它把孩子们的思维从"图形得出数据——由数据发现规律——又由规律回到图形",给了学生学习方法的引导;教师继续引导学生追问,"算完以后,对这个猜想有什么想说的""猜想 S=n÷2-1 在这些图形中是否适用,如果不行,怎么算出面积""为什么例1 的多边形可以,这些多边形却都不行"……这些问题步步紧逼,孩子思考慢慢深入,课堂中的问题不断生成,学生不断进行数学探究。在课的结尾,孩子们带着问题"为什么内部有几枚钉子,就要在后面加几"离开课堂,一定会有更多的收获。

(3)实施"简约化"教学,给课堂播下理性的数学种子。

这节课中,教师的素材选择非常"简约",先从特殊的多边形(长方形)开始研究,根据观察得到的数据发现边上的钉子数和多边形面积之间的关系;然后将猜想"S=n÷2-1"应用到其他图形中去,发现内部没有钉子的图形适用猜想,内部有钉子的多边形不适用猜想,并进行了合理的解释;同时根据不同的多边形,运用实例研究和合情推理对猜想进行了修改完善,使其符合所有的钉子板上的多边形,并用含有字母的公式表示规律,进而使学生认识到著名的皮克定理。这种"观察——猜想——验证——结论"的四环节教学法既符合人们探索规律的一般步骤,也符合数学学科自身的发展特点和高年级学生的认知特点。可见,教师是从研究内容入手来研究教法的。这样的设计思路容易和中学数学教学衔接,学生的思维会更缜密。学生的数学学习有个"悟"的过程,小学生也能感悟皮克定理的研究过程,从而真正走了一番当年数学家的探究发现之路,这样的教学更有价值。

教师的"简约化"教学体现在运用了化繁为简的数学思想,由于"S=n÷2-1"这个猜想对于学生来说有一定的难度,采用内部没有钉子的多边形来研究会增加难度,所以教师改用学生熟悉的长方形代替内部没有钉子的多边形来研究,在科学性的前提下降低了难度,从而利于学生更好地学习和发现规律。在发现规律的过程中,由于需要考虑的因素比较多,如边上的钉子数、内部的钉子数、多边形的面积计算等,难度较大,因此教学设计时教师要有意识地引导学生分析规律"S＝n÷2－1"与图形之间的联系,渗透数形结合的思想。此外,不完全归纳法、合情推理、分类的思想等数学思想也植根在学生的探究活动中,给课堂播下了理性的数学种子。

3-2 "简单的周期"课例与评析

课例展示

课前谈话:听音乐欣赏日出、日落和春、夏、秋、冬四季轮回的图片。

【评析】课前,学生们在生动的画面和悠扬的乐曲中感受日出东方日落西山、四季的交替等自然现象,直观感知大自然的周期变化,既激起了学习兴趣,也为新课的学习作了巧妙铺垫。

(1)观察情境图,找规律。

①情境导入。

师:元旦快到了,为了营造节日的气氛,请看,公园里摆放了盆花,插上了彩旗。

图5-8 公园示意图1

②观察规律。

例1,初步感受物体的排列规律。

师:观察这些物体的排列顺序,你有什么发现?

生1：它们排列都是有规律的。
生2：盆花是按照蓝、黄、红这样排列下去的。
生3：彩旗是按照红、红、黄、黄的顺序一直排下去的。
师：看来同学们对盆花和彩旗的排列规律有了初步的认识。
例2，通过两种物体的对比，加深对规律的认识。
师：请同学们再仔细观察，盆花和彩旗在排列上有什么不同？
生：盆花是3个3个循环下去的，彩旗是4个4个循环下去的。
师："循环"这个词很形象。按照你的想法老师这样表示可以吗？
（课件演示分组情况。）
师：盆花是以每3盆为一组依次排列的，那彩旗呢？
生：彩旗是每4面为一组排列的。
师：真好！图中盆花和彩旗都只显示了3组，照这样摆下去，你能想象出盆花的第4组是怎样的吗？

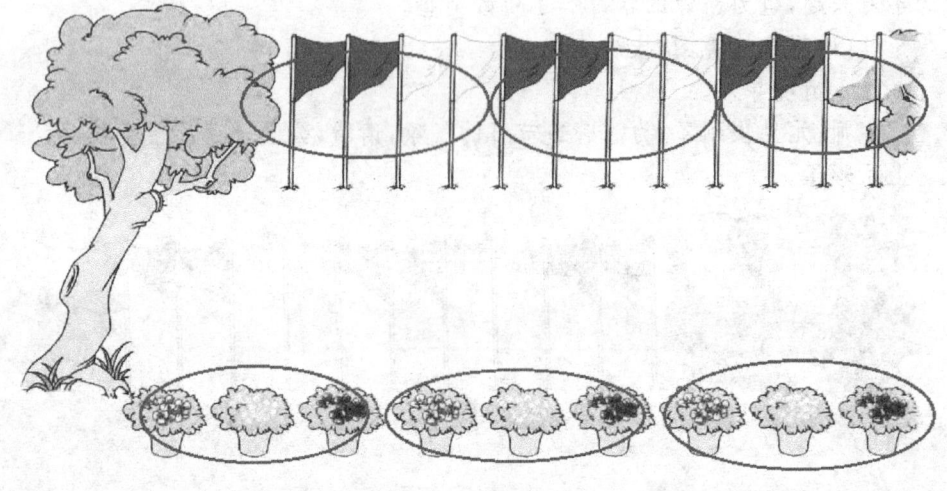

图5-9 公园示意图2

生：第4组的第一盆是蓝花，第二盆是黄花，第三盆是红花。
师：你是怎么想的？
生：这样排下去，后面每一组都和第一组一样，只要看第一组就行了。
师：那第5组呢？
生：也是按照蓝花、黄花、红花的顺序。
师：再接下来呢？
生：还是按照蓝花、黄花、红花的顺序。

师:再来看彩旗,它的第4组是?
生:它的第4组是红、红、黄、黄。
师:那第10组的第1面呢?
生:是红色。
师:说说理由!
生:因为每一组的第1面都是红色的。
师:第20组的第2面呢?
生:红色。
师:第50组的第3面呢?
生:绿色。
师:第100组的第4面呢?
生:绿色。
师:反应可真快。现在你们能知道它们在排列上有什么相同点吗?
生:每种物体都是几个一组地排列的。
师:是的。像这样同一事物依次重复出现的,我们把它称为周期现象,这就是今天这节课我们所要研究的内容。(出示课题:简单的周期。)

【评析】教师引导学生充分利用生活场景进行学习,观察盆花和彩旗是怎样摆放的,这是对规律的初步感知。在此基础上,比较两种物体排列的相同点,进一步认识规律,即周期现象表现为每几个为一组依次不断重复出现。教师还精心设计问题,引导学生对看不见的排列情况进行判断。如第4组是怎样排列的?第20组的第2面呢?第50组的第3面呢?第100组的第4面呢?学生在这样的连续"逼问"中根据看得见的排列规律,对现象后续发展进行预测,从而对规律的确定性有了更深入的认识和体会。

(2)自主探究,感受策略。
师:从图中你们能看到几盆花?按盆花的排列规律,第19盆花是什么颜色?请同学们自己想办法解决,可以把方法写在练习本上,等会儿全班交流。
①画图。
生:我是用圆形、正方形、三角形表示三种颜色的盆花,画到第19盆是蓝色。
师:这位同学用的是什么方法?老师这儿有圆片,我们用蓝、黄、红三种颜色的圆片表示盆花,我们一起把他的画法展示在黑板上。数好了哦,你们说停我就停。(教师注意一组一组地摆。)

师:像这样一边数一边摆,摆到第19个就能看出盆花的颜色。还可以用什么方法?

②计算。

生:我是用算式表示的19÷3=6(组)……1(盆)。

师:还可以用计算来判断颜色啊?我很想知道他的想法,你们想知道吗?快说给大家听听吧。

生:19盆花,每3盆为一组,一共有6组,还余下1盆。就是蓝花。

师:能指着图再说说吗?

生:19代表有19盆花,每3盆为一组就是除以3,商6就是共有6组,还余下1盆。就是蓝花。

师:余下1盆就是蓝花。你是看余数作出判断的,对吗?看余数就能判断你们明白吗?请你说。

生:商是6说明有6组,余数是1说明第7组只有1盆花,就是第7组的第1盆,所以是蓝色。

师:还有补充吗?

生:余下1盆就是第7组的第1盆,每一组的第1盆颜色都相同,所以是蓝色。

师:我都忍不住要给你们鼓掌。谁再来说说为什么可以用除法来计算?

生:因为盆花排列有规律,每3盆为一组,所以可以用除法。余下1盆,这和每一组的第1盆颜色相同,就知道是蓝色花。

师:我们通过看图、画图,找到了其中的规律,想到了用除法计算来解决问题。你们喜欢哪一种方法?

生1:我觉得计算的方法简单。

生2:我也喜欢计算的方法,画图有点麻烦。

【评析】这一环节,教师给学生提供了充足的时间和探索空间,让学生自主想办法解决问题。教师欣喜地看到学生通过画一画、想一想、算一算等途径进行推理,找到了画图、列举、除法计算等多种解决方法。尤其是有的同学边画图边思考,"图""式"结合,发现了用除法计算的通法。学生探索规律的能力不是简单体现在知道什么规律,而是在面对新的现象或问题时,能主动寻找策略,发现给定现象中隐藏的规律或者解决问题的方法。例题的情境图只呈现了9盆花,判断第19盆花的颜色问题,得到答案并不难,寻找解决问题的策略才是目的。板书时,教师有意将算式写在圆片图的下方,说想法时,教师也让孩子指着图说,引导学生认识画图策略在探索规律过程中的作用。

(3)自主解决,优化策略。

①解决彩旗问题。

师:下面我们把目光聚集到彩旗上,彩旗的问题可没有那么简单了。照这样排下去,从左边起第26面,第28面彩旗分别是什么颜色?能解决吗?那就试试吧!哪位同学愿意到黑板上来板演?

生1:26÷4=6(组)……2(面),有26面彩旗,每4面为一组,一共有6组还余2面,就看第一组的第2面,是红色。

师:注意了!他是直接看第一组,可以吗?

生:可以,因为每一组都是一样的。

师:看第一组更简单,你真会思考!第28面彩旗呢?

生1:28÷4=7(组),正好摆了7组。所以是黄色。

生2:第28面彩旗是第7组的最后一面,和每组最后一面的彩旗颜色相同。

生3:没有余数,也可以看成余数是4,最后一面就和第一组的最后一面相同。

师:很会想象!这两位同学都是采用计算的方法,其他同学呢?

生1:我是用计算方法。

生2:我用画图的方法。

师:如果我想知道左起第100面彩旗的颜色呢,你打算怎么办?

生2:计算,因为画图太麻烦了。

师:你们觉得当数字大时,用画图比较麻烦,只有计算的方法是比较通用的。

【评析】这一环节,教师先引导学生用自己喜欢的方法解决问题,再组织展示交流,并比较不同方法,重点通过比较进一步理解计算的方法,让学生体会计算方法的过程美和简洁美,优化解决方法。在交流讨论的过程中,教师注重师生间、生生间的互动,引导学生在交流碰撞中不断提升思维层次。从知道算式中每个数所表示的意义到只要看余数就能作出判断,再到看余数判断时只要对照第一组的排列,从而在知识形成的过程中,促进学生思维发展。

②解决彩灯问题。

师:为了增加夜晚的照明,公园里准备再安装一排彩灯。彩灯也是按照周期规律排列的。(出示红、紫、绿的灯笼。)

师:瞧!多漂亮啊。你知道第四盏彩灯会是什么颜色?

生1：红色。

生2：绿色。

图 5-10　灯笼示意图 1

生 3：不知道接下来是不是按照这样排列下去。所以无法确定颜色。

师：说得很有道理，接着看。（出示红、紫、绿、紫的灯笼两组）。

图 5-11　灯笼示意图 2

师：照这样摆下去你能看出接下来彩灯的颜色吗？

生：红、紫、绿、紫。

师:这一次你们的意见怎么这么统一?

生:因为已经能看到规律了。彩灯可以看成每4个为一组,按照红、紫、绿、紫的顺序排列的。

师:从图中我们只能看到12盏彩灯,照这样摆下去,你想知道左起第几盏彩灯的颜色呢?(第21盏?第58盏?……)你们想知道左起第多少盏彩灯的颜色呢?请你们用计算的方法解决。请同学们拿出作业纸,用彩笔写在上面。(教师将红、紫、绿颜色的灯笼图贴在黑板上。)你们可以根据判断出的彩灯颜色将算式贴在相应颜色的彩灯下面。

师:同学们的计算能力很强,我已经检查了,结果都是正确的。怎么才能知道你们判断出的彩灯颜色是否正确呢?同桌之间先议议。

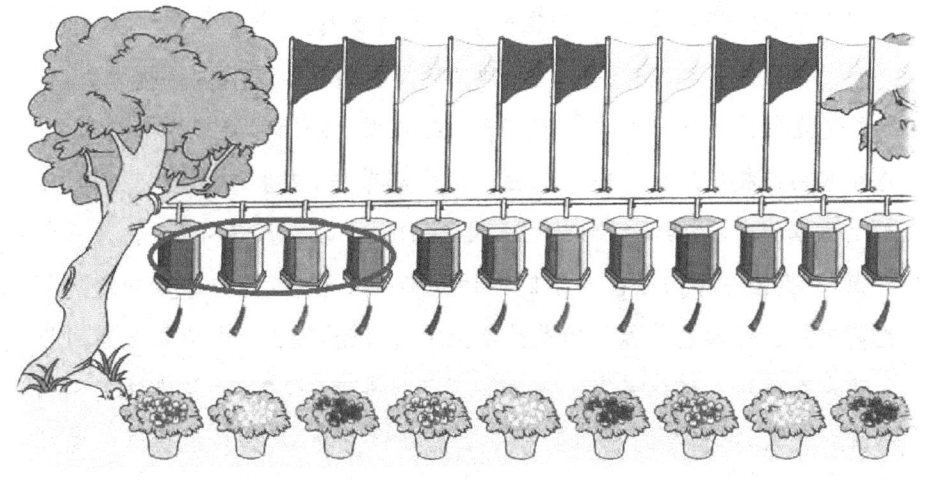

图 5-12　灯笼示意图 3

生1:可以看余数。当余数是1的时候,彩灯是红色,算式应该在红色彩灯下面。

生2:余数是2或没有余数,彩灯是紫色。只要看算式余数是不是2或者没有余数就行了。

师:为什么呢?

生2:因为每组第2盏和最后一盏都是紫色的。

生3:当余数是3的时候,彩灯是绿色的。

师：很好！找到规律，根据余数就可以判断了，互相检查一下吧。

【评析】此环节是本课的亮点，解决彩灯问题，教师没有按照教材直接出示，而是先出示"红、紫、绿"三盏灯，接着设计了一个"猜"的游戏，随着学生的猜测，一一出示彩灯。学生的"猜"不是盲目的，但思维水平是有差异的，在第一次猜时就显现出来了。有的猜红色（认为每3盏为一组，看到的三盏灯就是一个周期），有的猜绿色（认为一个周期还没有出现），第三位同学认为不知道接下来是不是按照这样排列下去，所以无法确定颜色（这位同学对周期的认识更理性），当然也有同学认为什么颜色都可能出现，不只是已经出现的红、紫、绿三色，还可以是蓝、黄等颜色。随着彩灯的增加规律越来越清楚，学生也越"猜"越准确，这个游戏的设计突出了对"周期"的认识，把课堂教学推向高潮。

更精彩的是，展现规律后，教师把问题抛给学生："照这样排下去，你想知道左起第几盏彩灯的颜色？"教师要求用通法（计算法）作出判断，并将算式贴在相应颜色的彩灯下面。这个环节中，学生很活跃，"自选"是以生为本的表现，是调动学生主动思维的好方法。反馈环节，教师一针见血，只提出一个问题："同学们的计算都是正确的，怎么才能知道你们判断出的彩灯颜色是否正确呢？"学生通过讨论，得出只要看余数就可以判断彩灯颜色。这样得出结论的过程不只是再一次对计算方法的领悟和优化过程，更重要的是学生对周期现象周而复始、循环出现这一结构的认识过程，突出了本课的重难点。

(4)运用规律，解决问题。

算一算：每5个为一组，按照正方形、圆形、长方形、三角形、梯形的顺序排列，你知道左起第25个图形是什么吗？

摆一摆：每个小组的桌上都有一个学具袋，请同学们利用学具袋里的各种图形，每4个为一组，按照自己设计的周期规律摆下去，使左起第23个是三角形。

（师在实物投影上展示小组作品。）

师：大家摆得都不一样，能保证左起第23个是三角形吗？

生:可以,只要每组的第3个摆三角形就可以了,因为"23÷4=5(组)余3(个)"。

师:其他小组都是这么想的吗?你们可真了不起,不但掌握了规律,还能根据规律去解决实际问题。

【评析】运用规律解决实际问题环节,教师设计"算一算"练习,引导学生根据规律对某位置是什么图形作出判断,巩固所学新知;设计"摆一摆"练习,让学生在操作中思考怎样解决问题,并在展示交流时引导学生深入思考"大家摆得都不一样,能保证左起第23个是三角形吗",进而明确只要每组的第3个摆三角形就可以了。这样有层次的练习,符合孩子的认知需求,提升了思维的深度。

(5)总结。

师:通过今天这节课的学习,你有哪些收获?周期现象在生活中的应用又有哪些呢?

【评析】谈谈本节课的收获有利于学生对知识、方法、概括等能力的提升。学生在寻找生活中的简单周期现象时,自然想到了课前欣赏,前后呼应。学生在充分体验周期现象规律的同时,也感受到数学源于生活、用于生活。

课例透析

本节课内容是让学生探索简单周期现象中的规律,并进行应用。探索简单周期现象的教育价值在于培养学生探索、发现和应用规律的能力,通过当前预测以后,通过部分把握整体,通过有限想象无限。

(1)在现实中感受规律。课前"图片欣赏"以及课尾"周期现象在生活中的应用"等环节紧扣课题,尊重学生的生活经验,自然引入新课。同时,学生充分感受周期现象的规律,体会到数学源于生活,生活中有很多有趣的数学问题,从而产生亲近数学的情感,提高数学学习的兴趣。

(2)在情境中探索规律。教师充分利用教材提供的场景,创设现实问题情境,引导学生观察。在学生初步感知规律的基础上,教师连续追问,进一步激发了学生探索发现规律的愿望。学生不断观察、思考、发现、交流,用自己的方式表达发现的规律,增强了探究问题的兴趣和能力。

(3)在探索中优化策略。解决第一个问题时,教师给学生提供了充分的自主探索空间,学生通过画一画、数一数、算一算进行推理,了解到利用画图、列举、计算等方式解决问题的不同策略,拓展了思维的广度。在此基础上,教师组织学生解决第二个问题,让学生自己去尝试、体验不同策略的合适性,并鼓励学生交流展示各自解决问题的策略。学生在不断的思维碰撞中逐步优化解决问题的策略,体会到列式计算策略的简洁性和通用性。这样的教学从学生的内在需求出发,容易激发学生的潜能,有利于学生形成独特的解决问题的思维。

参考文献

[1] 中华人民共和国教育部. 义务教育数学课程标准(2011年版)[M]. 北京:北京师范大学出版社,2012.

[2] 吕世虎,陈清容,钟志勇. 小学数学教学法[M]. 北京:首都师范大学出版社,2012.

[3] 涂荣豹,宁连华,徐伯华. 中学数学教学案例研究[M]. 北京:北京师范大学出版社,2011:3.

[4] 卢敏玲,庞永欣,植佩敏. 课堂学习研究——如何照顾学生个别差异[M]. 北京:教育科学出版社,2006.

[5] 崔允漷. 校本课程开发:理论与实践[M]. 北京:教育科学出版社,2000:56.

[6] 卢敏玲,庞永欣,植佩敏. 课堂学习研究——如何照顾学生个别差异[M]. 北京:教育科学出版社,2006:14.

[7] Judith Sulman, et al. Group-workin Diverse Classrooms-A Casebook for Educators[M]. New York:Teachers College Press,1998.

[8] M. Matoba. Lesson Study:International Perspective on Policy and Practice[M]. 北京:教育科学出版社,2006:1~2.

[9] 张春莉. 小学数学能力培养[M]北京:北京师范大学出版社,2013:26.

[10] 曹艳荣,兰社云.小学数学课程与教学论[M].郑州:郑州大学出版社,2009:150~151.

[11] 吕世虎,陈清容,钟志勇.小学数学教学法[M].北京:首都师范大学出版社,2012:110.

[12] 戴莹,刘东芝,张莉.小学数学课程与教学论[M].广州:中国出版集团,2013:93.

[13] 林碧珍.数学思维养成课[M].福州:海峡出版发行集团.2013:29~30.

[14] 孔凡哲.数学学习心理学[M].北京:北京大学出版社,2009.

[15] 张丹.小学数学教学策略[M].北京:北京师范大学出版社,2010.

[16] 李晓梅,孔繁成.小学数学教学活动设计与案例分析[M].北京:科学出版社,2014.

[17] 严虹.面积、体积的概念与单位教学研究[M].教育科学出版社.2014.

[18] 史宁中.基本概念与运算法则——小学数学教学中的核心问题[M].北京:高等教育出版社,2013.

[19] 蔡金法.中美学生数学学习的系列实证研究——他山之石,何以攻玉[M].北京:教育科学出版社,2007:99~107.

[20] 陈希孺.数理统计学简史[M].长沙:湖南教育出版社,2000:73.

[21] 湖南省教育厅组织编.小学数学教学论[M].长沙:湖南科学技术出版社,2008.

[22] 吴正宪,刘劲苓,刘克臣.小学数学教学基本概念解读[M].北京:教育科学出版社,2014.

[23] 曾小平,曹一鸣.小学数学研究[M].北京:教育科学出版社,2013.

[24] 曾小平,肖东坡.小学数学课程与教学论[M].北京:北京师范大学出版社,2015.

[25] 史宁中.基本概念与运算法则:小学数学教学中的核心问题[M].北京:高等教育出版社,2013.

[26] 蒋秋.小学生统计素养测评研究[D].西南大学硕士学位论文,

2015:47.

[27] 郭学锐.小学数学课例研究的个案分析[D].东北师范大学,2012.

[28] 吕立杰,赵同友.课堂评价的有效性反思与研究性功能转向——兼谈课堂学习研究对教师专业发展的意义[J].东北师大学报(哲学社会科学版),2007(2):134~139.

[29] 田润垠,胡明.小学数学"数的运算"教学中渗透数学思想方法的实践研究[J]西北成人教育学院,2015(4):93~99.

[30] 曾文婕,黄甫全.聚焦课堂学习研究提升学生学习效果——2007粤港课堂学习理论研讨会综述[J].教育发展研究,2007(11):51~54.

[31] 卢敏玲,李树英.课堂学习研究——一种优化教与学的评估实践[J].教育科学研究,2007(9):22~25.

[32] James W. Stigler, James Hiebert, The Teaching Gap[M]. The Free Press,1999:112~115.

[33] 卢敏玲,唐田.课堂学习研究:教师专业发展的平台[J].江苏教育研究,2009(5):12~16.

[34] 林润之,课堂学习研究的三种主要取向:来自学习过程的考察[J].教育发展研究,2008(10):49.

[35] 熊梅,脱中菲,王廷波.校本课程开发实践模式探索[J].教育研究,2008(2):61~65,80.

[36] 李臣之.校本课程开发评价:取向与实做[J].课程·教材·教法,2004(5).

[37] 章月凤.促进校本课程开发:香港课堂学习研究的经验[J].江苏教育研究,2010(10):11.

[38] 孔凡哲,史宁中.关于几何直观的含义与表现形式——对《义务教育数学课程标准〈义务教育数学课程标准〉(2011年版)》的一点认识[J].课程·教材·教法,2012.

[39] 宋健泳.小学生几何直观能力发展的几个阶段[J].小学数学教师,2015(3).

[40] 吴骏. 小学四年级学生对平均数概念理解的发展过程[J]. 数学教育学报,2011(3):39~41.

[41] 史宁中,张丹,赵迪."数据分析观念"的内涵及教学建议[J]. 课程·教材·教法,2008(6):44.

[42] Franklin C,Kader G,Mewborn D, et al. Guidelines for assessment and instruction in statistics education (GAISE) Report:A pre-K-12 curriculum framework [EB/OL]. American Statistical Association,2007.

[43] 史宁中,孔凡哲,秦德生,杨述春. 中小学统计及其课程教学设计——数学教育热点问题系列访谈之二[J]. 课程·教材·教法,2005(6):45~50.

[44] 赵迪. 小学统计课程内容与信息技术的整合[J]. 中小学电教,2008(5):57.

[45] 高方玉,刘品端. 关于2011版数学课程标准中"综合与实践"的变化与思考[J]. 现代中小学教育,2012(10)。

[46] 林晴岚.《义务教育数学课程标准(2011年版)》研读体会[J]. 福建教育学院学报,2012(2).

[47] 黄德忠.《义务教育数学课程标准(2011年版)》第一学段"综合与实践"的内容解读[J]. 教学与管理,2014(1).

[48] 史宁中. 义务教育数学课程标准(2011年版)解读[J]. 北京:北京师范大学出版社,2012.